2024年度广东省教育科学规划课题（高等教育专项）（编号：2024GXJK1067）

广东岭南职业技术学院校本教材和数字化资源建设项目（编号：2020XBJC025）

DAXUESHENGFALÜJICHUYU
SIWEIYUNYONG

大学生法律基础与思维运用

陈泓浩◎著

中国政法大学出版社

2024·北京

声　明　1. 版权所有，侵权必究。
　　　　2. 如有缺页、倒装问题，由出版社负责退换。

图书在版编目（CIP）数据

大学生法律基础与思维运用 / 陈泓浩著. -- 北京 : 中国政法大学出版社, 2024.12. -- ISBN 978-7-5764-1904-7

Ⅰ. D920.4

中国国家版本馆 CIP 数据核字第 20255NW656 号

出 版 者	中国政法大学出版社
地　　址	北京市海淀区西土城路 25 号
邮寄地址	北京 100088 信箱 8034 分箱　邮编 100088
网　　址	http://www.cuplpress.com（网络实名：中国政法大学出版社）
电　　话	010-58908586(编辑部) 58908334(邮购部)
编辑邮箱	zhengfadch@126.com
承　　印	固安华明印业有限公司
开　　本	880mm×1230mm　1/32
印　　张	9
字　　数	240 千字
版　　次	2024 年 12 月第 1 版
印　　次	2024 年 12 月第 1 次印刷
定　　价	59.00 元

序

在全面推进依法治国的新时代，国家对于公民法治素养的培养提出了更为明确的要求。党的二十大报告明确指出，弘扬社会主义法治精神，传承中华优秀传统法律文化，引导全体人民做社会主义法治的忠实崇尚者、自觉遵守者、坚定捍卫者。习近平总书记多次强调，法律是治国之重器，法治是治国理政的基本方式。法治教育要从娃娃抓起，尤其是大学生这一国家未来的栋梁之才。

陈泓浩老师长期从事思政及法律的教学、研究与实践工作，是一位有干劲、有拼劲、有闯劲、有冲劲的教师，正当壮年，奋发有为。陈老师在法治教育有较为突出的能力，主持完成广东省教育厅2020年度广东省高校思想政治教育课题《大中小学思政课一体化视角下的高职院校法治教育研究》、广东省职业技术教育学会2022年度课题《习近平法治思想指导下高职院校大学生法治思维培育研究》；教学案例《坚持全面依法治国，推进法治中国建设》获得广东省教育厅党的二十大精神融入高校思政课优质课例二等奖；指导学生获得全省学生"学宪法 讲宪法"演讲比赛三等奖和知识竞赛三等奖、清远法治文化高校行模拟法庭PK赛第二名等好成绩。

基于丰富的法治理论与实践，陈老师新作《大学生法律基础与思维运用》应运而生，为我们提供了一本极具教育意义和实用价值的书籍。本书以习近平法治思想为指导，旨在培养大学生的法治思维，具有以下亮点：一是政策导向，紧密联系国家法治建设政策，引导大学生树立正确的法治观念；二是理论与实践相结合，本书不仅分析了法治思维的内涵和具体要求，还引用了国家领导人的重要讲话，增强了理论的说服力和实践的可操作性；三是案例丰富，通过大量生动的案例和实践分析，让读者在掌握法治思维的同时，能够更好地将之应用于实际生活中；四是针对性强，针对大学生群体的特点，着重培养与大学生成长、发展密切相关的法律思维，助力大学生在新时代背景下健康成长。

仔细阅读本书，我们不仅能感受到陈老师对法治思维的深刻理解，还能体会到他对国家政策和领导人重要讲话精神的准确把握。我相信，这本书将成为大学生乃至全体公民提升法治素养的重要读物。

在此，我衷心推荐《大学生法律基础与思维运用》一书，希望它能帮助更多的人树立法治信仰，为我国法治国家的建设贡献力量。

让我们携手共进，在新时代的征程中，为实现全面依法治国的宏伟目标而努力奋斗！

广东省高校思想政治理论课首批名教师
广东财经大学马克思主义学院原院长
珠海科技学院马克思主义学院院长
刘苍劲　教授
二零二四年冬于珠海

目 录

第一章 法治思维：什么是法律？ ········· 001
一、法律，最形象的说法就是准绳 ········· 001
二、法律是成文的道德，道德是内心的法律 ········· 008
三、法治与法制有什么不同？ ········· 018
四、社会主义核心价值观融入法治建设 ········· 026
五、法的价值冲突及其解决 ········· 035
六、法治思维给大学生的启发和教育 ········· 042

第二章 平等思维：人生而平等 ········· 043
一、法律面前人人平等 ········· 043
二、消除各种形式的歧视 ········· 050
三、对弱者的保护，也是平等的一种体现 ········· 059
四、市场经济的平等性 ········· 065
五、对校园欺凌说不 ········· 070
六、平等思维给大学生的启发和教育 ········· 073

第三章　权利思维：法律的核心要素 …… 075
一、每个人都有权利去追求自己的幸福和自由 …… 075
二、没有无权利的义务，也没有无义务的权利 …… 084
三、各年龄段的法律权利和义务 …… 090
四、权利与权力的区别 …… 102
五、无救济则无权利 …… 107
六、权利思维给大学生的启发和教育 …… 115

第四章　证据思维：什么是事实？ …… 117
一、以事实为依据，要求的是法律事实 …… 117
二、法律事实必须是具有法律意义的事实 …… 126
三、证明法律事实的证据要具备真实性、
　　合法性和关联性 …… 131
四、通过完整的证据链条来呈现自己的观点和结论 …… 142
五、如果确定不了法律事实，可以借助"事实推定" …… 147
六、证据思维给大学生的启发和教育 …… 150

第五章　程序思维：看得见的正义 …… 151
一、不能担任自己的法官 …… 151
二、公正与效率的博弈 …… 160
三、法律不保护躺在权利上睡觉的人 …… 165
四、正当程序原则的司法逻辑 …… 171
五、中国营商环境实践：司法程序质量全球第一 …… 177
六、程序思维给大学生的启发和教育 …… 179

第六章　逻辑思维：学会理性思考 …… 181
一、由具体到抽象，由抽象到具体 …… 181
二、问题导向式的批判性思考 …… 193
三、避免偏见和情绪 …… 199
四、法律逻辑 …… 208
五、谨防法律逻辑谬误 …… 213
六、逻辑思维给大学生的启发和教育 …… 218

第七章　精准思维：为什么要抠字眼？ …… 219
一、法律专业术语 …… 219
二、如何避免误解或曲解？ …… 229
三、精准界定：清晰明确的概念表述和内涵指涉 …… 233
四、精准判断：精准判断案件事实和法律性质 …… 238
五、精准裁量：在司法自由裁量权的范围内达致相对精准的结论 …… 245
六、精准思维给大学生的启发和教育 …… 250

第八章　底线思维：为什么要守底线？ …… 252
一、法律是社会行为的底线 …… 252
二、对自己的行为负责，并承担相应的后果 …… 257
三、风险意识与风险防范 …… 262
四、事前预防胜于事后处理 …… 267
五、对大学生创新创业的合规建议 …… 273
六、底线思维给大学生的启发和教育 …… 281

第一章

法治思维：什么是法律？

一、法律，最形象的说法就是准绳

中国的法：一只神兽

在春秋时期，一场长达三年的官司让齐庄公头痛不已。一方为壬里国，另一方为中里缴，两人在法庭上争执不休，却始终无法决出胜负。无奈之下，齐庄公求助于一只神秘的神兽——"廌"。当壬里国陈述时，廌纹丝不动；而中里缴话音未落，廌便用它那神异的角将他顶翻在地。

"法"字，在现代看来简单明了，但在繁体字中却大有深意。根据《说文解字》，法字的本义就是廌这种神兽。廌形似牛，独角，是古代用来判断是非的灵兽。法字中的三点水，象征着法律的公平公正，如同一碗水，必须端平。而右面的"去"字，则代表着伸张正义的决心与行动。

在古老传说中，獬豸是尧时期法官皋陶的宠物。每当皋陶审理案件，獬豸都会在一旁倾听，一旦发现不公正之处，便用角抵触不义之人。这样的法官，真是轻松得让人羡慕！

苏东坡在《艾子杂说》中也曾提及獬豸。齐宣王问艾子："听说古时有一种叫獬豸的动物，你知道吗？"艾子回答："尧做皇帝时，宫中饲养了一种叫獬豸的猛兽，它能分辨是非，一发现奸邪之徒，就会用角将其顶倒，然后吃掉。"艾子话锋一转，调侃道："如果今天朝廷中还有这种猛兽，那它就不用再找食物了！"苏东坡借艾子之口，巧妙地讽刺了当时的社会现象。

獬豸，作为正义的象征，自然也具有驱邪的功能，这正是历经磨难的中国人民所喜爱的。獬豸的形象在民间流传甚广，到了明清时期，它不仅被司法部门所使用，帝王们还将它作为镇墓兽，放置在陵寝中，以保佑自己不受恶鬼侵扰。獬豸的正义形象，已经深深植根于人们的心中。

西方的法：一位女神

在西方文化中，"justice"一词不仅仅是正义的代名词，还蕴含着法官的职责。正义女神的雕像经常出现在西方国家法院建筑的入口处或前方，作为法律和公正的象征。比如，美国联邦最高法院入口处的左侧就矗立着一尊正义女神的雕像，而巴西最高法院前也有一尊坐着的正义女神像。在西方的法学教育机构中，正义女神的雕像更是随处可见。

在西方的传说中，正义女神忒弥斯的诞生充满了戏剧性。一天，天庭中的众神因为争执而四分五裂，世界面临着前所未有的灾难。没有人敢站出来调解纷争，年轻的容易受到诱惑，而老练的则畏惧权势。在遍寻不获合适人选的情况下，天帝身边的白袍金冠女神忒弥斯站了出来，她拿出一块手巾，蒙住了自己的眼睛，宣布："我来！"这一举动让众神不得不点头认可：她蒙住了眼睛，也就不会受到利诱，不必畏惧权势。蒙眼不是失明，而是一种自我约束，是一种对公正的刻意追求。

正义女神忒弥斯身穿白袍，蒙住双眼，左手高举天平，右手持剑，脚下踩着毒蛇。她的形象中，白袍象征道德的纯洁，

第一章　法治思维：什么是法律？

蒙眼表示司法的公正，王冠代表正义的尊贵，天平比喻裁量的公平，剑则象征严厉的制裁，蛇与狗分别代表仇恨与友情，权杖和书籍则分别象征权威和法律。从这一典故中，西方人引出了"程序是正义的蒙眼布"的格言，这句话已经成为法学的经典语录，被广泛引用。

法律：一条准绳

法律，作为一种强有力的社会规范，既是维护公平正义的利器，又自带一股不可忽视的威严。为了让其抽象的司法意义具象化，以便广大人民群众更直观地感受到，自古以来，中外都创造了许多独特的法律"符号"。这些法律符号，或源于日常生活的观察，或源于神话般的想象，它们通过形状、动物特性、植物属性等元素，被精心刻画成我们今天所熟知的法律器物，成为法律文化中不可或缺的一部分。

无论是中国的神兽，还是西方的正义女神，这些法律图腾的本质，都是为了寻找一个正义公平、大公无私的标准。为此，在学习了习近平总书记关于法治的重要讲话后，我们更能深刻理解法律的含义——法律是什么？最生动形象的比喻就是那根无形的准绳。

【习语】历史是最好的老师。经验和教训使我们党深刻认识到，法治是治国理政不可或缺的重要手段。法治兴则国家兴，法治衰则国家乱。什么时候重视法治、法治昌明，什么时候就国泰民安；什么时候忽视法治、法治松弛，什么时候就国乱民怨。法律是什么？最形象的说法就是准绳。用法律的准绳去衡量、规范、引导社会生活，这就是法治。——2014年10月23日，习近平在党的十八届四中全会第二次全体会议上的讲话

法律这条准绳起到衡量的作用

法律，就像一条准绳，衡量着我们的行为，确保社会秩序的稳定和公正。它是通过正式的立法程序制定的一套制度性规则，为各类主体设定了明确的行为标准，告诉我们哪些行为是合法的、受保护的，哪些是违法的、会受到制裁的。通过这种明确的规定，法律为社会成员提供了行为的参照标准。

法律还涉及不同法益的价值判断和平衡。法益是指在法律制度中被保护和追求的各种利益。不同法益之间可能存在冲突，需要进行价值判断和平衡，以维护社会的整体利益。

【案例分析】往飞机上扔硬币是"祈福"吗？

来源：微信公众号"南方日报"2023年10月30日

2023年10月29日，有航空博主爆料称，当天广州至北京的南航CZ3121次航班因疑似有人向发动机投掷硬币，致飞机延误3.5小时起飞。当晚，南航发布情况通报：10月29日9时，南航CZ3121（广州—北京大兴）航班在上客期间，机务人员发现有旅客往飞机投掷硬币并立即进行安全检查，在机腹附近发现两枚硬币。为确保飞行安全，航空公司决定推迟起飞，对飞机开展全面检查，在确保未发现其他隐患后，飞机于13时29分起飞，16时安全抵达目的地。涉事旅客已被机场公安带走配合调查。南航提醒广大旅客朋友，乘坐飞机时务必遵守民航法律法规，禁止做出危害航空安全的行为。

据公开报道，近年来，向飞机投币事件屡屡发生。究其原因，都是相信"扔硬币可以避灾祈福"的迷信说法。但事实上恰恰相反，向飞机扔硬币不但不能祈福，还会危害航空安全。硬币是小而坚硬的金属体，耐磨损性很强。当飞机发动机开动时，强大的吸力会把硬币吸到发动机内部，硬币高速移动会与高速旋转的发动机部件相碰撞，产生一连串的贯通伤，严重威胁整架飞机的安全。

为了"祈福"朝飞机扔硬币，不仅没有常识，还违法。据法律专家解说，按照《治安管理处罚法》[1]的规定，这种行为将会被处以警告或者200元以下的罚款，情节较重的还会被处以5日以上10日以下的拘留。因为行为人实施的违法行为给航空公司带来了实际损失，航空公司有权利要求行为人进行赔偿。更为严重的后果是，行为人还会因实施这种行为承担刑事责任，当然这个前提是他是故意去破坏航空器的，那就涉嫌构成破坏交通工具罪。根据《刑法》的规定，破坏火车、汽车、电车、船只、航空器，足以使这些交通工具发生倾覆、毁坏危险，尚未造成严重后果的，处3年以上10年以下有期徒刑，如果造成了严重后果，将处10年以上有期徒刑、无期徒刑甚至是死刑。

法律这条准绳起到规范的作用

解锁法治密码，揭秘社会秩序——法律，不仅是行为的规范，更是生活的艺术。它细数我们的权利，守护我们的财产，稳固我们的契约，界定我们的责任。从个人权益到社会和谐，法律织就了一张无所不包的保护网，让秩序与和谐成为可能，让混乱与冲突无处遁形。

在民事领域，法律化身智慧的调解者，用法庭的庄严为争议画上句点，让公平正义成为解决纠纷的利器。而在刑法的世

---

[1]《治安管理处罚法》，即《中华人民共和国治安管理处罚法》。为表述方便，本书中涉及我国法律文件，均使用简称，省去"中华人民共和国"字样，全书统一，后不赘述。

界里，法律如同一把利剑，挥舞着惩罚的锋芒，守护着社会的安宁与安全。至于行政法，它则是权力的守护神，为政府戴上法律的紧箍咒，确保权力在阳光下运行，捍卫公民的自由与权利。

【法治新闻】强制性国标来了！事关电动自行车电池安全！

来源：微信公众号"中国普法"2024年5月12日

由工业和信息化部组织起草的《电动自行车用锂离子蓄电池安全技术规范》（GB 43854—2024）（以下简称《技术规范》）强制性国家标准已由国家市场监督管理总局（国家标准化管理委员会）发布，于2024年11月1日正式实施。

据了解，《技术规范》从单体电池和电池组两个层面规定了适用于《电动自行车安全技术规范》（GB 17761—2018）的电动自行车用锂电池的安全要求和试验方法。其中单体电池方面主要考虑了过充电、过放电、外部短路、热滥用、针刺、标志6项安全要求；电池组方面主要考虑了电气安全、机械安全、环境安全、热扩散、互认协同充电、数据采集、标志等7个方面22项安全要求。

值得注意的是，《技术规范》仅适用于《电动自行车安全技术规范》（GB 17761—2018）中规定的、最大输出电压不超过60伏的电动自行车用锂离子蓄电池，不适用于电动滑板车、平衡车、电动摩托车、电动三轮车等车辆使用的锂离子蓄电池。根据规定，该标准实施后，国内销售的电动自行车用锂离子蓄电池都必须符合其要求。

截至2024年5月，我国电动自行车的社会保有量已超过3.5亿辆，2023年全国规模以上企业累计生产电动自行车4228万辆。国内主要电动自行车品牌发布的电动自行车新车型中，配备锂离子蓄电池的比例超过20%。随着产业规模的扩大,标准作为产业发展的重要技术支撑,应不断得到完善和提升,从而规范电动自行车用锂离子蓄电池产品设计、生产和销售等环节,提升产品质量水平。

法律这条准绳起到引导的作用

法律作为社会行为的准则,为公民提供了明确的行为指南,它通过规定权利与义务,告诉人们在社会生活中应该如何行动,这种明确的指示性使得法律成为引导个人和社会行为的重要工具。

法律的存在和实施建立了一个可预测的社会环境,使人们能够信任社会和其他社会成员。在法治社会中,人们更容易相互信任、合作和共同生活。法律可以用来引导社会变革。通过修改法律,社会可以适应不断变化的需求和价值观,促进自身的进步和发展。

【案例分析】子女受父母胁迫结婚可请求依法撤销婚姻

来源:最高人民法院发布的第三批人民法院大力弘扬社会主义核心价值观典型民事案例

女孩周某在其母亲安排下与付某相亲。因付某家庭条件较好,两家又系远房亲戚,周某母亲非常希望周某与付某缔结婚姻。在周某明确拒绝与付某交往后,周某母亲强行将在外地工作的周某接回家,并以死相逼,表示如周某不同意该婚事就将其赶出家门。周某害怕家庭关系破裂,又担心母亲寻短见,不得不与付某登记结婚并举办婚礼。婚后近一年时间里,双方并未建立夫妻感情,也从未有过夫妻生活。但周某母亲仍不准许周某提出离婚,母女俩多次争吵并发生肢体冲突。周某诉至人民法院,请求撤销其与付某的婚姻。

法院认为,《民法典》第1052条第1款规定:"因胁迫结婚的,受胁迫的一方可以向人民法院请求撤销婚姻。"结婚应当是男女双方完全自愿的行为,禁止任何一方对另一方加以胁迫,禁止任何组织或者个人加以干涉。在周某多次明确提出不愿意和付某恋爱、结婚的情况下,周某母亲仍以将周某赶出家门、"死给周某看"等作为要挟,导致周某在违背自由意志的情况下与付某结婚。周某母亲的行为严重干涉了周某的婚姻自由,构成胁迫。现周某要求撤销其与付某的婚姻符合法律规定,为维护当事人的合法权益,弘扬自由、文明的社会主义核心价值观,故判决撤销周某与付某的婚姻。

母亲要求女儿按自己的意愿组建家庭,虽然本意是希望女儿能有一个幸福的归宿,但以死相逼,胁迫女儿与相亲对象结婚,不仅没有让女儿获得如期的幸福,反而给女儿带来了痛苦和绝望。在子女婚恋问题上,父母"该放手时应放手",可以做好参谋但不能代作决断、强行干预,否则不但会侵害子女的婚姻自由、伤害父母子女之间的血脉亲情,也会违反法律规定。本案判决撤销周某与付某的婚姻,既保护了周某个人的合法权益,也向整个社会传达了婚姻自由的理念,有利于倡导独立、自主的婚姻观和自由、法治的社会主义核心价值观。

二、法律是成文的道德,道德是内心的法律

法律和道德都具有规范社会行为、维护社会秩序的作用

在这个充满挑战与机遇的社会大舞台上,道德和法律就像是一对默契的搭档,共同守护着我们的和谐家园。它们携手调整着我们生活的方方面面,影响着每一个角落。

第一章　法治思维：什么是法律？

法律，像一位严父，以其威严和力量，为我们划定了行为的界限，让每个人都能预见行为的后果，从而维护社会的秩序与安宁。而道德，则像一位慈母，用她的温柔和智慧，滋养着我们的心灵，引导我们自觉遵循社会规范。

在国家治理的大棋局中，法治与德治各司其职，各展所长。法治的力量，让我们有所畏惧，不敢越雷池一步；德治的魅力，让我们心生敬畏，主动向善。法律的力量需要道德的滋养，而道德的光辉也离不开法律的守护。

在法律无法触及的角落，道德的光芒照亮了前行之路；而当道德无法约束的行为出现时，法律的利剑则会毫不犹豫地给予制裁。这就是我们社会秩序的奇妙之处，法治与德治相辅相成，共同守护着我们的美好家园。

【习语】法律是成文的道德，道德是内心的法律，法律和道德都具有规范社会行为、维护社会秩序的作用。——2014年10月23日，习近平在党的十八届四中全会第二次全体会议上的讲话

法治对道德的保障作用，有助于诚信体系的建立

诚信，这个道德的基石，早已深深植根于中华民族的骨髓里。记得孔圣人曾深情地说"人而无信，不知其可也"，他告诉我们，诚信是我们立足的根本。

在我们党的百年辉煌旅程中，中国共产党始终怀揣着一颗真诚的心，赢得了人民的深厚信任和无限敬爱。而法律的巧妙之处，就在于它能够将那些闪闪发光的道德规范，转化为坚实的法律条文。通过法律的执行，我们的价值观和道德追求得以彰显，推动着整个社会的道德水平不断提升。

想象一下，一个全覆盖的征信系统，就像一张无形的网，

记录着每个人的诚信足迹。我们奖励那些守法诚信的好公民，同时，对于那些违法失信的行为，我们也毫不手软地给予惩戒。在这样的环境下，失信变得不可取，人们自然而然地选择诚实守信。这样的社会氛围，让我们的获得感、幸福感和安全感如同阳光般温暖，不断升华。

这就是法治与道德的完美协奏，它们共同谱写了一个充满信任和和谐的美好世界。

【法治典故】"明刑弼教"

"明刑弼教"最早出自《尚书·大禹谟》，该篇中记载，禹帝对皋陶说道："你掌管着国家的刑狱之事，以五刑作为辅助，教化民众懂得父义、母慈、兄友、弟恭、子孝等伦理道德，这才是治理国家之道。"后世将这句话归纳为"明刑弼教"。古代的"刑"不仅指刑罚，也指法律，因此"明刑弼教"的意思是以法律晓谕民众，辅助教化。

"明刑弼教"的司法理念在中国传统法治文化中广受认同，常常用于裁判文书的说理。《名公书判清明集》中记载了这样一个案例：宋代时，有一个名叫邹应龙的人因扭断兄长的手臂、打落兄长的牙齿而被状告。后来，其兄长担心母亲难过，想要撤回诉讼。负责裁判的司法官员认为，尽管原告不打算再追究，官府仍应当对邹应龙的行为予以处罚，以示惩戒，并在裁判文书中写道："家庭内部恩情重于道义，这是兄弟间至深的情感使然；但官府应当以刑罚来辅助教化，这是朝廷制定的国法。两者都不可以偏废。"

道德对法治的支撑作用，有助于文明风尚的传承

实现良法善治，离不开道德作用的发挥。在社会的广阔舞

第一章　法治思维：什么是法律？

台上，道德就像是一盏明灯，照亮着法治的道路，帮助我们传承文明的火炬。

想要实现一个和谐有序的社会，道德的力量不可或缺。法律虽然设定了行为的底线，但它的背后，是道德的力量在支撑。法律所禁止的，道德同样唾弃；法律所鼓励的，道德也同样推崇。

就像那些不幸的"狗伤人事件"，它们不仅仅揭示了制度和管理的漏洞，更是某些人道德失范的体现。这样的例子提醒我们，德行不配其位，必将导致社会的伤痕。

因此，在这个快速变化的时代，我们需要深思熟虑，如何为中华法律文明注入新的活力，如何让我们的传统文化在新时代焕发新的光彩。我们要不断创新，推动这五千年的文明"火炬"继续燃烧，照亮我们的未来。让我们携手，让道德的光芒与法治的力量交相辉映，共同绘制出一个更加文明、更加和谐的社会画卷。

【法治评论】"狗咬人"有939篇裁判文书！"恶犬伤人"屡见不鲜问题到底出在哪？

来源：微信公众号"央广网"2024年1月27日

近年来，"恶犬伤人"事件屡见不鲜。据媒体报道，就在2024年1月13日，哈尔滨依兰县，一女子在路边遛弯时，被突然出现的大型犬只咬伤。相关监控视频显示，整个撕咬过程持续数分钟。

记者在中国裁判文书网以"狗咬人"为关键词检索，共检索到939篇裁判文书。

近段时间，记者在北京、郑州、南昌、兰州等地采访时发现，不少小区内宣传栏或电梯内外，均贴有文明养犬的宣传提示，在一些地方街头，部分人在遛狗时也会牵好绳子，但不牵绳、不办狗证、违规养禁养犬的情况并不少见。

治犬重在治人，更要求补齐城市管理"短板"。某市公安局城市警察支队一工作人员表示，虽然不少城市有养犬管理条例，但在治理中仍会面临执法难的问题：一是违规养犬人对执法不配合，易起冲突；二是老年人不喜欢牵狗绳、抵触情绪较强烈；三是取证难、执法难，执法"有心无力、几乎走过场"；四是流浪犬主人难以寻到，受害人起诉难。

除了拴狗绳，法律准绳也需切实加强。在中南财经政法大学法学院法学教授钱叶芳看来，各地养犬管理法规的立法宗旨除了表述差异外，都是从保护人的角度对犬类进行管理，尚未确立犬类保护理念。"偏重管理、忽视保护"，是各地立法难以规制不文明养犬行为的主要原因。

河南省原阳县公安局原兴派出所西街社区警务站网格警务助理李元利说，犬伤人的部分原因是未牵绳，另一部分原因是多为流浪犬。一些养犬人的随意遗弃直接造成大量流浪犬的产生，归根结底在于犬主人的责任意识淡薄，即使有爱心人士收养流浪犬，一旦管理不善就会导致其伤人。若未办狗证，也会因找不到主人而产生纠纷。

钱叶芳表示，从整体上来看，弃养犬只成本很低，甚至毫无成本，只要稍微有事件促动，很多不负责任的主人就会选择直接弃养。虽然各地不时进行犬只集中整治运动，但治标不治本。集中整治对随意养犬者、弃犬者没有影响。很多主人直接弃养犬只，甚至叫嚣着让执法人员带走。每次专项整治都会导致新弃养犬只数量暴增，为社会、疾控、人员安全带来极大隐患。

法律是最低限度的道德

所谓"法律是最低限度的道德"，表明了法律与道德对于社

第一章　法治思维：什么是法律？

会规范的标准要求不同。很显然，相对于道德而言，法律的标准要求低。

在规范行为的这场游戏中，法律和道德各自扮演着不同的角色。想象一下，如果道德是一座高山，那么法律就是山脚下的基石。法律的要求，相对来说，就像是道德的起步线。

法律的存在，就像是社会的一道防线，它守护着我们，让我们不至于做出那些违背天良的事情。它不要求我们成为"圣人"，毕竟，圣人之路，非人人可达。一个人可以选择以圣人的标准来修炼自己，但我们要明白，不能强求人人都达到这个高度。法律给了我们一个最基本的框架，而道德，则是我们内心深处真正的追求。

在人类社会的大家庭中，法律和道德就像是一对默契的搭档，它们携手守护着我们的和谐与秩序。法律，就像是社会的守护神，它用坚实的臂膀支撑起整个社会的基石，让我们的日子过得井井有条。而道德，则像是心灵的指南针，它引领着我们向善的方向，让我们的心紧紧相连。

法律，是国家精心编织的一张规则之网，它包含了国家的法律、地方的规矩，甚至是我们的习惯法。而道德，则是我们在日常生活中的点滴感悟，对善恶、美丑、对错的深刻理解与遵循。

从二者的本质来看，法律更像是行为的边界，告诉我们什么不能做；而道德则更像是心灵的灯塔，指引着我们应当追求的价值和修养。法律和道德，一个对外，一个对内，相辅相成，共同绘制了一幅有序且充满爱的社会画卷。

法律所禁止的，也是道德所不容的，法律就像是道德的底线，守护着我们的基本行为准则。当法律明确告诉我们应该做什么时，其实也在提醒我们，那是最起码的道德要求。积极遵守法律，不仅仅是遵纪守法，更是在弘扬道德，推动我们的精神文明建设向前发展。法律与道德的和谐共舞，让我们的社会更加美好、更加温馨。

【案例分析】"江某案"的民事诉讼

来源：网络综合信息

日本当地时间2016年11月3日，就读于日本东京法政大学的中国留学生江某被闺蜜前男友陈某峰用匕首杀害，就此引发"11·3留日女生遇害案"。

2022年1月10日，山东省青岛市城阳区人民法院对原告江某莲与被告刘某曦生命权纠纷案作出一审判决：被告刘某曦于判决生效之日起10日内赔偿原告江某莲各项经济损失496 000元及精神损害抚慰金200 000元，并承担全部案件受理费。2022年12月30日，二审维持原判。

2024年2月2日，据新京报记者从江某母亲江某莲处获悉，其收到了山东省高级人民法院发来的民事裁定书。刘某曦（原名刘某）因不服山东省青岛市中级人民法院于2022年12月30日作出的民事判决而申请再审，该民事裁定书显示，山东省高级人民法院认为刘某曦主张的再审事由不成立，驳回了其再审申请。

在"江某案"这场民事诉讼的舞台上，法院的判决不仅揭晓了法律的答案，更展示了道德如何走进司法的深刻含义。案件的发生，不仅牵动了我们对法律正义的思考，更触碰了我们对道德伦理的敏感神经。江某在门外不幸遇刺，而刘某（刘某曦）先行一步躲入屋内并锁上门的行为，无疑被大众视为一种对同伴的"背叛"，这种"不义"之举，是司法审判中难以绕过的道德难题。

在一审中，法院便从"扶危济困"这一传统的道德理念出

第一章　法治思维：什么是法律？

发，认为刘某未能履行法律规定的对同伴的安全保障责任，因此判决其对江某生命权的损失承担赔偿责任。尽管刘某对一审判决表示不满，提起上诉，但二审法院依然坚持了一审关于安全保障义务的法律立场，并认为这一立场体现了"友爱互助"的道德精神，最终驳回了其的上诉，维持了原判。

在这两审的裁判过程中，我们不难发现一个共同的特点——法院在作出法律判断时，明显融入了道德的考量，这就像是道德评价在司法裁判中的一次"温柔介入"。正是因为这一"道德导入司法"的巧妙运用，"江某案"的裁判才能够有力地回应社会对道德的关切，使得最终的裁判结果既符合法律的内在规范，又体现了社会的价值期待，因此赢得了公众的广泛认可。

法律既不是虚无的，也不是万能的

近年来，国家倡导法治，提倡全面依法治国，人们突然间发现，法律原来是实现社会管理的一个有力手段，因而强调任何事情都要有法可依。那么，是不是说法律越多越好呢？或者说，我们社会生活的各种问题都需要法律来解决而且只有法律能解决呢？

【案例分析】55 岁男子娶智力残障女孩为妻

来源：微信公众号"中国普法"2021 年 3 月 3 日

近日，一段"河南驻马店 55 岁男子娶智力残障女孩为妻"的视频在网上引发热议。据媒体报道，这段视频拍摄于驻马店泌阳县一张姓村民家中。

视频中，一位成年男子和一位"娃娃脸"女子并排在椅子上坐着，两人胸前别着"新郎""新娘"胸花。女子一直哭泣，

— 015 —

男子时不时拿着卫生纸替她擦拭泪水。视频中有女子称："正常人还没有这种待遇呢，新郎官对你多好……别哭了。"旁边一位疑似女子母亲的人说，"我放心，我可放心"。

事件曝光后引发质疑，这名女子是不是未成年人？真相又是如何？

自2021年3月1日查看到网络自媒体上传播的"智障女子被迫嫁给老头"视频，河南省驻马店市泌阳县高度重视，立即组织公安、民政、法院、妇联和当地政府组成的调查组对此事进行调查核实。

经查：智障女子名叫姚某瑞，汉族，出生于2001年2月，籍贯是河南省桐柏县。姚某书，系姚某瑞的父亲、监护人。安某红，系姚某瑞的母亲。

经媒人李某山多次说和，按照当地习俗和商定日期，2021年2月27日（正月十六），姚某瑞在父母的陪同下，出嫁到泌阳县高店镇，与村民张某照结婚。张某照，男，汉族，泌阳县高店镇人。结婚当日，张某照按照习俗租用本村村民的汽车进行接亲，在家中举办婚礼仪式。

泌阳县委宣传部方面表示，患有医学上认为不应当结婚的疾病禁止结婚的规定已经被废除。当事人已经是成年人，经媒人介绍，双方家庭按照农村风俗习惯进行了结婚仪式，当前未发现违法行为。

此外，《残疾人保障法》第4条规定："国家采取辅助方法和扶持措施，对残疾人给予特别扶助，减轻或者消除残疾影响和外界障碍，保障残疾人权利的实现。"

上述规定意味着：一方面，残疾人同其他公民一样有权拥有自己的家庭生活，这是法律赋予他们的权利；另一方面，社会有义务，国家也有责任采取切实的措施使他们受到家庭的抚

第一章　法治思维：什么是法律？

养呵护以及让他们生儿育女的弊端减到最小。

当地党委和政府会结合实际对其家庭进行关爱指导，促进残疾人生存、生活，做好社会帮扶，以保障残疾人的合法权益，维护社会公平正义和社会秩序的安定。

《民法典》第1048条规定："直系血亲或者三代以内的旁系血亲禁止结婚。"第1051条规定，有下列情形之一的，婚姻无效：重婚、有禁止结婚的亲属关系、未到法定婚龄。显然疾病不再是结婚的阻碍，法律不再干涉男女双方的意愿。

对此，河南豫龙律师事务所律师付建认为，新闻中一直未婚的新郎张先生与新娘均符合法定结婚年龄，且不存在法律禁止结婚的亲属关系；新郎张先生对新娘智力残缺一事知情且不介意；新娘智力存在缺陷并不代表其完全丧失民事行为能力，经监护人同意，其可以依法登记结婚。

针对"构成强奸罪"这一说法，广东国鼎律师事务所律师廖建勋则认为：在该事件中，两人结婚后发生性关系，符合相关伦理道德。未结婚前，两人发生性关系，张某照可能有涉嫌强奸罪的风险。

在我国《民法典》中，有一条特别的规定：直系血亲或者三代以内的旁系血亲禁止结婚。而那些曾经限制患有某些疾病的人结婚的条款，已经被淘汰，这是一次深刻的变革，它尊重了每个人的选择，也和我们崇尚的婚姻自由原则不谋而合。婚姻，不仅是两个人的自由选择，更是一份对社会的承诺。

曾几何时，我们被无法无天的日子折磨，被迷信束缚。如今，我们崇尚法治，但也要小心，别掉进法律迷信的陷阱。不是每个人都会对法律盲目崇拜，但有些人总想靠立法解决一切，好像有了法律，世界就完美无缺了。

别忘了，我们虽然理性，但理性有限。我们用法律来规范

— 017 —

生活，但法律不可能覆盖生活的每一个角落，也不可能解决所有问题。

把所有问题都寄托在法律上，这是一种不切实际的幻想。比如说，自杀是个悲剧，立法者想要阻止，这一出发点是好的。但自杀往往是个人在极度私密下的选择，连最亲近的人都不一定察觉。法国社会学家迪尔凯姆告诉我们，自杀背后有深层次的社会原因。如果我们靠立法来预防自杀，却忽视其背后的社会问题，那么我们可能只是给予了一份自以为是的好意，却解决不了实际问题。

三、法治与法制有什么不同？

从"法制"到"法治"，中国走过了半个世纪

在党的十一届三中全会这个历史性的转折点上，党中央总结了过往的宝贵经验，深刻反思了"文化大革命"的沉痛教训，毅然决然地将国家发展的重心转移到了社会主义现代化建设上，拉开了改革开放和民主法制建设的新篇章。邓小平同志高瞻远瞩地指出："为了保障人民民主，必须加强法制。必须使民主制度化、法律化，使这种制度和法律不因领导人的改变而改变，不因领导人的看法和注意力的改变而改变。"

"有法可依，有法必依，执法必严，违法必究"，这四句话成了改革开放时期法制建设响亮的口号。1982年的《宪法》，以及《刑法》、《刑事诉讼法》、《民事诉讼法》、《民法通则》（已失效）、《行政诉讼法》等一批基石般的法律相继出台，标志着中国法制建设迈入了新的发展阶段。十一届三中全会之后，各级人民法院焕然一新，1979年9月，司法部重新挂牌。工商、

第一章 法治思维：什么是法律？

税务、土地、卫生等行政执法机构也恢复了活力。同时，律师、公证等法律服务行业也得到了重生。

进入20世纪90年代，中国开始了社会主义市场经济的全面构建，为法治建设打下了坚实的经济基础。1997年，党的十五大将"依法治国"上升为治国的基本方略，提出了构建中国特色社会主义法律体系的历史性任务。1999年，这一方略被写入《宪法》，中国的法治建设从此翻开了崭新的一页。

跨入21世纪，中国的法治建设步伐更加坚定。2002年，党的十六大将完善社会主义民主和法制作为全面建设小康社会的重要目标。2004年，"国家尊重和保障人权"被庄严地载入《宪法》。2007年，党的十七大对加强社会主义法治建设作出了全面部署，明确提出全面落实依法治国基本方略，加快建设社会主义法治国家。

2011年1月，全国人大常委会时任委员长吴邦国宣布，中国特色社会主义法律体系已经建成。截至同年4月，我国已制定现行《宪法》和有效法律239件、行政法规700多件、地方性法规8600多件，如期实现了党的十五大提出的目标，这标志着我国依法治国、建设社会主义法治国家进入了新的历史阶段。

到了2022年，党的二十大报告首次将法治建设作为专章论述、专门部署，这无疑体现了以习近平同志为核心的党中央对全面依法治国的高度重视。这不仅是我们党坚持全面依法治国的政治宣言，更是习近平法治思想的丰富和发展，是我们党推进法治中国建设的纲领性文献。这标志着我国将全面推进国家各方面工作法治化，这是我们党治国理政的重要治理方式。

从"法制"到"法治"的字词变迁，是我们对法律职能认识的一次质的飞跃，是我们党半个多世纪执政经验在治国方式上的历史性跨越。在新时代中国特色社会主义法治的坚强保障

— 019 —

下，我们定将迈向更加辉煌灿烂的未来！

法治是治国理政的基本方式

法治（rule of Law）是一种动态表达，表达的是法律运行的状态、方式、程度和过程。法治，这个词听起来有点儿高大上，但其实它就像是社会的大管家，管着我们的日常，让一切都井井有条。法治不仅仅包括纸上的条文，它还是一种鲜活的状态、一种我们生活的方式，关乎我们如何行事，关乎法律的施行过程。

法治的核心表明，法律是大家共同遵守的规则，无论是平民百姓还是位高权重者，都得照章办事。在法治的世界里，法律就是最高的权威，它对每个人都一视同仁，不分贵贱。

法治讲究的是法律的普适性和平等性，就像阳光普照大地，每个人都能感受到它的温暖。法律须让人看得明白，这样大家才能心甘情愿地遵守。法治还要求法律稳定，不能朝令夕改，得按规矩来，不能随便乱来。

法治还扮演着双重角色，一方面保护个人的权利，另一方面约束政府的权力，防止它变成脱缰的野马。这就好比法治是那个平衡的砝码，让权利和权力保持和谐。

"法治"是一种治国的理论、原则和方法，是相对于"人治"这一治国的理论、原则和方法来说的。在历史的舞台上，法治和人治总是作为对立面出现。法治讲究的是制度的力量，认为国家的兴衰不在于有没有英明的领导人，而在于法律和制度是否完善。而人治就是认为国家命运全靠领导人个人魅力。实行法治的国家，就像是一台精密的机器，每个部件都按照既定的规则运转。在这里，法律是人们前行的指南针，不管是谁，都得照着它走。这和人治那种随意性很强的领导风格相比，可

第一章 法治思维：什么是法律？

以说有着本质的区别。在法治的国度里，法律不仅是必须遵守的，更是我们共同维护的秩序之美。

【习语】"国无常强，无常弱。奉法者强则国强，奉法者弱则国弱。"我们必须把依法治国摆在更加突出的位置，把党和国家工作纳入法治化轨道，坚持在法治轨道上统筹社会力量、平衡社会利益、调节社会关系、规范社会行为，依靠法治解决各种社会矛盾和问题，确保我国社会在深刻变革中既生机勃勃又井然有序。——2014年10月23日，习近平在党的十八届四中全会第二次全体会议上的讲话

在人类政治文明的长河中，法治与人治的较量，就像是一场持久的辩论赛，每个国家在追求现代化的道路上，都得面对这个棘手的问题。放眼世界的历史画卷，你会发现，那些成功迈入现代化大门的国家，没有一个不是较好解决了法治和人治的问题的。而那些曾经快速发展的国家，如果没能搞定这个问题，就会不慎跌入各种"陷阱"，发展步伐放缓，甚至出现倒退的情况。这种情况，很大程度上是因为法治不够强大。

历史经验和教训使我们党深刻认识到，法治是治国理政不可或缺的重要手段。法治兴则国家兴，法治衰则国家乱。当法治得到重视时，国家就会和谐安定；当法治被忽视时，民众就会怨声载道。我们中国，这个拥有14亿人口、地大物博、民族众多的大家庭，要想保持国家的统一、法治的统一、政令的统一、市场的统一，就必须牢牢把握法律这把尺子，将法治作为治国理政的核心武器。只有这样，我们才能确保国家的和谐与长治久安。

法制更侧重制度和组织

法制（Legal System）指的是一个国家或社会中的法律体系，包括法律的形成、颁布、执行和解释等方面。法制体系的建立是法治的实现途径。

法制包含了法律的制定、执行和解释这一整套流程，涉及立法机构、司法机构、行政机构，它们就像是团队里的不同角色，各司其职。法制不仅仅包括纸上的条文，还包括法律体系的结构和运作方式，有点儿像是机器的内部结构，各个部件怎么搭配、怎么协作，都有讲究。

法律制度属于制度这个范畴。它同一个国家的政治制度、国家制度、经济制度、军事制度、文化制度、教育制度等，是同一种类、同一系列的概念，是相对于这些制度来说的。

每个国家，在历史上的每个时期，都有自己的法律制度，就像每个人都有自己的穿衣风格。但并不是每个国家都实行法治。有时候，即使一个国家被人治的理论、原则和方法所主导，它也还是有自己的法律制度。

【法治剧场】证明母子关系

办事员：您好，您出境旅游是吗？需要在这个表格上，写上一个紧急联络人。

大妈：唉，好，填好了，这是我儿子。

办事员：这是您儿子？好的，请您提供书面材料证明您和这位先生是母子关系。

大妈：我是他亲妈呀。

朋友："她是他亲妈，这一点我可以证明。"

办事员（义正辞严）："这个你证明不了，得开证明。"

第一章 法治思维：什么是法律？

大妈（火了）："开证明，开证明，他从一生下来就是我儿子，我就是他亲妈，我要是都不能证明，连他爸也不能证明。"

办事员："大妈您别跟我急，规定就是这样规定的。"（这位办事员始终不卑不亢不愠不火）

朋友："你们这规定太可笑了，服务机构本来是服务于老百姓的，却制定这种规定，简直就是在故意刁难老百姓。"

在本案例中，办事员是依据规定办事，依据法律办事，他有错吗？没错。但，这是不是就是我们要的法治？答案当然是否定的。这充其量只能算是法制。

法治是历史发展的趋势所向

总的来说，法治就像是社会的灵魂，它强调的是一种理念和原则，是我们都认同的公约，法律对每个人都一视同仁，不管你是谁，都得遵守。而法制更像是这个灵魂的骨架，它关注的是法律体系的组织和结构，就像是建筑的蓝图，包括法律是怎么形成和实施的。

实际上，法制是实践法治的一种方式，它通过搭建一个完善的法律体系，让法治的原则渗透到社会的每一个角落。

法治这个治国理政的重要理念，不是凭空出现的，它是经过深思熟虑，有着自己存在的道理和社会价值的。现在，在我们国家，越来越多的人开始强烈地支持法治，反对人治。法治的观念，已经悄悄地在大家心里生根发芽。

法律至上、良法善治、人权保障、司法公正、依法行政，这些都是现代法治的核心内容。法治之所以能够取代人治，成为社会治理的主流模式，主要是因为它有着人治无法比拟的优势，比如明确性、可预测性、科学性、稳定性，还有那种让社会团结一心的凝聚力。所以，法治是我们现代中国社会治理的不二选择。法治不仅应该成为我们的治国方略，更应该成为我们生活的常态。

【法治讨论】全面依法治校，应该怎么做?

全面依法治国，必然包括全面依法治校。2022年4月，教育部办公厅印发《全国依法治校示范校创建指南（中小学）》（以下简称《指南》），正式启动了依法治校示范校创建工作。在最新印发的《指南》中，教育部要求重点从十个领域来推进依法治校工作，每个领域都有相应的核心要求和考核标准。虽然《指南》是针对中小学的，但对于大学依然有参考性指导作用。

第一，依法治校的核心在于转变"治校"观念，从"管理"走向"治理"，完善学校治理结构，健全决策机制，实现依法治理。简单来说，就是让学校里的每一个人都参与到管理中来，形成一个多元共治、相互制衡的管理模式。

第二，制度完备是依法治校的基础。学校需要制定和完善章程和各项管理制度，形成以章程为核心的健全、规范、统一的制度体系，用制度来驱动学校的日常管理工作。

第三，管理规范要求学校管理者具备法治意识，提高法治能力，用法治思维和法治方式来治校办学。

第四，全面施教是依法治校的要求。学校在教育教学中要全面贯彻党的教育方针，落实立德树人的根本任务，规范实施法定课程。

第五，校园平等要求学校保护学生的平等权，将平等理念融入教育教学和日常管理，营造平等的校园环境和氛围。

第六，公正评价要求学校通过建立健全各种评价制度，保证学校和教师公正地行使评价权。

第一章 法治思维：什么是法律？

第七，充分保护要求学校落实法律规定的对未成年学生的保护职责，建立健全学生权益保护机制，充分保护学生的各项合法权益。

第八，安全有序要求学校建立健全安全管理制度，落实安全管理责任，有效预防和处理安全事故，充分保障校园安全。

第九，和谐友好要求学校校园有鲜明的文化特点，校园环境友好和谐，法治氛围浓厚。

第十，救济顺畅要求健全学校、教师、学生权益救济机制，保证救济畅顺，师生及学校的合法权益得到充分保障。

总的来说，依法治校就是要求学校的每一项工作都依法进行，确保学校的每一个成员的权益都能得到保障。

法治是实现中国式现代化的必然路径。改革开放40多年来，我们国家已经成为世界第二大经济体。但是，经济数字的增长并不意味着每个人的口袋都鼓了起来，也不代表国家真正的强大。中华民族的复兴和国力的强盛，很大程度上取决于我们有没有一套符合国情的法律制度，这样的一套制度有效地运行，有助于我们解决社会中的各种矛盾和冲突，让社会保持稳定与和谐。

有学者说过，经济是一个国家的血肉，但法治是国家的骨架和脊梁。这话不假，经济发展不一定能带来社会的公平和有序，有时候反而会加剧社会矛盾。只有通过法治，我们才能实现社会的公平和秩序。同时，经济发展也不一定意味着社会的全面发展，社会矛盾也不可能完全消失。所以，我们必须在经济发展的同时，通过法治建设来维护社会稳定，为实现社会的长治久安提供保障。

总的来说，法治是我们现代社会治理的重要手段，它不仅能够保障经济的健康发展，还能够促进社会的全面进步，让每个人都能够享受到发展的成果。

四、社会主义核心价值观融入法治建设

社会主义核心价值观已经成为我们法律体系的一部分

核心价值观就像是民族和国家的灵魂,它们持久而深刻,支撑着我们的国家和社会。它们作为一种德,不仅是国家的德、社会的德,也是每个公民的德。我们要践行社会主义核心价值观,就要明大德、守公德、严私德。

社会主义法律法规直接影响人们对社会主义核心价值观的认知认同和自觉践行。我们必须明白,将社会主义核心价值观融入法治建设是多么重要和紧迫。法治不仅仅是一套规则,还能引导我们、推动我们、规范我们、保障我们,让社会主义核心价值观在我们的心中生根发芽,在我们的行动中体现出来。

【习语】坚持依法治国和以德治国相结合,把社会主义核心价值观融入法治建设、融入社会发展、融入日常生活。——2022年10月16日,习近平在党的二十大上所作的报告

自党的十八大报告提出积极培育社会主义核心价值观以来,社会主义核心价值观对法治建设的影响越来越深。这种影响不仅体现在法律的制定上,也体现在法律的执行上。《宪法》第24条和《民法典》第1条直接采用了社会主义核心价值观的表述,这表明社会主义核心价值观已经成为我们法律体系的一部分。

将社会主义核心价值观融入法治建设,就是要把我们当代中国最重要的价值精神融入法治建设,让法治建设充满中国精

神。社会主义核心价值观将我们中国独有的道德智慧注入法治体系，将道德的权威转化为法律的权威，让中国特色社会主义法治体系更加具有中国文化的元素和道德的基础。

【案例分析】李某侵害英雄烈士名誉、荣誉权纠纷案

来源：最高人民法院发布的第三批人民法院大力弘扬社会主义核心价值观典型民事案例

2021年7月15日，李某在康西瓦烈士陵园内做出了极其不尊重的行为。他踩踏了刻有烈士陵园名称的石碑底座，斜靠在碑身上拍照，之后又到陈祥榕烈士的墓前，用脚踩在墓碑底座上，摆出不雅手势对着墓碑拍照。他把这些照片发布在微信朋友圈和今日头条个人账号上，引起了公众的强烈愤慨。虽然他后来删除了照片，但这已经造成了极其恶劣的社会影响。

公诉机关暨附带民事公益诉讼起诉人以李某犯侵害英雄烈士名誉、荣誉罪提起公诉并提起附带英雄烈士保护民事公益诉讼，要求李某通过全国性媒体公开赔礼道歉，消除影响。

审理法院认为，李某公然藐视国家法律，踩踏烈士陵园石碑底座，斜倚碑身，脚踩墓碑底座，摆出不雅手势和不敬姿势拍照并两次上传网络，造成大量传播扩散，引发社会公众强烈愤慨，伤害社会公众的民族情感，损害社会公共利益，情节严重，其行为已构成侵害英雄烈士名誉、荣誉罪，依法应予惩处。审理法院根据李某的犯罪事实、性质、情节、认罪态度及对社会的危害程度，判决李某犯侵害英雄烈士名誉、荣誉罪，判处有期徒刑7个月，判令李某在全国性媒体公开赔礼道歉、消除影响。

2015年9月2日，习近平总书记在颁发"中国人民抗日战争胜利70周年"纪念章仪式上的讲话中强调："实现我们的目标,需要英雄,需要英雄精神。我们要铭记一切为中华民族和中国人民作出贡献的英雄们,崇尚英雄、捍卫英雄、学习英雄、关爱英雄……"英雄烈士的事迹和精神是我们民族的脊梁,是我们前进的勇气和力量。任何歪曲、丑化、亵渎、诋毁英雄烈士的行为都应受到社会的谴责。这个案件充分体现了人民法院弘扬英烈精神、捍卫英烈尊严的坚定立场,对于弘扬爱国、法治、文明的社会主义核心价值观具有积极意义。

推动社会主义核心价值观入法入规

在政治立法方面,我们要贯彻民主法治的理念。我们要坚持和完善党的领导,巩固人民的主体地位,推进社会主义民主政治的法治化,推动国家安全体系和能力的现代化。我们将"弘扬社会主义核心价值观"写入《宪法》,并将其作为立法原则,聚焦国家治理的需要,制定全过程人民民主的法律,健全国家安全法律制度体系,并在制定教育法典和国家安全法典时融入这些原则。

在经济立法方面,我们要贯彻高质量发展的理念。我们要以保护产权、维护契约、统一市场、平等交换、公平竞争为基本导向,优先安排构建全国统一大市场、实施创新驱动发展战略、建设现代化产业体系、促进区域协调发展、推动高水平对外开放的立法项目,完善社会主义市场经济法律制度。我们要在《民法典》的基础上,制定统一大市场促进法,修改完善不利于统一大市场的法律,如统一政府采购法制,落实中央全面深化改革委员会于2018年通过的《深化政府采购制度改革方案》的要求等。

在文化立法方面,我们要贯彻文化自信的理念。我们要发挥先进文化育人化人的作用,扎实推进维护意识形态安全、繁荣文化事业和文化产业、增强中华文明传播力影响力的立法项目，建立健全文化法律制度。我们要在《文化产业促进法（草案送审稿）》的基础上，将博物馆法、国家文化公园法纳入立法规划。

【法治讨论】大学生学习不刻苦违法吗？

来源：微信公众号"中国新闻社" 2018年3月12日

在我国，大学生学习不刻苦，算不算违法呢？这个问题在网络上引起了广泛的讨论。一位用户在知识分享平台上回答了一个关于在中国生活可能涉嫌违法却鲜为人知的问题，他的回答是"大学生学习不刻苦是违法的"，并引用了《高等教育法》第53条第1款的相关规定。

这个回答在社交网络上迅速传播，但同时也受到了不少质疑。有网友问："法律上对刻苦没有定义，怎么算违法呢？"还有网友进一步提问："如何量刑？"

让我们来看看《高等教育法》第53条的具体规定："高等学校的学生应当遵守法律、法规，遵守学生行为规范和学校的各项管理制度，尊敬师长，刻苦学习，增强体质……"确实，该条文提到了学生应当刻苦学习，但这并不意味着不刻苦学习就违法。

北京市京都律师事务所的常莎律师表示，从整部《高等教育法》以及相关法律来看，并没有提到违反"刻苦学习"规定的法律后果。因此，我们可以从法理上认为"刻苦学习"条款并不是完整意义上的法律规则，更像是一种宣誓性条款，目的是鼓励、支持、期望高校学生将刻苦学习作为自己的义务，并努力践行和遵守。即使学生没有履行这项义务，最多也就是面临学业上的不利后果，比如成绩不好、拿不到奖学金甚至毕不了业，而不会受到法律的惩罚。

总的来说，大学生不刻苦学习并不违法，但法律确实倡导和鼓励高校学生刻苦学习，并通过奖学金、助学金等措施对其刻苦学习进行支持。

在社会民生立法方面，我们要贯彻公平正义的理念。我们要聚焦全面推进乡村振兴、完善分配制度、实施就业优先战略、健全社会保障体系、推进健康中国建设的立法事项，着眼解决人民群众急难愁盼的问题，满足人民日益增长的美好生活需要，健全民生领域的法律制度，有效保障人民群众最关心最直接最现实的利益。我们要在规划公共卫生法律制度的基础上，重点规划公共安全治理、社会治理和防范风险等领域的立法。

在生态文明立法方面，我们要贯彻人与自然和谐共处的理念。我们要突出发展方式的绿色转型、环境污染防治、生态系统多样性稳定性持续性的立法事项，规划严格严密的生态文明法律制度。我们要在建立国家生态日和健全相关生态文明法律制度的基础上，出台环境保护法典。

在军事立法方面，我们要贯彻新时代强军的目标。我们要优先征集党对军队绝对领导、练兵备战、军事治理、巩固提高一体化国家战略体系和能力的立法项目，为政治建军、改革强军、科技兴军、人才强军、依法治军提供坚强的法治保障。

在国际事务立法方面，我们要贯彻人类命运共同体的理念。我们要坚持弘扬和平、发展、公平、正义、民主、自由的全人类共同价值，积极发挥负责任大国的作用，广泛深入参与国际规则的制定，推动国际法与国内法的有效衔接。

强化社会治理的价值导向

社会主义核心价值观的建设，既需要制定良好的法律，也

第一章 法治思维：什么是法律？

需要实施良好的治理。社会治理要担负起倡导社会主义核心价值观的责任，要在日常管理中体现出鲜明的价值导向，让符合社会主义核心价值观的行为得到鼓励和倡导，让违背这些价值观的行为受到制约和惩处。

我们要严格规范公正文明执法，强化依法履职、法律面前人人平等的观念，尊重和保障人权，推进依法行政，加快建设法治政府，推动平安中国建设。

我们要严厉打击破坏社会主义市场经济秩序的犯罪行为，保护人民群众的合法权益，加大在食品药品、安全生产、环境保护、劳动保障、医疗卫生、商贸服务等领域的执法力度。加强文化市场的综合执法，开展"扫黄打非"，查处有害文化信息、不良文化产品和服务，维护国家文化安全和意识形态安全。

【案例分析】微信群里可以"畅所欲言"吗？

来源：微信公众号"深圳市中级人民法院"2023年12月31日

作为A公司的投资人，刘某和段某都加入了名为"A公司投资者"的微信群。2021年10月的一天，微信群成员讨论起了刘某起诉A公司的事情。突然间，段某在微信群里对刘某发起了攻击，连续发了多条侮辱和谩骂刘某的信息。刘某随即在微信群里回应，表示会追究段某的法律责任。然而，段某并未就此罢手，反而变本加厉地在微信群里继续攻击刘某。

刘某觉得，段某在这样一个成员多达几百人的微信群里，用侮辱、谩骂和造谣的方式攻击他，不仅侵害了他的个人名誉，还对他的心理造成了伤害。因此，他向法院提起诉讼，请求判令段某书面赔礼道歉，恢复他的名誉，并支付精神损害抚慰金10 000元。

本案的争议焦点在于段某的言论是否构成了对刘某名誉权的侵犯。首先，段某在微信群里发表的言论带有讽刺意味，具有强烈的侮辱性，明显带有贬低刘某人格的意图，因此构成了对刘某人格尊严的侵害。其次，微信群作为一个信息交流平台，具有公开性和传播性，段某的言论可以被广泛传播，对刘某的品德、信用等社会评价产生负面影响。最后，刘某在微信群里要求段某停止不当言论后，段某并未及时停止侵权行为，这表明段某主观上存在过错。因此，法院认定段某的行为已经构成了对刘某名誉权的侵犯，应当承担相应的侵权责任。

最终，法院判决段某向刘某书面道歉，并驳回了刘某的其他诉讼请求。这个判决已经生效。

依法加强网络空间治理，严惩网上造谣欺诈、攻击谩骂、传播淫秽色情等行为，净化网络环境。

贯彻总体国家安全观，维护国家政治安全。依法严惩暴力恐怖、民族分裂等危害国家安全和社会稳定的犯罪行为，维护祖国统一、民族团结、社会和谐。

用司法公正引领社会公正

司法，就像是社会公平正义的最后一道防线，它的公正对社会公正有着重要的引领作用。我们要全面深化司法体制改革，加快建立一个公正、高效、权威的社会主义司法制度，确保审判机关和检察机关能够独立、公正地行使审判权和检察权，提供优质高效的司法服务和保障，让每一个司法案件都能让人民群众感受到公平正义，推动社会主义核心价值观在全社会落地生根。

第一章 法治思维：什么是法律？

【案例分析】祖母赠与孙子房产后，是否有权继续居住？

来源：微信公众号"广州市中级人民法院"2022年2月24日；最高人民法院发布的第二批人民法院大力弘扬社会主义核心价值观典型民事案例

何某玮通过其祖父何某新的遗赠和祖母杜某妹的赠与取得某房屋所有权。后何某玮的父母离婚，何某玮由其母亲伍某抚养。何某玮及其法定代理人伍某向人民法院起诉，请求判令杜某妹腾空交还其赠与的房屋，并支付租金损失。

广州市中级人民法院认为，何某玮受遗赠、赠与取得房屋产权时年仅4岁，根据生活常理，何某新、杜某妹将二人的家庭重要资产全部赠与何某玮显然是基于双方存在祖孙关系。此种源于血缘关系的房屋赠与即便双方没有明确约定赠与人有继续居住的权利，基于人民群众朴素的价值观和善良风俗考虑，在杜某妹年逾60岁且已丧偶的情况下，何某玮取得房屋所有权后不足一年即要求杜某妹迁出房屋，明显有违社会伦理和家庭道德。

何某玮虽享有案涉房屋所有权，但杜某妹在该房屋内居住是基于双方存在赠与关系、祖孙关系以及长期共同生活的客观事实，如以所有权人享有的物权请求权而剥夺六旬老人的居住权益，显然有违人之常情和社会伦理，故杜某妹的居住行为不属于无权占有的侵权行为。何某玮要求杜某妹腾退房屋，缺乏法律依据，不应予以支持。故判决驳回何某玮的全部诉讼请求。

"百善孝为先，孝为德之本。"长辈对晚辈的疼爱，晚辈对长辈的关爱是人类最原始、最基本的自然情感，也是中华民族源远流长的传统美德。祖母在将房屋赠与孙子之后，是否仍有权在该房屋继续居住，需要衡量的不仅是法律的尺度，还包括伦理的限度和情理的温度。

本案判决充分考虑孙子的房屋权属来源、居住使用状况以及当事人之间的特定身份关系等因素，作出了合情、合法、合理的裁判，弘扬了和谐、友善、法治的社会主义核心价值观，体现了法律对人善良本性的尊重和保护，彰显了尊老敬老的中华民族优秀传统，更表达了司法为民的"温度"，对维护家庭和睦与社会稳定具有促进作用。

提高司法公信力。我们要坚持以事实为依据、以法律为准绳，严格依照事实和法律办案，确保办案过程符合程序公正、办案结果符合实体公正，用公正司法培育和弘扬社会主义核心价值观。

我们要加强弱势群体合法权益的司法保护，加大涉民生案件的查办工作力度，通过具体案件的办理，推动形成良好的社会关系和社会氛围。我们要根据案件难易、刑罚轻重等情况，积极推进繁简分流，依法适用简易程序、小额诉讼程序、刑事案件速裁程序，引导和鼓励当事人自主选择调解、和解、协调等纠纷解决方式，在更高层次上实现公正和效率的平衡。

我们要切实解决执行难问题，依法保障胜诉当事人及时实现合法权益。

我们要严格落实罪刑法定、疑罪从无、非法证据排除等法律原则和制度，建立健全纠错机制，有效防范冤假错案。

我们要坚持以公开促公正、以透明保廉洁，严格落实司法责任制，建立健全司法人员履行法定职责保护机制，推进审判公开、检务公开、警务公开、狱务公开，严禁领导干部干预司法活动、插手具体案件处理，加强对司法活动的监督，让司法在阳光下运行。

第一章 法治思维：什么是法律？

【习语】法律不应该是冷冰冰的，司法工作也是做群众工作。一纸判决，或许能够给当事人正义，却不一定能解开当事人的"心结"，"心结"没有解开，案件也就没有真正了结。——2013年2月23日，习近平在中共中央政治局第四次集体学习时的讲话

我们要完善案例指导制度，及时选择对司法办案有普遍指导意义、对培育和弘扬社会主义核心价值观有示范作用的案例作为指导性案例发布，通过个案解释法律和统一法律适用标准。

五、法的价值冲突及其解决

洞穴奇案：形式与实质之间，我们如何追求正义？

法的价值冲突，是指两个或者两个以上的价值相互矛盾不能同时实现。例如，要保证社会正义的实现，在很大程度上就必须以牺牲效率作为代价；同样，在平等与自由之间、秩序与自由之间也都会出现矛盾，甚至会出现必须选择其一而舍弃另一个的局面。

当法的价值出现冲突时，我们应该如何抉择？富勒的洞穴奇案，就是一个将我们置于这种两难境地的经典案例。

这是一个虚拟的法律案例：五名洞穴探险者被困在黑暗的山洞中，食物耗尽，救援遥遥无期。为了生存，他们不得不作出一个艰难的决定：抽签决定牺牲一个人，用他的血肉维持其他人的生命。

不同的法官对这起案件给出了截然不同的意见。一些人认为，为了生存而牺牲一个人是迫不得已的选择，应当免除被告

人的责任。他们更关注案件的实际情况和结果，倾向于从实质上判断案件是否公平。另一些人则坚持法律至上，认为杀人就是犯罪，即使是在极端情况下也不应该被赦免。他们更关注法律条文本身的含义，倾向于从形式上判断案件是否合法。

洞穴奇案引发了关于"形式正义"与"实质正义"的讨论。形式正义强调法律的普遍性和稳定性，而实质正义则更关注个案的公平性和合理性。

在司法实践中，法官需要根据具体情况平衡形式正义与实质正义。他们需要在法律的框架下，充分考虑案件的事实和当事人的利益，力求作出符合正义原则的判决。

正义是抽象的，因为它没有固定的标准，每个人的心中都有自己的正义观。但正义也是具体的，因为它体现在每一个具体的案件中，影响着每个人的生活。

洞穴奇案让我们思考，在极端情况下，我们应该如何选择？是坚守法律条文，还是考虑实际情况？是追求形式正义，还是追求实质正义？

洞穴奇案提出了一个没有标准答案的难题，但它让我们思考正义的本质，以及法律与道德的关系。在追求正义的道路上，我们需要不断反思和探索，才能找到最适合我们的答案。

价值位阶原则

价值位阶原则，是指当处于不同位阶的法的价值发生冲突时，主要的价值优于次要的价值，基本的价值优于一般的价值。

现代社会法的基本价值主要包括自由、秩序和正义。一般而言，这三者就像一座金字塔，自由位于顶端，正义位于中间，秩序位于底层。

自由：人的最本质的人性需要，位于法的价值的顶端。

正义:自由的价值外化,成为自由之下制约其他价值的法律标准。

秩序:实现自由和正义的社会状态,必须接受自由和正义标准的约束。

其他价值:除了三大基本价值,还有一些一般价值和相对次要的价值,例如效益、利益等。

假如一个国家正面临严重的经济危机,失业率居高不下,政府为了刺激经济发展,计划出台一项政策,鼓励企业裁员,降低劳动力成本。然而,这项政策却引发了社会各界的争议。

不同价值冲突如下:

自由:企业有自主经营的权利,包括裁员的自由。

正义:被裁员的工人失去了工作和收入,生活陷入困境,这不符合正义的原则。

秩序:政府希望通过政策稳定经济秩序,避免社会动荡。

在这个案例中,不同的价值发生了冲突。政府需要权衡自由、正义和秩序三者之间的关系,作出决策。

如果政府认为自由更重要,其可能会支持企业裁员的政策,认为企业有权根据自身情况调整人员结构。

如果政府认为正义更重要,其可能会限制企业裁员,例如要求企业必须提供一定的经济补偿,或者提供再就业培训等。

如果政府认为秩序更重要,其可能会采取折中方案,例如鼓励企业优先裁减冗余人员,或者鼓励企业将裁员转化为内部调整等。

当然,即使同属基本价值,其位阶顺序也不是绝对的。不同的时期、不同的国家和不同的学派可能会有不同的看法。

例如,在法律的公平与效益的价值冲突中,一些法学家认为公平更重要,因为公平是健康社会最基本的美德。而另一些法学家则认为效益更重要，因为效益能够使有限资源的价值最大化。

法的价值排序是一个复杂的问题，没有统一的答案。我们需要根据具体情况，综合考虑各种因素，才能作出最合适的判断。

个案平衡原则

个案平衡原则，是指当处于同一位阶的法的价值发生冲突时，必须综合考虑主体之间的特定情形、需求和利益，以使得个案的解决能够适当兼顾双方的利益。也就是说，个案平衡原则不希望为了一个价值而牺牲另一个价值，主张应在不同的利益要求之间寻求兼顾和平衡。

有时候，法律就像一把尺子，需要在不同的利益之间找到平衡点。这就是个案平衡原则，它告诉我们，在处理具体案件时，不能简单粗暴地牺牲一个价值，而要综合考虑各方利益，寻求一个公平合理的解决方案。

某法院曾经审理过一起农村房屋买卖纠纷案件。案件涉及出卖人和买受人之间的利益冲突，法院最终作出了一个兼顾双方利益的判决。出卖人希望撤销房屋买卖合同，因为土地升值或拆迁补偿让他获得了更大的利益；买受人希望维持房屋买卖合同，因为他已经对房屋进行了翻新和扩建，投入了大量的时间和金钱。法院在判决时，综合考虑双方的特定情形、需求和利益，最终作出了一个公平合理的判决：承认买受人翻建和扩建房屋的价值，并给予相应的补偿；留出合理的腾退时间，避免买受人因为突然腾退房屋而陷入困境。

【案例讨论】商铺租不出去，竟是消防规范惹的祸？

来源：微信公众号"法治成都12348" 2020年4月8日；微

第一章 法治思维：什么是法律？

信公众号"四川上行律师事务所"2020年1月19日

张先生原本以为，自己的商铺续租是件轻而易举的事。然而，一场突如其来的风波，让他陷入了困境。

房屋问题出在哪？张先生的商铺建成于2008年，而2014年国家修改了《建筑设计防火规范》，要求二楼以上面积超过300平方米的商铺必须具备两个消防出口/楼梯。张先生的商铺只有一个楼梯，不符合新标准，无法通过消防验收，也无法办理营业执照，自然也就租不出去了。

多方咨询，困难重重：张先生四处咨询，却发现解决消防楼梯问题并不容易。负责消防的行政机关要求改建消防设施，负责办理营业执照的行政机关认为没有消防楼梯商铺不能用于商业经营，负责规划执法的行政机关认为不得搭建消防楼梯。

无奈之下，另辟蹊径：为了解决消防问题，张先生想到了搭建通向小区草坪的钢结构楼梯。然而，这个方案却引起了邻居们的反对，他们认为张先生需要经过业主大会投票表决才能搭建楼梯。

张先生十分困惑。搭建生命通道真的违法了吗？为了让购买的房子能物尽其用，同时也维护好公共安全，他想方设法新增消防楼梯，结果还可能构成侵权，张先生觉得自己太难了。

律师意见：当小区业主共有利益与某一业主专有权益发生冲突时，可根据个案平衡原则来判定。张先生的物业要能够正常使用，需利用小区公共绿地的上层空间（即不在绿地上直接建设，而是楼梯须跨越部分绿地），可能会侵害到其他业主的建筑物共有权利，这就涉及个体利益与群体利益的冲突，如果一定要按照《物权法》（已失效）第76条的规定要求小区2/3以上业主同意，则潜在法理认为群体利益当然高于个体利益，显然忽略了个案平衡原则。而《最高人民法院关于审理建筑物区分所有权纠纷案件具体应用法律若干问题的解释》（已被修改）第4条规定业主基于对住宅、经营性用房等专有部分特定使用功能的合理需要，无偿利用屋顶以及与其专有部分相对应的外墙面等共有部分的，不应认定为侵权。该规定所隐含的法理是，业主对共有部分享有权利的同时也要承担义务，其中就包括了对特定权利人的合理使用要承担容忍义务。这也从侧面印证，群体利益并不必然高于个体利益，业主自治并非毫无边界，并不是所有事项都应当由业主大会决定，更不是业主大会不同意就不能实施。同时，在容忍义务的框架下，搭建消防楼梯是根据《消防法》《建筑设计防火规范》要求作出的行为，是履行公法上的义务，也是为了公共利益的需要，这不是也不应是业主大会自治的事项。如果综合行政执法局认为要按照《物权法》（已失效）规定处理成立的话，那么就意味着小区业主可以通过私法上的合意、决议来排除公法上强制性规范的适用，那就会出现一个滑稽的局面：国家的规定只能在小区外施行，而在小区内行不通。这显然不符合最基本的常识。

个案平衡原则的实现需要执法者和裁决者综合考虑各方要求，尽量实施兼顾不同利益的方案。比如在行政诉讼中，并不是一味地将"公共利益"作为绝对高于"个人利益"的价值来看待。

比例原则

比例原则又称最小侵害原则，是指"为保护某种较为优越的法价值须侵及另一种价值时，不得逾越此目的所必要的程度"。例如，为维护公共秩序，必要时可能会实行交通管制，但应尽可能实现"最小损害"或"最少限制"，以保障社会上人们的行车自由。换句话说，即使某种价值的实现必然会以其他价值的损害为代价，也应当使其他价值的损害降低到最小限度。

比例原则最早起源于德国的警察法，后来逐渐发展成为一种重要的法律原则。在德国药房案的判决中，比例原则的"三阶理论"得到确立，它包括：

适当性：所采取的具体措施必须符合法律目的。

必要性：所选择的具体措施和手段应当为法律所必需，结果和手段之间存在正当性。

均衡性：在可以采用多种方式实现某一目的的情况下，应当采用对当事人权益损害最小的方式。

比例原则是处理法律价值冲突的基本方法，在很多法律中都得到了体现。

比如正当防卫：我国《刑法》规定，为了使国家、公共利益、本人或他人的人身、财产和其他权利免受正在进行的不法侵害，可以实施正当防卫，但是不能超过必要的限度，造成不必要的损害。

比如紧急状态：联合国《公民权利和政治权利国际公约》规定："在社会紧急状态威胁到国家的生命并经正式宣布时，本公约缔约国得采取措施克减其在本公约下所承担的义务，但克减的程度以紧急情势所严格需求者为限，此等措施并不得与它根据国际法所负有的其他义务相矛盾，且不得包含纯粹基於种族、肤色、性别、语言、宗教或社会出身的理由的歧视。"

有学者认为，我国已经完成了对比例原则知识的引入和传播工作，进入了实践创造的新阶段（王子予《比例原则的裁判实践与知识互动》，载微信公众号"青苗法鸣"2024年6月3日）。对此有兴趣的同学可以寻找更多学习资料了解。

六、法治思维给大学生的启发和教育

法律，是我们生活的准则，是我们行为的指南针。法律，不仅是我们日常生活中的一部分，更是我们行为的准则和指南。它如同一条无形的红线，贯穿于我们的每一步行动中，引导我们朝着正确的方向前进。

大学生的法律意识：对于大学生来说，遵守法律是他们作为公民的基本义务。无论是在校园还是社会，他们都应该遵守法律，不做违法的事情。这不仅是对法律的尊重，也是对自己和他人的负责。

法律知识的运用：大学生应该培养法律意识，学会运用法律知识来分析问题、解决问题。这有助于他们在遇到法律问题时正确处理，避免麻烦和损失。

公平正义的追求：法律是公平正义的象征，大学生应该追求公平正义，尊重他人的权利，不歧视任何人。这不仅是法律的要求，也是我们作为人的基本道德准则。

社会责任感：大学生应该培养社会责任感，知道自己的行为对社会的影响，努力为社会自作出积极的贡献。这不仅是法律的要求，也是我们作为社会成员的责任。

总之，法律是大学生生活中不可或缺的一部分。大学生应该遵守法律，培养法律意识，追求公平正义，培养社会责任感，为社会的和谐稳定作出自己的贡献。

第二章

平等思维：人生而平等

一、法律面前人人平等

平等是人类的价值追求

在这个充满活力的现代世界里，我们享受着无拘无束的自由，同时也拥抱着根深蒂固的平等理念。自由与平等，就像是一个星系中的两颗恒星，它们共同牵引着我们的社会向前发展，构成了现代社会绕之而旋转的两个核心价值观念。正如每个人对自由的解读不尽相同，平等的含义也在每个人的心中有着独特的位置。

平等，它不是一个静态的概念，而是随着历史的潮流不断演变的。在我国古代，平等的理念就像星星之火，虽不成燎原之势，却也闪烁着光芒。无论是先秦农家提出的"贤者与民并耕而食"，墨家的"兼相爱、交相利"，还是农民起义军高喊的"等贵贱、均贫富"，都是渴望平等的体现。

而在西方，平等的观念也有着悠久的历史。从古希腊智者们的辩论，到罗马帝国时期民族界限的模糊，平等的理念就像一颗种子，在历史的土壤中慢慢生根发芽。希腊人的"isonomy"（法律的平等）概念，为政治参与的平等奠定了基础，而基督教的传播，更是将人人平等的观念植入人心。

直到近代启蒙运动的兴起，现代平等观念才真正破土而出，茁壮成长。启蒙思想家们高呼，平等和自由一样，是每个人与生俱来的权利。洛克、卢梭等人的思想，为我们描绘了一个每个人都生而自由、平等的美好世界。而社会主义者更是将平等的内涵扩展到了财产、资源等社会经济领域。

在这个时代，自由与平等不再只是口号，它们已经成为我们生活的坐标，指引着我们追求更美好的未来。

现代意义上的平等有三种，罗尔斯在《正义论》中将这三种平等进行排序：道德平等优于机会平等，机会平等优于福利平等。

道德平等

道德平等是说，不管你是什么种族、肤色、性别，不管你说的是哪种语言，信仰的是哪个神明，我们都是生而平等的。这就是道德平等的核心，在这个多彩的世界里，每个人都应该被同样尊重，每个人的尊严和价值都是不可比拟的。

体现个人的道德和人格平等的规定有：

法国《人权宣言》规定："在权利方面，人们生来是而且始终是自由平等的。只有在公共利用上面才显出社会上的差别。"

《世界人权宣言》规定："人人生而自由，在尊严和权利上一律平等。"

我国《宪法》规定："中华人民共和国公民在法律面前一律平等。"

【案例分析】 黄某功逼婚杀人案（十大经典红色司法案例之一）

来源：微信公众号"最高人民法院"2021年6月17日

黄某功，原系延安抗大第六队队长，少年参加红军。被害人刘某,系太原进步学生,冒险冲破封锁线,到延安抗大十五队学习。黄某功与刘某短期接触后,有了一定感情,渐涉恋爱。后刘某转入陕北公学后,两人开始疏远。刘某对黄某功的一味纠缠渐生反感,屡次劝说,表示拒绝同黄某功结婚。黄某功于是萌发杀害刘某的意念。1937年10月5日夜,黄某功携带手枪,找刘某谈话,当刘某明确表示拒绝同其结婚时,黄某功掏枪连击二枪将刘某杀害于延水畔之沙滩上。

案发后,有的干部以黄某功对革命贡献大为由,请求赦免。黄某功本人亦自恃有功,写信给毛泽东和审判长,请求从轻处罚。但边区高等法院在党中央、毛泽东的决策下,顶住各种压力,坚决贯彻法律面前人人平等的原则,公正地审理了此案。同年10月11日,在被害人所在的单位陕北公学大操场,召开公审大会,边区高等法院雷经天任审判长。经过审理,证据确凿,黄某功本人亦供认不讳,遂当庭宣判黄某功死刑,立即执行。

此案对有革命功绩的黄某功判处极刑,意味着特权和以功抵罪观念被废除,法律面前人人平等观念已经建立,这是革命法治走向成熟的体现。在中国共产党局部执政的特殊背景下,此案蕴含了治党务必从严的理念,体现了民主法治和保障人权的精神。

机会平等

机会平等是说,任何人在获取社会地位、职位时,不应因为种族、性别、社会背景甚至自然或生理条件而获得不公平的竞争机会。想象一下,机会平等就像是参加一场大型运动会,每个人都有机会站在起跑线上,不论你是谁,来自哪里,或者你的身体条件如何。在这场比赛中,赢得职位和地位,就像是赢得奖牌,而这一切都取决于你的实力和努力,而不是你的种族、性别。

机会平等就是那个公平的裁判，它确保每个人在争取那些令人羡慕的名望、收入和其他好东西时，都能有一个公平的起点。它告诉我们，社会的职位和机会应该像奖杯一样，只属于那些最努力、最有能力的人，而不是那些因为无关因素而得到特殊照顾的人。这就是机会平等的精神，让每个人都有展示自己才能的舞台，凭实力说话。

体现机会平等的规定有：

《世界人权宣言》规定："人人有权工作、自由选择职业、享受公正和合适的工作条件并享受免于失业的保障。"

《经济、社会及文化权利国际公约》规定："本公约缔约各国承认工作权，包括人人应有机会凭其自由选择和接受的工作来谋生的权利，并将采取适当步骤来保障这一权利。"

我国《劳动法》规定："劳动者享有平等就业和选择职业的权利……"

【法治知识】女职工法律科普小课堂｜就业机会平等

来源：微信公众号"汉中工会"2021年3月15日

就业机会平等是指用人单位在发布招聘广告、面试、录用、工作安排以及劳动合同解除等方面平等地对待劳动者，不得基于性别、婚育状况对男女劳动者进行不合理的差别对待。

用人单位的以下行为可能涉嫌性别歧视，造成就业机会不平等：

• 使用性别歧视的语言或图像对工作岗位进行描述。

• 除国家规定的不适合女性的工种或者岗位外，招聘信息显示限男性、适合男性或男性优先，或者提高对女性求职者的要求。

第二章　平等思维：人生而平等

·拒收或者不看某一性别求职者简历。

·同等条件下，限制某一性别求职者笔试、面试或者复试机会。

·询问求职者婚姻状况、子女状况或婚育计划。

·通过获取配偶工作、孩子入园、孩子们相处情况等，判断求职者的婚育状况。

·将妊娠测试包含在常规体检中，将妊娠测试或者避孕措施作为雇用或者续约的条件。

·在解聘、裁员等离职方面和工作安排上对男女职工差别对待。

用人单位应采取以下措施保障男女职工享有平等的就业机会：

·了解并执行禁止性别歧视、保障男女平等就业机会的法律法规，并通过规章制度加以落实。

·对人力资源管理部门及招聘人员进行性别平等议题的培训，确保招聘中的公平性。

·招聘广告应保证岗位描述的客观性，包括对应聘者资历、技能、学历等方面的要求，这些具体的招聘条件应与工作岗位要求相关，对所有申请人一律适用。

·招聘广告应该通过男女均有机会获得相关信息的渠道，让尽可能多的求职者知晓。

·工作申请表中，只询问与工作要求直接相关的信息，如工作经验、技能、教育水平、相关专业资质等。

·给符合招聘条件的求职者提供平等的面试机会，对每个求职者提出相同或者类似的问题。

·组成面试小组，面试小组成员尽可能达到性别平衡。

·如果招聘的职位需要经常加班、出差等，面试官应将所有关于工作要求的细节告知应聘者，询问其是否能够胜任工作，不应根据求职者的性别或者通过询问婚姻状况或家庭责任等问题作出假设性推断。

· 面试小组应以统一的标准对每位应聘者的能力进行评价，核定其是否符合各项标准，以此保证过程的公平性及对应聘者作出系统且公正的评价。

· 面试记录应该完整保存，以备查阅。

· 建立面试结果评议制度，组织包括工会和职工代表在内的相关各方对面试结果进行评议，并将拟录用人员信息进行公示。

· 在工作安排和调配方面，不应受性别固有印象的影响，应打破传统性别职业分工。

· 在解雇、裁员等离职方面给予男女职工平等对待。解雇职工的决定应基于其不佳表现或不端行为的记录；当用人单位因经营困难等原因需要裁员时，裁员的相关规定、程序和做法都应确保公平；在裁员和选择被裁人员的标准上，用人单位应与工会组织和直接相关的职工代表进行协商；不应制定造成男女职工不平等享有工作机会的内退制度。

· 用人单位应建立争议处理制度来解决就业机会歧视问题，并确保职工了解处理程序。

· 工会应积极参与并监督用人单位保障和促进就业机会平等。

福利平等

福利平等是说，对处于社会底层的人提供基本的福利保障时要平等。想象一下，福利平等就像是社会为每个人准备的一把温暖的大伞，尤其是在风雨交加的日子里，为那些处于社会底层的人们提供遮风挡雨的保护。它是一种承诺，确保当机遇

第二章 平等思维：人生而平等

的游戏不尽公平，当理想与现实之间存在差距时，不会让任何人掉队。

福利平等的目标，就像是搭建一座桥梁，连接那些因为种种原因没能抓住机会的人，让他们也能满足基本的生活需求。这就像是社会的第二次机会，用实际的行动去补充那些表面的权利，让每个人都能够有尊严地生活。

为了实现这个美好的愿景，国家会颁布最低工资法，确保每个人通过辛勤工作都能获得一笔体面的薪水；还会通过建立福利制度，为那些需要帮助的人提供支持。这些都是福利平等的具体表现，促使我们的社会变得更加温暖、更加人性化。

体现福利平等的规定有：

《世界人权宣言》规定："人人有权享受为维持他本人和家属的健康和福利所需的生活水准，包括食物、衣着、住房、医疗和必要的社会服务；在遭到失业、疾病、残废、守寡、衰老或在其他不能控制的情况下丧失谋生能力时，有权享受保障。"

《经济、社会及文化权利国际公约》规定："本公约缔约各国承认人人有权享受社会保障，包括社会保险。"

我国《劳动法》规定："国家实行最低工资保障制度。"

最低工资制度，这个如今全球都在实行的规则，其实最初是在19世纪末的新西兰和澳大利亚诞生的。想象一下，那时候的工人阶级，他们用双手和汗水推动着工业革命的巨轮，却发现自己的收入越来越不够用。于是，他们站了出来，通过不懈的斗争，迫使政府立下了规矩：工资，不能再低啦！

随后，英国、法国、美国这些资本主义国家也纷纷效仿，根据自身的实际情况，制定了各自的最低工资政策。工人的呼声越来越高，社会经济的发展也推动着这一制度在全球范围内迅速普及。

在我国，有关最低工资的故事同样悠久而精彩。早在民主革命时期，我们伟大的中国共产党就在1922年的《劳动法大纲》中提出了保障劳动者最低工资的想法。1931年的《中华苏维埃共和国劳动法》更是明确规定了保障劳动者基本工资的条文。新中国成立前夕，1949年的《中国人民政治协商会议共同纲领》也明确指出，人民政府要为劳动者设定工资底线。

时间快进到1993年，原劳动部出台了《企业最低工资规定》（已失效），紧接着还有一系列配套法规，就像是为劳动者的钱包加上了一层防护罩。1994年《劳动法》的出台，更是为最低工资制度奠定了坚实的法律基础，明确规定了国家实行最低工资保障制度，让劳动者的权益有了更强的保障。

到了2004年，原劳动和社会保障部发布的《最低工资规定》更是将最低工资的标准定义得清清楚楚：劳动者在正常工作时间内付出了劳动，用人单位就得支付不低于最低标准的工资。这一规定，就像是给劳动者的一颗定心丸，让他们在工作中更加安心、放心。

二、消除各种形式的歧视

平等不等于平均，平等反对特权和歧视

平等，可不是简单的平均游戏。平均主义，就像是那种不考虑你有多饿，就把蛋糕切得刚刚好，每个人一块的做法。这种观念的问题在于，它把人的价值简化成了数字游戏，忽略了每个人的独特性。它把人当成了只有物质需求的机器，而不是

有着丰富情感和尊严的生命。这样的观念,不仅忽视了人的尊严,还让社会失去了活力和热情。因为平均主义不问你能做什么、想做什么,只管一刀切地分配,结果就是大家都没有动力去创造,去进步。所以,平均主义其实是一种很肤浅的平等观,它看不懂人的复杂和世界的多彩。

特权,就像是某些人凭借自己的出身或地位,要求得到比别人更多的糖果,想要站在平等的大门外,享受特别的待遇。这种特权,可能是在道德权利上高人一等,也可能是在机会、福利或是资源分配上占尽便宜。不管怎样,特权都是对平等的直接挑战。而那些通过公平竞争得到的名誉、地位和财富,可不是特权,而是努力和才能的正当回报,是机会平等的最好证明。

平等与歧视,就像光明与黑暗,永远站在对立的两端。平等的理想国里,没有特权的立足之地,也没有歧视的阴影。平等不仅反对特权,更是对歧视的宣战。歧视,这个社会关系的阴暗面,它基于种种偏见——种族、性别、肤色、宗教——将不公平的标签贴在他人身上。歧视与特权,就像天平的两端,一头高高翘起,一头重重落下。

享有特权的人,往往是在他人的痛苦上建立自己的安乐窝,他们的权利像贪吃蛇一样不断扩张,而承受歧视的人,却在无声中被剥夺,被边缘化。特权者的权利无边无际,超越了普通人权利的界限,而歧视的受害者,却连最基本的权利都难以触及,生活在低于常人的水平线上。

歧视的罪恶,在于它剥夺了人的尊严,将鲜活的生命简化为种族、性别、肤色等单一标签,而不是看作一个有着平等人格的个体。我们追求的平等,是每个人都能够被当作一个有尊严、有价值的个体得到尊重和对待,无论他们是谁,来自哪里,长什么样子。在这样的世界里，特权与歧视将无处遁形，平等的光辉将照亮每一个角落。

反对歧视女性

我国法律，明确反对歧视女性，禁止基于性别的歧视。《宪法》旗帜鲜明地表示：中华人民共和国公民在法律面前一律平等。中华人民共和国妇女在政治的、经济的、文化的、社会的和家庭的生活等各方面享有同男子平等的权利。同时，法律为禁止对女性实施歧视作出具体的规定，包括但不限于就业、教育、政治参与等方面。

法律为女性设定特别的保护措施，以消除性别歧视，保障女性权益。例如，《就业促进法》规定："国家保障妇女享有与男子平等的劳动权利。用人单位招用人员，除国家规定的不适合妇女的工种或者岗位外，不得以性别为由拒绝录用妇女或者提高对妇女的录用标准。"

法律规定了实施性别歧视行为的法律责任和后果。例如，《妇女权益保障法》规定："违反本法规定，侵害妇女的合法权益，其他法律、法规规定行政处罚的，从其规定；造成财产损失或者人身损害的，依法承担民事责任；构成犯罪的，依法追究刑事责任。"

法律包含促进性别平等的条款，鼓励和推动社会各方面的性别平等。例如，《妇女权益保障法》规定："国家采取必要措施，促进男女平等，消除对妇女一切形式的歧视，禁止排斥、限制妇女依法享有和行使各项权益。"

以上这些法律规定旨在确保女性在社会各个领域的平等地位，消除性别歧视，促进社会的公平与正义。

【案例分析】限男性？男性优先？向就业性别歧视说 NO！

来源：微信公众号"江苏女性"2023 年 2 月 22 日

案例一：将男性优先作为招录条件的做法，构成就业性别歧视

魏女士是两个孩子的妈妈，在第二个孩子的哺乳期满后失去了工作。今年 10 月，她决定再次求职，并想应聘营销员岗位。可是，很多公司在招录营销员过程中均明确规定男性优先，这使她对自己能否顺利实现再就业产生了怀疑。那么，这些公司的做法是否构成就业性别歧视？本案中，营销员并不属于国家规定的不适合妇女的工种或岗位。因此，招聘单位将男性优先作为招录条件的做法构成就业性别歧视。

案例二：无特殊情况而只招聘男性的做法，构成就业性别歧视

梁某某，女，持有中式烹调师高级资格证书。梁某某应聘某酒楼厨房学徒，被告知已经招满人。不久，梁某某发现该酒楼发布相同岗位的招聘广告，且明确要求应聘者为"男性"。梁某某再次应聘，被明确告知厨房不要女性，就算是有厨师证也不录用。后梁某某以该酒楼侵犯其人格权为由向人民法院提起诉讼。人民法院一审判决酒楼向梁某某赔偿精神损害抚慰金 2000 元。二审维持原判，并要求酒楼向梁某某作出书面赔礼道歉。

【案例讨论】女性车厢是保护还是歧视？

来源：微信公众号"性别与法课程"2021 年 5 月 11 日

女性车厢的登场，就像是一石激起千层浪，引发了公众的热议。有人拍手叫好，有人却皱起了眉头。

一方面,我们听到的是这样的声音:"这是对女性的贴心守护。"女性车厢设立的初衷,就是为了给女性一个远离"地铁咸猪手"的清净空间。毕竟,在拥挤的地铁里,女性更容易成为性骚扰的目标。这个车厢,仿佛是一把保护伞,尤其在高峰期,为女性,尤其是孕妈妈和哺乳期妈妈提供了一个相对舒适的环境。这听起来,多么温馨,多么人性化。

但是,等等,这是不是有点不对劲?台湾大学的黄囇莉教授曾经提到,性别歧视有两种面貌:一种是敌意的,另一种却是披着"善良"外衣的。后者,就是我们说的"亲善型性别歧视"。

看看女性车厢,它似乎就是在说:"女孩子嘛,就是要被保护。"这种看似无害的"关怀",实际上却在无形中给女性贴上了"弱者"的标签。就像那些女性专用停车位,或者那些"女孩子不需要那么辛苦"的言论,都是在用刻板的性别角色来定义女性。

我们并不是要全盘否定所有为女性考虑的特殊设施,但我们确实需要抵制那些以"保护"为名,实际上却是限制女性活动范围的懒政行为。是时候重新思考了,我们的"保护",是不是真的在保护女性的权益,还是只是在加深性别歧视的鸿沟?

女性车厢是保护还是歧视,可能没有一个非此即彼的答案,需要我们根据社会的发展变化,继续深入思考。

【法治知识】保障妇女权益的法律体系不断完善

来源:2019年9月19日《平等 发展 共享:新中国70年妇女事业的发展与进步》白皮书

《宪法》作为国家根本大法,始终坚持男女平等原则。1954年第一部《宪法》(已失效)规定了妇女在政治、经济、文化、社会和家庭生活各方面享有同男子平等的权利,并在历次修改中一以贯之。2004 年,"国家尊重和保障人权"写入宪法修正案,奠定了妇女人权保障基石。

1950 年,新中国第一部法律——《婚姻法》(已失效)确立了婚姻自由、一夫一妻、男女权利平等的婚姻制度。

改革开放四十多年来,伴随中国特色社会主义民主法治进程,中国制定和修改的《全国人民代表大会和地方各级人民代表大会选举法》《刑法》《婚姻法》《母婴保健法》《劳动法》《就业促进法》《劳动合同法》《农村土地承包法》《村民委员会组织法》等法律法规,都鲜明体现了男女平等原则。

1992 年制定实施的《妇女权益保障法》,是中国第一部促进男女平等、保障妇女权益的基本法,具体规定了妇女的政治权利、文化教育权益、劳动权益、财产权益、人身权利和婚姻家庭权益。2005 年修正的《妇女权益保障法》,确立了男女平等基本国策的法律地位,并将"劳动权益"修改为"劳动和社会保障权益"。

党的十八大以来,保障妇女权益立法取得新突破。2015 年出台《反家庭暴力法》,设立家庭暴力告诫、强制报告、人身安全保护令和紧急庇护四项制度;同年,《刑法修正案(九)》废除嫖宿幼女罪,加大保护幼女人身权利力度。

七十年来,中国逐步形成并完善了以《宪法》为基础,以《妇女权益保障法》为主体,包括一百多部单行法律法规在内的保障妇女权益的法律体系。

反对歧视残疾人

在现今的中国,有大约 8500 万人,他们虽然身体有所不便,但心灵同样渴望飞翔,他们的梦想同样值得尊重。他们就是我们的残疾人朋友，他们的社会融入和平等权益，是需要我们共同关注的大课题。《残疾人保障法》，是守护他们权益的坚强后盾。

"基于残疾的歧视"，听起来就让人心里不是滋味。这种歧视，不论是故意的排斥，还是无意的忽略，不论是政治、经济、社会、文化，还是公民生活的方方面面，只要是让残疾人朋友的人权受到伤害，都是我们不能容忍的。

这种歧视，不仅仅是明目张胆的排斥，比如教育、就业上的不公，还包括那些看似不起眼的"不作为"，比如不提供便利设施。而且，别忘了，歧视的阴影，还可能笼罩在那些与残疾人朋友息息相关的人或组织上，比如他们的家人、同事，甚至是他们所在的单位或机构。对这些人的不公平待遇，也是我们要坚决说"不"的。

残疾人朋友，是这个社会不可或缺的一部分。让我们一起，用真诚的心去帮助他们，用我们的爱，为他们搭建一个充满阳光、温暖和欢笑的天地。让我们携手，让每一颗心灵都能在这个世界上自由翱翔。

【法治新闻】看广州黄埔如何为残疾人就业公平正义发声

来源：微信公众号"临沧市残疾人联合会"2023年5月5日

广州市多家用人单位通过互联网招聘平台发布注明"不录用残疾人"的招聘广告，侵犯了残疾人平等参与社会生活的基本权利，相关职能部门未依法履职，损害了社会公共利益。

2022年4月19日，广州市黄埔区人民检察院（以下简称"黄埔区院"）立案调查。经调查查明，注册地在黄埔区的广州盈某人力资源服务有限公司等用人单位在某大型互联网招聘网

第二章　平等思维：人生而平等

站上发布关于黄埔区内用工的招聘广告，招聘要求中明确注明"无残疾"；注册地不在黄埔区、但发布包括在黄埔区内用工的招聘广告的广州某某斯电子科技有限公司、广州某兴人力资源有限公司、广州某信人力资源有限公司、广州市团某人力资源有限公司、佳某（广州）电子科技有限公司、广州晨某网络科技有限公司、广东迈某企业管理有限公司等用人单位，在某大型互联网招聘网站上发布的招聘要求中亦明确注明"无残疾"。而上述招聘岗位多为维修、装配、包装等普通工种，且无学历限制、无经验要求。

黄埔区院审查认为，国家法律明确保障残疾人劳动权利，为残疾人创造就业条件。根据《就业服务与就业管理规定》第20条"用人单位发布的招用人员简章或招聘广告，不得包含歧视性内容"和《广东省残疾人就业办法》第2条"残疾人依法享有平等就业、自主择业和平等获得劳动报酬的权利。禁止在就业中歧视残疾人"等规定，上述招聘广告中所招用的均为一般简单工种，并不是要求掌握特殊技能或者是身体协调性较强的岗位，应当被认定为就业歧视，损害了残疾人平等就业的合法权益。

作为监管部门，黄埔区劳动保障行政部门应当将残疾人就业纳入公共就业服务范围，依法维护残疾人劳动就业权利。2022年4月21日，黄埔区院及时与区劳动保障行政部门进行磋商，督促其积极依法履行法定职责，并采取开展专项整治行动、加大普法宣传力度、推动形成保护合力等措施推进整改。

目前，相关用人单位已删除平台广告中含有残疾人歧视的相关内容。区残疾人联合会还联合相关部门对150名余残疾人开展就业培训，为90余名残疾人提供就业帮扶服务。同时，黄埔区院还主动将注册地在同市其他区的用人单位发布招聘广告中存在歧视残疾人的 8 条案件线索移送 5 个基层检察院跟进调查。

残疾人就业相对困难，就业歧视使得残疾人就业难上加难，影响和制约残疾人融入社会、全面发展、共同富裕。要努力消除就业歧视，促进残疾人实现较为充分且具有较高质量的就业，共建共享经济社会发展成果。

人生而平等，愿世界更美好

"消除种族歧视国际日"的诞生

1960 年 3 月 21 日，在南非沙佩维尔的小镇上，一场反对南非当局推行带有种族歧视色彩的"通行证法"的和平示威演变成了一场悲剧。南非军警对游行群众开枪射击，造成 70 多人死亡，200 多人受伤，制造了震惊世界的沙佩维尔惨案。为了纪念这一事件，联合国在 1979 年决定将 3 月 21 日定为"消除种族歧视国际日"。每年的这一天，全球各地都会举办各种活动，缅怀那些在沙佩维尔失去生命的人们，同时呼吁大家共同抵制种族歧视。

反对种族歧视的漫漫征程

联合国始终将反对种族主义和种族歧视作为重中之重。从一系列宣言和公约的制定，到《德班宣言和行动纲领》的诞生，国际社会为消除种族歧视奠定了法律基础。2001 年的反对种族主义世界会议上，这一历史性的文件通过；2009 年和 2011 年，国际社会均承诺，要将打击种族歧视作为首要任务。2013 年，联合国启动"非洲人后裔国际十年"活动，主题为"非洲裔人：承认、正义与发展"。2021 年，联合国召开纪念《德班宣言和行动纲领》二十周年会议，主题是"非洲人后裔的补偿、种族公正和平等"。

尽管如此，种族歧视依然在全球范围内存在，但人们从未放弃努力，许多国家已经通过了反对种族歧视的法律。

青年挺身而出，对抗种族主义

2020年，乔治·弗洛伊德的悲剧点燃了全美的怒火，"Black Lives Matter"成了反抗种族不公的口号。青年们在社交媒体上呼声高涨，并勇敢地站出来，走上街头，为平等权利而战。2021年的消除种族歧视国际日，主题是"青年人挺身反对种族主义"。联合国秘书长安东尼奥·古特雷斯强调，青年是反种族主义斗争的先锋，他们的行动将塑造我们社会的未来。

变革我们的世界，追求平等

联合国会员国共同承诺了可持续发展目标，其中平等是核心议题。各国追求的不仅是减少不平等，更是实现真正的平等。在全球范围内，不平等现象依然严峻，它威胁着社会的稳定和发展。

我们之所以关注不平等现象，是因为全球不平等影响着我们所有人；是因为我们可以而且应该实现人人平等，而不是将世界上某一部分人口排除在外，并应该努力确保所有人都过上有尊严的生活。

三、对弱者的保护，也是平等的一种体现

法律援助如何助力保护弱者

在一个崇尚法治的社会里，我们坚信法律的天平对每个人都应当保持平衡。但现实往往不尽如人意，弱势群体常常因为囊中羞涩或缺乏法律知识，难以享受到应有的法律保护。在这

样的背景下，法律援助就像一盏明灯，照亮了他们维权的道路。

　　法律援助，是一项温暖的制度，指由国家出资，为那些经济困难或处于特殊境遇的公民提供无偿的法律支持。它的存在，就是为了确保每个人都能在法律的阳光下公平站立，不让经济或其他障碍成为个人维护自身权益的绊脚石。

　　法律援助伸出援手，帮助那些经济困难的人承担起诉讼的费用，让他们不至于因为金钱问题而放弃争取正义。通过指派经验丰富的律师，法律援助为当事人提供全方位的法律服务，帮助他们清晰地认识自己的权益，并制定出有效的维权策略。

　　在强者与弱者的对决中，法律援助成了平衡器，确保双方都能有平等的机会在法庭上发声。通过法律援助的实际行动和宣传教育，提高了公众对法律的认知，为构建一个更加公正的社会奠定了基础。

【法治知识】佛山市申请法律援助

来源：微信公众号"佛山12345"2024年9月5日

1. 经济困难的标准。

根据《广东省申请法律援助经济困难公民认定办法》第3条的规定，申请法律援助的公民符合下列情形之一，且本人及其共同生活的家庭成员没有价值较大的资产的，应当认定为经济困难：

（1）申请人及其共同生活的家庭成员在申请日之前6个月的月人均可支配收入，低于受理申请的法律援助机构所在地地级以上市上一年度城镇居民月人均可支配收入的50%。

（2）申请人及其共同生活的家庭成员在申请日之前6个月，因遭遇突发事件、意外伤害、重大疾病或者就读国内全日制中高等学校，导致家庭月人均消费性支出超过家庭月人均可支配收入,且申请人及其共同生活的家庭成员月人均可支配收入低于受理申请的法律援助机构所在地地级以上市上一年度城镇居民月人均可支配收入。

2. 法律援助的形式。

根据《法律援助法》第12条的规定,法律援助机构可以组织法律援助人员依法提供下列形式的法律援助服务:①法律咨询;②代拟法律文书;③刑事辩护与代理;④民事案件、行政案件、国家赔偿案件的诉讼代理及非诉讼代理;⑤值班律师法律帮助;⑥劳动争议调解与仲裁代理;⑦法律、法规、规章规定的其他形式。

3. 根据《广东省法律援助条例》第22条的规定,有下列情形之一,当事人申请法律援助的,无须提交经济困难申报材料:①无固定生活来源的未成年人、老年人等特定群体;②社会救助、司法救助或者优抚对象;③申请支付劳动报酬或者请求工伤事故人身损害赔偿的进城务工人员;④困难残疾人家庭、一户多残、重度残疾或者无固定生活来源的残疾人;⑤因经济困难申请并获得法律援助之日起,一年内再次申请法律援助的人员;⑥刑满释放、解除强制隔离戒毒后无固定生活来源的人员;⑦法律、法规、规章规定的其他人员。

4. 根据《广东省法律援助条例》第23条的规定,法律援助申请人有材料证明符合下列情形之一的,不受经济困难条件的限制:①英雄烈士近亲属为维护英雄烈士的人格权益;②因见义勇为行为主张相关民事权益;③再审改判无罪请求国家赔偿;④遭受虐待、遗弃或者家庭暴力的受害人以及刑事案件的未成年被害人主张相关权益;⑤服刑人员就人民法院决定再审或者重新审判的申诉案件申请法律援助;⑥追索赡养费、抚养费、扶养费;⑦属于计划生育家庭特别扶助制度扶助对象;⑧法律、法规、规章规定的其他情形。

5. 所需材料：①法律援助申请表（法律援助机构提供）；②居民身份证或者其他有效的身份证明，代理申请人还应当提交有代理权的证明；③经济困难申报材料（无须提交经济困难申报材料的除外）；④与所申请法律援助事项有关的其他材料。

6. 办理时限。自受理申请后的 7 日内，按有关规定进行审查。

反家庭暴力：社会零容忍，弱者有保护

家，本应是我们的避风港、情感的温暖归宿。但现实却往往残酷，家庭暴力让这个本应充满爱的地方变成了许多人的噩梦。一组数据让人心惊：全国妇联和国家统计局的报告显示，超过 1/5 的中国人曾遭受家庭暴力的阴影。这还只是冰山一角，隐藏在沉默背后的数字更加触目惊心。

"家庭暴力只有零次和无数次"，这句话道出了家庭暴力的本质——它往往在私密的空间里不断上演，受害者身心俱疲，甚至生命堪忧。传统观念的束缚，如"棍棒底下出孝子""家丑不可外扬"，让家庭暴力披上了"合理"的外衣。但实际上，家庭暴力的根源在于权力地位的失衡，弱势群体在家庭中更容易成为暴力的牺牲品。

暴力，绝不是解决家庭问题的手段，它不仅破坏了家的温暖，更触碰了法律的底线。无论何种形式、何种原因，家庭暴力都应被坚决禁止。自 2016 年《反家庭暴力法》实施以来，越来越多的人开始意识到要用法律武器保护自己，社会对家庭暴力的零容忍态度也在逐渐形成。

然而，消除家庭暴力的路还很长。许多受害者因为各种原因不敢声张，甚至不知道法律可以成为他们的保护伞。更令人

第二章 平等思维：人生而平等

忧虑的是，一些陈旧的观念仍然根深蒂固，有人竟然认为家庭暴力在某些情况下是可以接受的。这种观念的顽固，让我们意识到改变社会认知的重要性。

家庭暴力的真相只有一个——那就是有人施暴。我们需要社会上的每一个人都认识到，家庭暴力是一个严肃的法律问题。当我们不再问"为什么动手"，而是聚焦于如何惩戒施暴者时，我们才能构建一个对家庭暴力"零容忍"的社会氛围，帮助受害者打破沉默。

反对家庭暴力，需要我们每个人的共同努力。当社会各界齐心协力，当热心肠的你我为同一目标奋斗，我们就能筑起一道坚不可摧的反家庭暴力防线。家庭暴力无借口，改过方为正途。社会零容忍，弱者才得以保护。这是我们共同的目标，也是我们不懈的追求。

由残奥会引发争论：对待残疾人是"平等"还是"同情"？

在探讨对待残疾人的态度时，我们面临着一个深刻的议题：是应该给予他们"平等"还是"同情"？

三届残奥会跳高冠军侯斌，坐在轮椅上，用他那青筋暴露的双手紧紧握住近40米长的绳索，一步步攀升，最终点燃北京残奥会的主火炬。这一幕，无疑让每个观众都为之动容。

23岁的北京大学生田硕，对这个场景记忆犹新。他说："那一刻，我心头一紧，虽然很想帮他，但我知道他一定能做到。"这种艰辛而又坚定的攀爬，展现了人类意志的极限，让田硕从心底里敬佩和尊敬残疾人。

然而，并非所有人都有田硕这样的看法。有人觉得坐在轮椅上的侯斌让人同情，认为这样的点火仪式太过残忍。在网络调查中，也有近半数网民表示不忍心观看残奥比赛，觉得太残忍。

那么，我们究竟应该如何看待残疾人？北京市西城区残疾人服务中心的康复医师廖正义给出了答案："我们应该用观赏、激动与欢呼的态度来看待残奥会，而不是同情和泪水。"廖医师认为，我们没有理由总是用同情的眼光看待他们，因为他们中的许多人比我们更有思想，更加真诚。

在廖正义的服务中心，他们用真诚和平等的态度对待每一位残疾人，让他们参与到各种活动中，即使是简单的康复训练，也变得充满乐趣和快乐。

北京奥组委残奥会部部长张秋平也强调，残疾人并不总是希望得到帮助。他们与健全人的区别仅仅在于如何克服障碍，而不是能力的差异。残奥会的宗旨，正是让残疾人和健全人一样，享有平等参与体育竞技的权利，消除歧视和误解。

残奥会的魅力在于，它让人们在观看比赛的过程中，从同情转变为敬佩。曾任世界残疾人排球运动组织主席的皮埃尔描述了这一心理变化：观众最初可能会因为运动员的身体残疾而感到同情，但随着比赛的进行，他们会因为运动员的拼搏和斗志而感动，最终将他们视为平等的对手。

残奥会不仅是一场体育盛事，它更是社会观念转变的催化剂。中国社会民众对残疾人的看法正在逐步改变，从"残废人"到"残疾人"，这不仅仅是名称的变化，更是态度的转变。

最终，我们都应该向曾任国际残奥委会主席的菲利普·克雷文的理想看齐，期待有一天"残疾"这个词消失，因为我们会认识到，人与人之间的差别，并没有那么明显。平等对待，才是对残疾人最高的尊重。

四、市场经济的平等性

坚决清理涉及不平等对待企业的各种规定

法治，是最好的营商环境。要对国企民企一碗水端平，得从制度和法律上入手，打破那些限制民企公平竞争的障碍。

该立的立，该破的破。在《中共中央、国务院关于促进民营经济发展壮大的意见》出台后，反垄断执法加强了，企业感受到"玻璃门"少了，市场开拓的脚步更快了。清理不利于统一市场和公平竞争的政策措施，已经取得了显著成效。

司法，是社会公平正义的守护者。2024年《最高人民法院工作报告》指出，依法保护民营企业产权和企业家合法权益；坚决纠正把经济纠纷当犯罪处理。只要我们坚持平等保护原则，对所有企业一视同仁，就能让经营主体更有信心。

2018年11月1日，习近平总书记在民营经济座谈会上发表重要讲话："民营经济是我国经济制度的内在要素，民营企业和民营企业家是我们自己人。"推动民营经济发展，不是一时兴起，而是长远大计。我们要把握好制度与法治的关系，营造一个稳定、透明、可预期的环境，让各种所有制经济都能蓬勃发展。

坚决清理涉及不平等对待企业的法律、法规、规章、规范性文件，破除影响公平竞争的法律法规障碍和隐性壁垒，营造稳定、公平、透明、可预期的法治环境，为持续深化全国统一大市场建设打下坚实基础。

【法治制度】关于开展涉及不平等对待企业法律法规政策清理工作的公告

来源：微信公众号"中国政府网"2024年5月13日

为贯彻落实党中央、国务院关于开展涉及不平等对待企业法律法规政策清理工作的决策部署，破除制约企业发展的制度障碍，现征集各类法律法规政策不平等对待企业的问题线索。如认为相关法律法规政策存在下列情形之一，可以通过指定邮箱反映问题。

（1）妨碍市场准入和退出。在基础设施项目建设、招标投标、政府采购等方面设置不合理或歧视性的准入和退出条件；限定经营、购买、使用特定经营者提供的商品、服务；设置没有法律法规或国务院决定依据的审批、事前备案程序等具有行政许可性质的程序、中介服务事项；对市场准入负面清单以外的行业、领域、业务等设置审批或具有审批性质的备案程序；违法设置特许经营权或未经公平竞争授予企业特许经营权。

（2）妨碍要素平等获取、自由流动和商品、服务自由流动。对外地和进口商品、服务实行歧视性价格、歧视性补贴政策；限制外地和进口商品、服务进入本地市场或阻碍本地商品运出、服务输出；排斥、限制外地企业参加本地公共资源交易活动；排斥、限制、强制外地企业在本地投资或设立分支机构、营业场所；对外地企业在本地的投资或设立的分支机构实行歧视性待遇，侵害其合法权益；违法增设迁移条件，限制企业迁移或退出；对企业在资金、土地、人才等要素获取方面实行不合理的限制性规定。

（3）影响生产经营成本。违法违规在财政补贴、要素获取、税收、环保标准、排污权限等方面给予特定企业优惠政策；违法违规安排财政支出与特定企业缴纳的税收或非税收入挂钩；违法违规减免、缓征特定经营者应当缴纳的社会保险费用、税金等；违法要求经营者提供或扣留经营者各类保证金；违法违规在获取政府投资资金、贷款等融资方面设置歧视性要求。

(4) 影响企业生产经营。违法强制企业从事《反垄断法》规定的垄断行为；违法披露或要求企业披露生产经营敏感信息，为其他经营者从事垄断行为提供便利条件；违法超越定价权限进行政府定价；违法干预实行市场调节价商品、服务的价格水平。

(5) 行政监管执法。违法对不同企业设置歧视性检查事项、检查频次；违法对不同企业区别设置行政自由裁量权基准，对特定企业作出明显具有歧视性的行政处罚、行政强制措施、行政强制执行决定。

公私财产平等保护

对于公私财产的平等保护，实际上是为了维护最大多数人民群众的利益。《物权法》历经 8 次审议、100 多次修改，于 2007 年 3 月 16 日由第十届全国全国人民代表大会第五次会议审议通过（注：《物权法》现已修改纳入《民法典》）。有一种观点认为，法律对各种财产的平等保护，仅仅是对富人的名车和豪宅的保护，关于物权的法律似乎只服务于富人阶层。然而，这种看法是片面的。

首先，关于物权的法律坚持平等保护原则，其核心在于全社会形成尊重他人劳动成果、爱护财富的意识，进而激励人们积极创造财富。在构建社会主义和谐社会的道路上，鼓励更多人实现富裕，达到共同富裕的目标。从这个角度来看，平等保护原则是实现共同富裕的法律手段，关于物权的法律的追求正是减少贫困人口，缩小贫富差距，实现社会和谐。

其次，关于物权的法律作为财产保护法，并非财产分配法。财产分配主要由税法、劳动法等法律来实现，而关于物权的法律的作用在于确认和保护已经分配的财产。因此，关于物权的法律对私人合法财产的保护，并不会加剧贫富差距，反而有助于稳定社会财产秩序和交易秩序。

随着我国经济社会的长足发展，人民生活水平显著提高，越来越多的人拥有了自己的财产，包括房产、车辆、股票等。法律对公有财产和私有财产给予全面保护，一视同仁。这种平等保护原则，实际上是对人民群众财产权益的确认和保障，目的在于维护最大多数人的利益。

为了在全社会树立依法平等保护和正确行使财产权利的物权观念，在行使公权力时，需要牢固树立物权观念，尊重财富。同时，要维护正常程序，保护财产秩序，确保对公民财产权的限制有法律依据，并遵循法律程序。

此外，关于物权的法律强调业主自治，通过业主大会和业主委员会等形式，保障业主权利，解决社区内的矛盾纠纷。这种自治观念的推广，有助于建设和谐社区，是社会和谐的重要内容。

总之，应牢固树立依法保护公民或法人财产的观念，尊重合法财产权。要按照法律规定，切实维护人民群众的各项财产权利，促进社会主义市场经济的健康发展，推动社会和谐。

对网络购物消费者的保护：7日无理由退货

网购7日无理由退货的法律依据是《消费者权益保护法》第25条："经营者采用网络、电视、电话、邮购等方式销售商品，消费者有权自收到商品之日起七日内退货，且无需说明理由……"

7日无理由退货的邮费由谁承担？退货的邮费由消费者承担，也可以协商约定。根据《网络购买商品七日无理由退货暂行办法》第18条第1款，"商品退回所产生的运费依法由消费者承担。经营者与消费者另有约定的，按照约定"；但是，如果商品存在质量问题需要退货或更换，则须根据《消费者权益保护法》第 24 条第 2 款："依照前款规定进行退货、更换、修理的，经营者应当承担运输等必要费用。"

7 日无理由退货的前提是商品完好。那什么样才叫商品完好呢？《消费者权益保护法》第 25 条第 3 款规定："消费者退货的商品应当完好……"《网络购买商品七日无理由退货暂行办法》第 8 条第 2 款规定："商品能够保持原有品质、功能，商品本身、配件、商标标识齐全的，视为商品完好。"消费者基于查验需要而打开商品包装，或者为确认商品的品质、功能而进行合理的调试不影响商品的完好。

【案例分析】经营者能否以商品已经拆封为由拒绝消费者 7 日无理由退货？

来源：微信公众号"广东普法"2022 年 5 月 26 日

肖先生在某购物平台购买了一副蓝牙耳机，到货 3 天后发现没那么喜欢了，所以想要退货退款，经营者却称商品已经拆封，不适用 7 日无理由退货退款规定。肖先生认为如果不拆封的话，怎么知道耳机的真实情况，而且目前耳机也是完好无损的，经营者不给退货的规定不合理，遂向相关部门投诉。

根据《最高人民法院关于审理网络消费纠纷案件适用法律若干问题的规定（一）》第 3 条关于 7 日无理由退货的规定："消费者因检查商品的必要对商品进行拆封查验且不影响商品完好，电子商务经营者以商品已拆封为由主张不适用消费者权益保护法第二十五条规定的无理由退货制度的，人民法院不予支持，但法律另有规定的除外。"

本案中，肖先生购买的商品是蓝牙耳机，不属于定作、鲜活易腐、购买时确认不宜退货等类的商品。因检查商品的必要对商品进行拆封查验，在不影响商品完好和二次销售的情况下，肖先生可以在 7 日内要求经营者退货。

在网购时，消费者对于大多数商品都享有 7 日无理由退货的特权，除非是定制款、易腐烂的鲜货，或者是那些一买就知道不能退的宝贝。其他的，只要商品保持原样，消费者就可以在收到它们后的 7 日内任性地说"不"，轻松退货退款。店家是不能因为商品被拆封就拒绝购买者的退货权利的。

那么，退货的时候，那些附送的赠品要一起退回去吗？答案是肯定的。《网络购买商品七日无理由退货暂行办法》第 12 条第 1 款规定："消费者退货时应当将商品本身、配件及赠品一并退回。"这里的赠品不只指实物，还包括积分、代金券、优惠券等。如果赠品没能一起退回，店家会让购买者按赠品的价值付钱。

再来说说信用卡支付的手续费，退货运费能退，但这手续费，可能就悬了。法规说了，如果购买者用信用卡付了款还付了手续费，店家退款时可以不退手续费。如果当时店家大方免了手续费，那店家退款时可能会扣除这笔费用。

网络购物，已经成了我们生活的一部分，7 日无理由退货的福利，就像是一颗定心丸，让从实体店转战网店的消费者们安心不少。但别忘了，这个福利可不是无条件的，消费者也得遵守规则，合理行使退货权利。

五、对校园欺凌说不

拒绝校园欺凌，让友爱与平等在校园里生根发芽

近年来，校园暴力问题引起了家长、学校和社会的广泛关注。数据显示，这类事件正在逐年增加，它不仅伤害了孩子们的健康，还破坏了校园的和谐氛围。

记住，欺凌绝不是成长路上的"必经之路"。它不仅会伤害你的身体，还可能扭曲你纯洁的心灵，让你和周围的人都陷入痛苦。这不仅仅是对中华传统美德——友善的背离，更是对学生们身心健康和家庭和谐的严重伤害。如果我们都能以友善的态度去面对生活中的每一个人，那么我们的世界将充满阳光。

要想远离校园欺凌，学会宽容是关键。学生们在一起，难免有些小摩擦，但记住，一句"对不起"有时候能化解很多误会。在矛盾面前，要学会忍耐、包容和体谅，不要计较小事。

校园欺凌不仅是校园的毒瘤，更是社会问题的导火索。抵制校园欺凌，不仅是为了学生间的友谊，也是为了班级的团结，更是为了预防更大的社会问题。作为学生，要学会保护自己，勇敢地对暴力说"不"，并及时寻求帮助。同时，我们也要学会尊重和理解他人，用爱心和关怀来化解矛盾。

让我们一起激发学生的平等意识，让他们懂得，每个人都是这世界上独一无二的存在，每个人都有自己的闪光点和兴趣爱好。这些特质和爱好，不分大小，都值得被看见，被尊重，被认可。如果人人都能用爱心和尊重去对待彼此，相信那些曾经的欺凌者也会放下手中的"武器"，不再以强凌弱。在这样的氛围中，每个人都能在学习和生活中感受到公平的阳光和温暖的拥抱。

校园欺凌和平等教育的问题，是我们不能忽视的重要课题。我们需要从各个方面入手，让孩子们在平等和尊重的环境中成长，在和谐的氛围中自由地展现自我，实现个性。让我们一起努力，为构建一个充满平等和爱的教育环境而携手前行。

因为她是我的"女人"，我就可以随便打吗？

2022年8月26日，演员王某妻子发视频控诉王某实施家庭暴力，画面中王某不仅跳起来用脚踹，重击头部，还使劲掐妻子的脖子，更频频拿起椅子等工具实施殴打。2023年7月，两人突然宣布和好，一起出镜道歉，妻子也原谅了王某，以为这样就可以过上正常的生活，没想到2024年，两人又闹翻了。不少人就问，是不是自己的老婆就能随便打？

当然不是。自己的老婆不能随便打，打老婆属于家庭暴力，是违法犯罪行为。《反家庭暴力法》规定，加害人实施家庭暴力，构成违反治安管理行为的，依法给予治安管理处罚；构成犯罪的，依法追究刑事责任。

【案例分析】某大学一男生多次当众掌掴女友

来源：微信公众号"山东教育电视台"2021年12月23日

2021年12月21日，大连某大学一男生多次当众掌掴女友的视频曝光，引发网友热议。视频中，该男生在校内公共场所，多次扇女孩耳光，击打的声音在视频中清晰可闻。然而被打女生却没有任何反抗，低头顺从地整理刘海。不少网友对男生的行径感到愤怒。

12月21日晚上，大连某大学就此事进行通报："12月21日，互联网上出现我校男生在校园内掌掴女生的视频。学校对此高度重视，立即核实视频内容和人员身份。经查，视频中当事人系我校学生，两人为情侣关系。经批评教育，打人者已认识到自身错误，并向女生道歉，学校将对打人者进行严肃处理。学校将进一步加强对学生的教育，同时做好学生的心理健康工作。"

亲密关系不是随意施暴的借口，更不是逃脱法律制裁的托词，即使是"一般殴打"，也应该付出法律的代价。《治安管理处罚法》第43条第1款规定："殴打他人的，或者故意伤害他人身体的，处五日以上十日以下拘留，并处二百元以上五百元以下罚款；情节较轻的，处五日以下拘留或者五百元以下罚款。"

随便动手打人是违法的！作为受过高等教育的大学生，更应知法守法，这也是做人的底线。

六、平等思维给大学生的启发和教育

平等思维对于大学生而言，是一种深刻的学习和成长工具。法律面前人人平等的原则教育大学生，无论个人的社会地位、财富状况或者权力大小，法律都应当一视同仁。这有助于大学生树立正确的法治观念，认识到法律是维护社会秩序和公民权益的基石。

平等思维教育能让大学生认识到，平等不仅仅强调表面的相似性，而且要求深层次地尊重和理解每个人的独特性。在平等思维的熏陶下，大学生被鼓励去审视和质疑社会上的不平等现象。这种批判性思维训练使他们能够深入分析问题的根源，并提出创新性的解决方案，为社会的进步贡献力量。

平等思维教育强调每个个体在社区中的角色和责任，激发大学生参与社会活动的积极性。这种参与感不仅限于校内活动，还包括社区服务、公共事务讨论等，从而培养出对社会有责任感的公民。

在平等思维的指导下，大学生在人际交往中更加注重相互尊重和理解。他们能学会如何在保持自己立场的同时，倾听和理解他人的观点，这有助于建立和谐的人际关系。

平等思维教育帮助学生提升认知能力，领导力不仅仅是权威的体现，更是一种促进团队平等和共同成长的能力。这种教育模式培养出的领导者更加关注团队成员的福祉和发展。

　　为了将平等思维融入大学生的日常学习和生活中，学校可以采取以下措施：开展平等与多样性主题的研讨会和讲座；鼓励学生参与跨文化交流活动，增进对不同文化的理解；实施服务学习项目，让学生在服务中体验平等的价值；创建一个包容性的校园环境，鼓励学生表达自己的观点和谈论自己的经历。

　　通过这些实践，大学生不仅能够在理论上理解平等思维，还能将其转化为实际行动，为构建一个更加公平和包容的社会贡献力量。

第三章

权利思维：法律的核心要素

一、每个人都有权利去追求自己的幸福和自由

尊重个人权利

权利有以下特点：①法律性：法律确认，国家认可和保障。②自主性：权利主体按照自己的愿望决定是否实施。③求利性：权利不完全等于利益，但其行使以追求和维护某种利益为目的。④与义务的关联性：权利人的权利总是与义务人的义务相关联。

"强于权利思想之国民，其法律必屡屡变更，而日进于善"，这是梁启超关于"权利与法律"关系的论述。他主张只有健全的法律体系，才能保障公民权利免受侵犯，并使公民树立较自觉的权利意识。健全法律体系的关键在于立法；法律体系还应当与时俱进，以确保权利的实现。立法的进步有助于国民法律意识的进步，有助于提升国民的权利意识和守法观念。

近年来，我国立法机关积极回应人民群众的期待，将人权保障作为立法工作的重中之重。我国公民的生存权、发展权、人身权、财产权，以及基本政治权利和自由，劳动权、受教育权、社会保障权等各项权利，都在法律上得到了确认和保障，形成了覆盖人权保障各层面的法律法规体系。

【习语】 中国坚持把人权的普遍性原则和当代实际相结合，走符合国情的人权发展道路，奉行以人民为中心的人权理念，把生存权、发展权作为首要的基本人权，协调增进全体人民的经济、政治、社会、文化、环境权利，努力维护社会公平正义，促进人的全面发展。——2018年12月10日，习近平致信纪念《世界人权宣言》发表70周年座谈会

首先，我国《宪法》明确规定："国家尊重和保障人权。"这一根本法原则为我国的人权事业提供了全面的保障。在立法层面，这意味着要通过法律合理配置个人与社会、个人与个人之间的权利义务关系，并在立法工作中坚持以人为本，充分尊重和体现人的价值，为充分发挥人的主体作用提供良好的法治环境。此外，《宪法》还规定了公民的政治权利和自由、宗教信仰自由、人身自由、批评、建议、申诉、控告、检举和取得赔偿的权利，以及社会经济权利等基本权利，充分展现了"宪法作为人民权利保障书"的特点。

其次，大量的权利保障是通过部门法如刑法、民法、诉讼法等来实现的。这些法律将抽象的人权概念具体化，将本作为自然权利的人权实定化，从而让人权成为现实权利。以2020年通过的《民法典》为例，除了延续传统上自然人民事权利受到平等保护的条款外，特别加大了对人格权的保障力度。

再次，我国通过特定的单行立法来对人权进行保障。这包括针对特定群体规定保障措施的法律，如《未成年人保护法》《妇女权益保障法》《残疾人保障法》《老年人权益保障法》等，以及针对特定事项作出规定的法律，如《反家庭暴力法》《慈善法》等。

最后，相关行政规章、国家签署或认可的国际规则等中有

关人权保障的内容，同样是我国人权法律体系的重要组成部分。这些规定共同构成了我国人权保障的坚实基础，体现了国家对公民权利的尊重和保障。

【案例讨论】从妇女生育权看单身妇女享有人类辅助生殖技术服务的权利

来源：微信公众号"山东女子学院学报"2023年5月19日刘伯红文章

2018年12月，一位名叫徐枣枣（化名）的30岁女性，向首都医科大学附属北京妇产医院寻求冻卵服务，但被医院以她的单身身份和非医疗目的为由拒绝。徐枣枣随后以一般人格权纠纷为案由，将医院告上法庭，请求法院判令医院为其提供冻卵服务。此案在2019年12月23日和2021年9月17日分别两次开庭审理，最终在2022年7月22日，朝阳区人民法院宣判了全国首例"单身女性冻卵案"，徐枣枣败诉，法院驳回了她的所有诉讼请求。

联合国的相关文件中虽然没有具体提到使用辅助生殖技术的概念，但1978年世界首个试管婴儿路易斯·布朗在英国诞生，成为生殖医学史上的里程碑。随着世界各国科学技术和生殖医学水平的发展，人类辅助生殖技术很快被纳入生育健康或计划生育的信息、方法和服务中。

中共中央、国务院针对我国人口发展出现的低生育率和老龄化的现象，及时调整和优化我国的人口和计划生育政策，从控制人口增长逐渐转化为鼓励人口增长。国家在2013年出台了"单独二孩"的计划生育政策，2015年出台了"全面二孩"的政策，2021年进一步出台了"全面三孩"的政策。这些政策法律的变化与完善在更大范围内尊重和保障了妇女的生育权利和性别平等权利。

在已婚妇女生育意愿和行为基本饱和，生育率仍继续走低未达到人口可替代水平的前提下，单身妇女徐枣枣提出了使用辅助生殖技术冻卵，保护自己的生育能力以便实现今后的生育愿望，此举对于妇女生育权利的保障和人口的增长，都有积极的意义。然而，她的要求并没有得到法律政策的支持保护和医疗部门的关爱服务，反而败诉。这是否与国家的人口发展目标相悖？且继续限制着单身妇女的生育权利？

徐枣枣在朝阳区人民法院审判此案后曾表示，此案的意义已不在于自己胜诉或败诉，而是怎样对待单身妇女生育权利的问题。当今中国，新一代女性是我国历史上接受教育程度最高、自我实现愿望最强烈、自我权利意识最充分、物质生活最丰厚、眼界最开阔、吸收能力最强、对未来生活充满期待的一代人。与此同时，她们也看到了发达国家女性在人类辅助生育技术的帮助下，在职业和家庭、个人发展和生育之间作出的自由选择，从而实现独立自主的精彩人生。她们在思考和比较之下探索并选择着不同于前人的生活之路，并希望在自己的国家实现平等、自由和全面发展的美好人生。

生育是女性与生俱来的基本权利。她们希望自己是生育的主体，而不是生育机器和实现人口目标的工具。她们期待决策者学习和了解国际人权公约实质平等和不歧视的原则和常识，不要用传统的经验与性别盲视的观念指教和规范她们；她们期盼决策者深入到她们当中去，尊重她们所有的权利和负责任的选择，倾听她们的声音，了解她们的需求和愿望，和她们一起制定科学的实事求是的人权保障和人口发展政策。只有当女性的所有权利都能得到平等尊重、保障和实现的时候，孕育后代才能成为一件愉悦的、自然而然的事情。

第三章 权利思维：法律的核心要素

法无禁止即自由

法律不能解决一切问题，很多问题还是要靠自己解决。有这样一个法律谚语——法无禁止即自由，它表达的是一个法律原则，即在没有特定法律规定禁止或者限制的情况下，个人或组织的行为是自由的。这句话的含义是，除非某项行为被明确禁止，否则人们可以自由地实施该项行为。这是一种消极的法律解释方法，通常用于强调个人自由和权利。这句话的英文通常简化为"Freedom Unless Prohibited"或"Liberty Unless Prohibited"，意在表达在没有法律明确禁止的情况下，人们拥有自由或权利。这个原则是许多国家宪法和法律体系的基础，旨在保护个人自由和促进创新、自由表达和自由市场。

"法无禁止即自由"体现了民法典的价值之一：私法自治，即指民事主体依法享有在法定范围内的行为自由，可以根据自己的意志产生、变更、消灭民事法律关系，只要不逾越法律、行政法规划定的自由行为范围即可。因此，在民法视野下，该"自由"绝非无边际的放肆，而应当受到民法典的限制。而民法典的修订与完善亦体现了对该法谚的落实，特别是从正面清单管理模式（即采用法律上列举的模式，人们只能在法律规定范围内行为）发展到负面清单管理模式（即允许当事人通过法律行为进行自我决定，法律不做过多干涉）。

【法治知识】"法无禁止即自由"在我国《民法典》中的体现

来源：微信公众号"民法典科普"2022年3月20日

总则编：确认民事主体资格——非法人组织

《民法典》第102条规定："非法人组织是不具有法人资格，但是能够依法以自己的名义从事民事活动的组织。非法人组织

— 079 —

包括个人独资企业、合伙企业、不具有法人资格的专业服务机构等。"

《民法典》第102条规定了民事主体之——非法人组织，其体现了国家鼓励并支持依法设立各类企业，并保护其合法权益。其中具体包含个人独资企业、合伙企业、筹建中的法人、法人的分支机构等，充分贯彻了私法自治原则。

物权编：赋予民事主体权利——居住权

《民法典》第366条规定："居住权人有权按照合同约定，对他人的住宅享有占有、使用的用益物权，以满足生活居住的需要。"

居住权人对他人所有的住宅的全部或者部分及其附属设施享有占有、使用的权利，以满足生活居住的需要。居住权的设立为城市化进程中的"住有所居，居有所安"保驾护航。在《民法典》实施期间，全国十多个居住权登记试点城市为公民颁发了居住权登记证明。在司法实践方面，《民法典》中的规定弥补了之前法律上的"空白"，全国各地法院可据此依法审判，例如2021年1月4日北京市海淀区人民法院宣判了首例居住权案。

合同编：合理限制合同自由——优先承租权

《民法典》第734条第2款规定："租赁期限届满，房屋承租人享有以同等条件优先承租的权利。"

我国《民法典》赋予合同当事人广泛的自由，以激发市场主体的活力。但是合同自由也会导致个人无序地追逐个人利益，妨害竞争秩序。因此，《民法典》通过强制缔约、限制格式条款、限制合同形式选择等多种方式对合同进行必要的限制。例如，《民法典》第734条第2款对房屋承租人优先承租权的规定，通过强制缔约的形式干预租赁关系，这在保证出租人房屋租赁收益的同时，降低了承租人租房前期的投入成本，也免去

第三章　权利思维：法律的核心要素

了承租人因再次寻找合适租赁房屋的支出，大大提升了房屋租赁市场的运行效率，有利于其长期、稳定发展。

婚姻家庭编：保护弱势群体利益——遗赠扶养协议

《民法典》第1158条规定："自然人可以与继承人以外的组织或者个人签订遗赠扶养协议。按照协议，该组织或者个人承担该自然人生养死葬的义务，享有受遗赠的权利。"

"法无禁止即自由"主要说的是个人和其他民事主体。那"法无授权不可为"是针对谁的呢？

"法无授权不可为，法无禁止即自由"，是一句关于法律的西方谚语。所谓的法无授权不可为，是指国家公权力的行使必须经过法律授权。法无禁止即自由，则指公民的行为只要不是法律禁止的皆不违法。

"法无授权不可为，法无禁止即自由。"第一句针对国家公权力的行使，第二句则针对公民权利的保护，现已成为法治国家通行的法律原则。法无授权不可为，对于政府而言，不但要谨慎运用手中的每一项权力（法无授权即禁止），还必须尊重公民的每一项权利（法无禁止即自由）。

【习语】依法治国是我国宪法确定的治理国家的基本方略，而能不能做到依法治国，关键在于党能不能坚持依法执政，各级政府能不能依法行政。我们要增强依法执政意识，坚持以法治的理念、法治的体制、法治的程序开展工作，改进党的领导方式和执政方式，推进依法执政制度化、规范化、程序化。执法是行政机关履行政府职能、管理经济社会事务的主要方式，各级政府必须依法全面履行职能，坚持法定职责必须为、法无授权不可为，健全依法决策机制，完善执法程序，严格执法责任，做到严格规范公正文明执法。——2014年10月23日，习

近平在党的十八届四中全会第二次全体会议上的讲话

权利的限制和责任

尽管每个人都有追求幸福和自由的权利，但并不意味着其可以无限制地行使这些权利。法律也规定了公民在行使这些权利时必须遵守的规则和责任，以防止滥用权利，侵犯他人的权利和自由。

在强调权利意识的同时，也要不断强化履行责任的义务意识。权利和义务都是有限度的，权利超过限度就可能构成"越权"或"滥用权利"。

【案例分析】 人格权与言论自由，如何平衡？

来源：[2016]粤0512民初217号，摘自聚法案例网站

林某和陈某在公共场所发生了一场争吵，这一幕被蔡某用手机记录下来，并上传到了互联网上。当林某和陈某得知这一情况后，便要求蔡某删除视频，但蔡某拒绝了。这个视频在互联网上迅速传播，给陈某带来了巨大的心理压力，甚至多次产生了轻生的念头。林某和陈某最终选择了向公安机关报案。蔡某承认了自己的行为，并同意删除视频，但视频已经在安徽电视台公共频道播放，并在各大视频网站和新闻头条上广泛传播，点击量高达6193.4万余次。

蔡某辩称，他是在公共场所拍摄的视频，并没有侵犯林某和陈某的隐私权。他还表示，视频并没有营利，也没有贬低林某和陈某的行为。蔡某认为，他的行为是响应创建文明城市的号召，属于伸张正义，并不违法。

然而，法院在审理后认为，蔡某的行为已经超出了言论自由的合理范围，侵害了陈某的人格尊严。虽然林某在公共场所

第三章　权利思维：法律的核心要素

的行为本身违法，但蔡某公布视频的行为也超出了必要限度，因此需要承担相应的侵权责任。法院驳回了蔡某的抗辩，判决蔡某赔偿陈某精神损害抚慰金 1000 元，并要求蔡某以书面形式向陈某道歉。

这个案例告诉我们，虽然言论自由是每个人的权利，但行使这个权利时也需要考虑到他人的合法权益。在现实生活中，我们应该尊重他人的隐私和人格尊严，避免因一时的冲动而造成不可挽回的后果。

在互联网时代，拍客们用镜头记录下生活的点滴，上传网络，引发公众对不公平事件的关注，成为社会舆论监督的一股力量。然而，拍客在分享视频时，也可能不小心侵犯他人的名誉权、隐私权或肖像权等权利。

言论自由是公民表达意愿、交流信息的重要方式，是宪法赋予的权利。但在现实生活中，言论自由与人格权（如名誉权、隐私权、肖像权等）有时会发生冲突。拍客用视频表达自己的想法，是行使言论自由的一种方式，应当受到法律的保护。然而，被拍摄者可能不愿意自己的形象和信息在互联网上被广泛传播和评论。无论拍摄内容是否符合社会公德，被拍摄者都有权利保护自己的隐私权、名誉权、肖像权等不被侵犯。

在言论自由与人格权发生冲突时，平衡这两种权利是关键。不应只寻求哪种权利优先保护，而应在两者之间找到合理的平衡。因为每种权利在法律上都是平等的，且相互制约。

我国《宪法》规定，公民在行使自由和权利时，不得损害国家的、社会的、集体的利益和其他公民的合法的自由和权利。这就是权利不得滥用原则，要求权利主体在法律规定的界限内正确行使权利，寻求个体利益和社会利益的平衡，以减少权利冲突。

在司法实践中，法官在审查拍客行使言论自由与他人人格权的冲突时，应遵循以下三个原则：

（1）相对平衡原则：言论自由与人格权都是宪法权利，应平衡协调，既要保护公民的人格权，也要适当限制拍客的言论自由。

（2）公共利益优先保护原则：当言论自由与人格权的冲突涉及公共利益时，应更多地保护言论自由，适当限制人格权。

（3）公众人物适度区别对待原则：公众人物因公共利益需要作出部分权利让渡，但这种让渡不是无限制的。公开公众人物隐私的边界在于是否涉及公共利益。

拍客在表达言论自由时，也应有自己的"边界意识"，避免侵犯被拍摄者的合法权益。希望本案的处理结果能提醒拍客们，在分享吵架、打架等事件时，要尽量隐去当事人的形象和容貌，比如给当事人打马赛克等。

二、没有无权利的义务，也没有无义务的权利

权利和义务是相辅相成的

"没有无权利的义务，也没有无义务的权利。"这是马克思的著作中一句广为人知的法律格言。马克思的格言意在揭示这样一个事实：在法律的领域中，存在着一种权利，就必定同时存在相应的义务；存在着一种义务，也必定同时存在相应的权利。权利和义务是相辅相成的。权利和义务，就像是一对孪生兄弟，是辩证的统一。享受权利的同时也要履行义务，反之亦然。世上没有无权利的义务，也没有无义务的权利。

权利和义务是现代法律体系的核心概念。权利和义务都不

第三章 权利思维：法律的核心要素

是绝对的，而是相互依存的。拿税法来举例，权利和义务的对立统一关系体现在我国包括税法在内的每一部法律中。任何纳税人都不能只享受权利而不承担义务。对于征收税款的税务机关和缴纳税款的纳税人来说，他们彼此的权利义务是对等的，纳税人的权利对应的是税务机关的义务，纳税人的义务对应的是税务机关的权力。纳税人不仅要增强权利意识，依法行使权利，也要增强义务观念，自觉履行依法纳税的义务。

在劳动关系中，员工和公司之间的权利和义务是相辅相成的。员工通过履行工作义务，获得相应的权利保障；公司通过员工的工作，实现公司的运营目标。这种权利和义务的相互关系，有助于构建和谐稳定的劳动关系。比如，某公司招聘了一位新员工，其享有获得工资、享受社会保险、休息休假等权利。作为回报，员工有义务为公司工作，遵守公司规章制度，完成分配的工作任务。在这个案例中，员工的权利（如获得工资、享受社会保险等）和义务（如工作、遵守规章制度等）是相互关联的。员工通过履行自己的工作义务，获得了相应的权利保障，如按时获得工资、享受社会保险等。同时，公司通过员工的工作，实现了公司的业务目标，保障了公司的正常运营。

民事权利与民事义务相一致

在现代社会，随着经济的发展和社会的进步，我们越来越重视自己的权利，但有时候却忽略了与之相伴的义务和责任。我们可能会在某些情况下只关注自己的自由和权利，而忽视了需要承担的责任和义务。这不仅不利于个人的全面发展，也不利于社会的和谐稳定。

【法治讨论】你知道哪些"只求权利、不担义务"的不良行为?

房屋买卖与物业管理：合同履行过程中，有的当事人契约意识淡薄。有的购房人因房价下跌而要求开发商退房，甚至打砸售楼处；有的开发商因房价上涨自我举报无证卖房意欲毁约以谋求超过合同履行利益以外的高额利润；有的高档住宅小区物业服务企业向业主收取了高额的物业费，但却不能提供与收费标准相匹配的服务；有的小区业主在公共场所跳广场舞深夜扰民。

诉讼与执行：在诉讼过程中，有的当事人只要求享有诉讼权利，却不履行诉讼义务。案件执行过程中，有的债务人明明具有履行能力却故意逃避执行，成为"老赖"后还频频进行高消费。

市场活动：部分市场主体对市场风险和自身责任没有充分预判，从事高杠杆经营，一旦经营失败就想方设法逃避责任，严重影响了社会主义市场经济的良性发展，不利社会良好风尚的形成。

《民法典》是我国法律体系的重要组成部分，它体现了国家和民族的精神。《民法典》强调权利和义务的统一，既是对宪法基本理念的贯彻落实，也是对社会主义核心价值观的弘扬。通过这种方式，有利于促进个人培养和弘扬诚实信用、契约精神，促进人的现代化和全面发展。在民法中，民事主体的权利与义务是一个不可分割的统一整体。有权利就有义务，有义务就有权利，它们是相互关联、对立统一的。

首先，强调权利与义务相统一是意思自治原则的要求。

意思自治是民法中的一个核心概念，它指的是民事主体有权自主决定自己的行为，处理自己的民事权利，并且能够独立

第三章　权利思维：法律的核心要素

地建立、变更或终止民事法律关系，不受他人的非法干涉。这一原则是现代民法的基础，体现了法律对个人自主权的尊重。

意思自治包含两个主要方面：一是自主表达，即民事主体在作出决定时，应当是基于自己真实的意愿，不受外界压力的影响；二是自主承担，即民事主体在按照自己的意愿作出决定后，必须承担相应的法律后果。

强调权利与义务相统一，就是要我们在理解和实践意思自治时，不仅要关注个人意志的自由表达，还要关注个人对决策后果的责任承担。这样的理解能够使意思自治的理念深入人心，推动人们走向现代化，促进个人的全面发展。

其次，确立权利义务相统一的原则是对宪法基本理念的贯彻落实。

在我国，宪法是根本大法，它明确规定了所有公民都享有宪法和法律赋予的权利，同时也有义务履行宪法和法律规定的责任。这就像我们每个人在生活中既有权利也有责任一样，权利和义务是相辅相成的。

民法作为基本法律，它的制定必须以宪法为依据，体现宪法的精神。因此，《民法典》明确权利和义务的一致性原则，就是对宪法精神的一种落实。

这就意味着，我们在享受权利的同时，也要承担相应的义务。比如，我们有言论自由的权利，但同时也有不侵犯他人权利的义务。这样，我们的社会才能更加和谐，每个人才能都在公平正义的环境中生活。

最后，确立权利义务相统一的原则有利于保障各类主体的合法权益和社会的安全与秩序。

权利和义务相统一，意味着每个人在享受权利的同时，也要承担相应的责任。这是平等原则的体现，如果有人只享受权利而不承担义务,那么权利和义务之间的平衡就会被打破,社会就会变得不公平。

举个例子,如果一个人有言论自由的权利,但同时不尊重他人的权利,那么社会就会陷入混乱。所以,我们要确保每个人在享受权利的同时,也要承担相应的义务,这样才能维护社会的和谐稳定。

总的来说,权利和义务是相辅相成的,我们在享受权利的同时,也要承担相应的责任,这样才能保障每个人的合法权益,维护社会的安定与秩序。

义务可分为积极义务和消极义务

义务可以分为积极义务与消极义务。积极义务就比如要求你助人为乐,要求你友善,要求你做事公正,但这种积极义务并不是基础的。更基础的是消极义务,即你不能做什么事,也就是我们说的道德禁令,比如不得撒谎、不得伤害别人。基础性的消极义务意味着义务论的本质是对人们行为的制约,也即我们无论在追求什么目标,都不能逾越道德底线,去做消极义务所不允许的事。

积极义务是由命令性规则所规定的,要求人们必须或者应当作出某种行为,如《民法典》规定"现役军人的配偶要求离婚,应当征得军人同意,但是军人一方有重大过错的除外",《公司法》规定"设立公司应当依法制定公司章程"等,就属于规定积极义务的情况。

消极义务又叫不作为义务,是禁止性规则所规定的,禁止人们作出一定的行为,如《宪法》规定"禁止任何组织或者个人用任何手段侵占或者破坏国家的和集体的财产",《公司法》规定"公司成立后,股东不得抽逃出资"等,就属于规定消极义务的情况。

【案例分析】经营者负有向消费者告知商品重要情况的积极义务

来源：人民法院案例库收录案例（入库编号：2023-16-2-084-006）

2019年3月，罗某与某汽车销售公司签订《二手车定购合同》，约定某汽车销售公司向罗某出售车辆，车款为15万元。2019年4月，某汽车销售公司与罗某办理了涉案车辆的移交手续。后罗某发现其购买的车辆曾于2018年11月发生事故并更换发动机支架、燃油箱等90多项配件，保险理赔6万元。罗某认为某汽车销售公司在双方交易前未告知完整出险记录和维修情况，已构成欺诈，遂诉至法院，请求判令某汽车销售公司返还购车款并赔偿车款3倍的金额。

江门市中级人民法院的生效判决认为，涉案车辆在2018年发生的事故中更换配件较多、理赔金额较高，根据当地一般市场交易习惯、消费观念和消费水平，该事实将严重影响消费者对车辆性质、质量等问题的判断，属于消费者在决定是否购买涉案车辆时的重要考虑因素之一。某汽车销售公司在签订买卖合同前未完整、明确地向罗某告知前述事故及理赔情况，属于消极隐瞒事实的行为，已实际导致罗某在未能清楚知悉车辆真实情况的前提下作出违背其真实意思的决定，构成欺诈。由于罗某明确表示本案中不主张退还涉案车辆，故判决未支持返还购车款，支持某汽车销售公司向罗某赔偿涉案车辆价款3倍的金额共45万元。

经营者负有向消费者告知商品重要情况的积极义务。人民法院依法认定某汽车销售公司隐瞒车辆重大事故和理赔情况，导致消费者错误购买车辆，构成欺诈，应承担3倍赔偿责任，对于震慑不法经营行为、保护消费者合法权益、规范汽车销售市场秩序起到积极作用。

我国法律规定了一些要求行为人作为的义务,如果行为人没有履行该作为义务可能构成犯罪。注意这里的法律不一定是刑法。例如,《民法典》规定,父母有抚养、教育未成年子女的义务,如果父母拒不履行该义务可能构成遗弃罪。

但是其他法律规范所规定的作为义务必须经过刑法的确认才能构成不作为犯罪。例如,《消防法》规定,任何人发现火灾都有报警的义务,但刑法并没有确认相应的罪名,此时的不作为不会成立不作为犯罪。

三、各年龄段的法律权利和义务

法律与每个人休戚相关,我们被法律注视着,保护着,享受权利的同时也承担相应的义务。从成为一颗受精卵那天起,我们就被按下年龄的计时器,法律年龄也和生存年龄一样,伴随我们终生。

0周岁以下的胎儿:继承权的特别保护

胎儿还不能被称作法律上的"人",法律只认可其为"胎儿"。尽管不是法律意义上的人,但胎儿仍然具有法律意义。

《民法典》第16条规定:"涉及遗产继承、接受赠与等胎儿利益保护的,胎儿视为具有民事权利能力……"第1155条规定:"遗产分割时,应当保留胎儿的继承份额。胎儿娩出时是死体的,保留的份额按照法定继承办理。"

按照上述规定,胎儿的死亡时间和继承权有以下几种关系:

(1) 如果胎儿出生时是活体的,则保留的份额为该婴儿所

第三章　权利思维：法律的核心要素

有，可由其母亲代为保管。

（2）如果胎儿出生后不久即死亡，则保留的份额为该婴儿所有，但应由该死婴的法定继承人按法定继承处理。

（3）如果胎儿出生时即为死胎，则保留的份额由被继承人的继承人再分割。

另外，为体现对"胎儿"的特别保护，我国《刑法》和《治安管理处罚法》规定，孕妇不适用死刑和行政拘留。

0 周岁至 1 周岁的婴儿：对母亲有法律上的"保护"作用

父亲不能随便提出离婚：《民法典》规定，在婴儿出生后一年内，婴儿的父亲不得向母亲提出离婚；但母亲提出离婚或者法院认为确有必要受理父亲离婚请求的，不在此限。

母亲不用干"粗重活"：不得安排女职工在哺乳未满 1 周岁的婴儿期间从事国家规定的第三级体力劳动强度的劳动和哺乳期禁忌从事的其他劳动，不得安排其延长工作时间和夜班劳动。

不执行行政拘留处罚、不适用强制隔离戒毒：在婴儿 1 周岁内，对其哺乳的母亲不执行行政拘留处罚；怀孕或者正在哺乳自己不满 1 周岁婴儿的妇女吸毒成瘾的，不适用强制隔离戒毒。

1 周岁至 6 周岁的幼儿：法律保障其健康成长

根据我国法律规定，1 周岁以下的小孩为婴儿，1 周岁以上不满 6 周岁的为幼儿，6 周岁以上不满 14 周岁的为儿童。

2 周岁：《民法典》规定："离婚后，不满两周岁的子女，以由母亲直接抚养为原则。已满两周岁的子女，父母双方对抚养问题协议不成的，由人民法院根据双方的具体情况，按照最有利于未成年子女的原则判决。"

3周岁：幼儿园适龄幼儿一般为3周岁至6周岁。

6周岁至7周岁：入学和行走的要求

《义务教育法》第11条第1款规定："凡年满六周岁的儿童，其父母或者其他法定监护人应当送其入学接受并完成义务教育；条件不具备的地区的儿童，可以推迟到七周岁。"由此看来，6周岁是一个人开始行使接受义务教育权利的法定起算时间。

另外，根据《道路交通安全法》第64条第1款的规定："学龄前儿童以及不能辨认或者不能控制自己行为的精神疾病患者、智力障碍者在道路上通行，应当由其监护人、监护人委托的人或者对其负有管理、保护职责的人带领。"据此，未满6周岁的幼儿，尚不能单独在街道上或者公路上行走。

8周岁：民事行为能力分界线

根据我国法律规定，18周岁以下的为未成年人。《民法典》规定，8周岁是一个很重要的年龄分界线，可把未成年人分成两个阶段：8周岁前为完全无民事行为能力人，8周岁以后为限制民事行为能力人。

《民法典》规定："八周岁以上的未成年人为限制民事行为能力人，实施民事法律行为由其法定代理人代理或者经其法定代理人同意、追认；但是，可以独立实施纯获利益的民事法律行为或者与其年龄、智力相适应的民事法律行为。"

客观地讲，未成年人的意思能力存在个体差异，以年龄为唯一标准对未成年人的民事行为能力作出不同界分，确实很难断定，到底哪一个年龄点最为合适。大多数人只是依据自己的生活观察或社会经验对此作出有些武断的判断。然而，这并不意味着，以年龄界分无民事行为能力与限制民事行为能力，无理论可言、无规律可循。总体而言，以年龄为标准对未成年人的民事行为能力作出区分，是保护未成年人权益并兼顾交易安全的最优选择。

12 周岁：骑车的要求

根据《道路交通安全法实施条例》第 72 条的规定，驾驶自行车、三轮车必须年满 12 周岁。也就是说，年龄未满 12 周岁的小孩在道路上骑车是违法的，而且一旦发生事故，就要承担相应的责任，在此希望家长要负起监护责任，不要让未满 12 周岁的孩子骑车出行。因此，未满 12 周岁，共享单车可不要随便骑哦！

【案例分析】11 岁男孩随父亲公路骑行摔倒被碾压身亡

来源：微信公众号"东方网"2024 年 8 月 13 日

2024 年 8 月 11 日，一个本应充满欢声笑语的清晨，在河北保定容城县贾光乡却发生了一起令人痛心的悲剧。11 岁的小男孩"球球"跟着父亲和一群骑行爱好者在公路上飞驰，他们身着统一的队服，戴着头盔，看起来充满活力。然而，就在一次变道时，球球不慎摔倒，跌入了对面车道。不幸的是，一辆小汽车正好驶过，球球被车轮碾过，生命戛然而止。

事故发生后，球球的父亲悲痛欲绝，跪在地上呼喊孩子的名字。一些骑行者情绪激动，推搡当事司机，要求他承担责任。

这起悲剧引发了网友的关注和热议。有网友指出，骑行队应该在非机动车道骑行，而不是在机动车道上与汽车争道。还有人指出，球球年仅 11 岁，还未达到骑车上路的法定年龄。此外，也有网友批评球球父亲没有尽到监护责任，没有及时制止孩子在机动车道上骑行。

目前，公安部门正在调查此事，具体情况尚待进一步核实。

12周岁至16周岁：不同的刑事责任年龄，预防未成年人犯罪

预防未成年人违法犯罪、保护未成年人的身心健康，关系到每一个家庭的幸福安宁和社会的和谐稳定，更是全社会共同的责任。

未成年人犯罪是指未成年人实施的犯罪行为的总称。当前我国未成年人犯罪呈现三大特点：犯罪数量上升；低龄犯罪上升；犯罪类型集中，一些网络乱象诱发甚至教唆犯罪。

信息网络技术飞速发展，在给未成年人的学习、生活带来极大便利的同时，由于虚假、低俗、色情、暴力等信息充斥其间，也成为诱发未成年人犯罪的重要因素。另外，未成年人利用网络实施犯罪的数量不断上升。预防未成年人违法犯罪、保护未成年人的身心健康，需要全社会的共同努力和支持。只有通过政府、社会和家庭的齐心协力，才能为未成年人的成长和发展创造更加健康和谐的社会环境。

我国法律规定，未成年人的刑事责任分为以下几类：

（1）已满16周岁的人犯罪，应当负刑事责任。

（2）已满14周岁不满16周岁的人，犯故意杀人、故意伤害致人重伤或者死亡、强奸、抢劫、贩卖毒品、放火、爆炸、投放危险物质罪的，应当负刑事责任。

（3）已满12周岁不满14周岁的人，犯故意杀人、故意伤害罪，致人死亡或者以特别残忍手段致人重伤造成严重残疾，情节恶劣，经最高人民检察院核准追诉的，应当负刑事责任。

（4）对依照前述规定追究刑事责任的不满18周岁的人，应当从轻或者减轻处罚。

（5）因不满16周岁不予刑事处罚的，责令其父母或者其他监护人加以管教；在必要的时候，依法进行专门矫治教育。

（6）不满18周岁的人犯罪的，不构成累犯。

（7）犯罪的时候不满18周岁的人，不适用死刑。

（8）奸淫不满14周岁的幼女的，以强奸论，从重处罚。

（9）犯罪的时候不满18周岁，被判处5年有期徒刑以下刑罚的，应当对相关犯罪记录予以封存。并免除前科报告义务。

14周岁至18周岁：未成年人违反治安管理的处理

已满14周岁不满18周岁的人违反治安管理的，从轻或者减轻处罚。

不满14周岁的人违反治安管理的，不予处罚，但是应当责令其监护人严加管教。

讯问不满16周岁的违反治安管理行为人，应当通知其父母或者其他监护人到场。

已满14周岁不满16周岁的人违反治安管理的，不执行行政拘留处罚。

已满16周岁不满18周岁的人初次违反治安管理的，不执行行政拘留处罚。

未成年人是一个特殊的群体，是未来社会主义事业的建设者。国家重视对未成年人合法权益的保护。在法律保护上，国家制定了《未成年人保护法》《预防未成年人犯罪法》等法律，《刑法》对未成年人的刑事责任也作了特殊规定。这些法律首先体现了对未成年人的保护；同时，未成年人犯了错，危害了社会，也要对他们进行教育和处罚，但要坚持教育为主、处罚为辅的方针。《治安管理处罚法》对未成年人违反治安管理的行为规定具体的处罚原则，正是体现了对未成年人保护和教育的原则。

【案例分析】应援粉丝打架

来源：微信公众号"平安乌海"2023年11月14日

高某（女，23岁，B市某大学学生）与王某（女，17岁，A市某高中学生）是某偶像团体的粉丝，二人互不相识，分别支持不同的偶像团体成员。

该偶像团体在A市举办演唱会的当天，二人早早来到演唱会会场外围寻找有利位置，为自己的偶像进行应援。高某与王某看上了同一位置，因占位发生争吵并发展为打架，造成王某轻微伤。

公安机关调查后，认为高某与王某的打架行为情节较轻，又属于初次违反治安管理，对高某与王某进行教育后，作出如下处理：给予高某500元罚款的处罚。王某属于已满14周岁不满18周岁的未成年人，依法减轻处罚，对王某作出不予处罚的决定。

16周岁至18周岁：劳动就业

年少时曾梦想仗剑走天涯，看一看世界的繁华。未曾想，没到就业年龄，只能回来发奋读书。那么劳动年龄是如何规定的？最低就业年龄又是多少岁？

最低就业年龄是多少岁？一般是16周岁；专业文艺工作者、运动员等工种可以例外。

根据《劳动法》第15条："禁止用人单位招用未满十六周岁的未成年人。文艺、体育和特种工艺单位招用未满十六周岁的未成年人，必须遵守国家有关规定，并保障其接受义务教育的权利。"

根据《禁止使用童工规定》第 13 条:"文艺、体育单位经未成年人的父母或者其他监护人同意,可以招用不满 16 周岁的专业文艺工作者、运动员。用人单位应当保障被招用的不满 16 周岁的未成年人的身心健康,保障其接受义务教育的权利……"

从事危险工作的最低就业年龄是多少岁?18 周岁。

根据《劳动法》第 58 条第 2 款:"未成年工是指年满十六周岁未满十八周岁的劳动者。"

根据《劳动法》第 64 条:"不得安排未成年工从事矿山井下、有毒有害、国家规定的第四级体力劳动强度的劳动和其他禁忌从事的劳动。"

18 周岁:成年人

具有完全的民事行为能力:《民法典》第 17 条规定:"十八周岁以上的自然人为成年人。不满十八周岁的自然人为未成年人。"成年人具有完全的民事行为能力,可以进行独立的民事活动,是完全民事行为能力人。

享有选举权和被选举权:到了 18 岁这个年龄,就属于成年人了。享有广泛的公民权利:有选举权和被选举权(依法被剥夺政治权利的除外),有权参与国家管理。

担任公职和社会职务:公务员应当具备的最低年龄条件,就是 18 周岁。

兵役:每年 12 月 31 日以前年满 18 周岁的男性公民,应当被征集服现役,进行兵役登记。

交通:申请小型汽车、小型自动挡汽车、残疾人专用小型自动挡载客汽车、轻便摩托车准驾车型的,年龄要在 18 周岁以上、70 周岁以下;申请低速载货汽车、三轮汽车、普通三轮摩托车、普通二轮摩托车或者轮式自行机械车准驾车型的，年龄要在 18 周岁以上、60 周岁以下。

女 20 周岁/男 22 周岁：结婚

　　法定婚龄，是婚姻的"门槛"！想象一下，如果你还在上初中，就被告知要结婚生子，是不是觉得很荒谬？在中国，法律规定男性必须满 22 周岁，女性必须满 20 周岁才能结婚，这是为了保护年轻人的身心健康，让他们有足够的时间学习和成长。

　　为什么规定法定婚龄？一是生理方面的考虑。年轻人的身体和心理都需要时间发育成熟，才能承担起婚姻和家庭的责任。二是经济基础的考虑。婚姻需要一定的经济基础，年轻人需要时间积累财富，才能建立稳定的家庭。三是人口结构的考虑。合理的婚龄有助于调整人口结构，避免出现人口老龄化等问题。

　　婚姻，是人生大事，需要慎重考虑。法定婚龄的规定，是为了保护年轻人，让他们拥有美好的未来。希望每个人都能够珍惜自己的青春，在合适的时机，遇到对的人，携手走进婚姻的殿堂。未达法定婚龄，无论男女，以夫妻名义同居，无论是还举办过婚礼，或者通过弄虚作假骗取了结婚登记，均不能获得合法婚姻的效力。

　　【案例分析】震惊！山东一对初中生结婚办婚宴！当地回应：属实！

　　来源：微信公众号"青少年普法"2024 年 4 月 4 日

　　2024 年 3 月 23 日，山东泰安新泰的一对未成年小情侣竟然举行了婚礼，新郎正在上初二。这场村中的婚宴，瞬间吸引了无数网友的目光。仅仅两天后，当地政府证实了这一消息，两人确实都未成年。

　　故事的起源要追溯到 2023 年 9 月，两个青涩的身影在命运的安排下相识。遗憾的是，由于双方父母对法律的无知，一场家长私下的商议，便让他们按照农村习俗，举办了一场"仪式"。

如今，当地政府已迅速行动，联合公安、民政、教育等部门，对两位家长进行了深刻的批评教育。女方已被责令返回原生家庭，家长也被督促要承担起监护责任。接下来，还将对两个孩子进行心理疏导。

事实上，为未成年人订立婚约，不仅是违法行为，更是对孩子们未来的不负责任。未成年人的婚姻，不应是儿戏，而应是成年人深思熟虑后的选择。未成年人心智未熟，怎能承担起如此重大的决定？这关乎他们的心理健康、教育成长和人生规划。作为法定监护人的父母，应严格遵守法律法规，尊重孩子的成长权利，而非随意操控他们的命运。

更深层次地看，未成年人结婚不仅违法，更剥夺了他们受教育和个人发展的权利。过早步入"婚姻"，会让他们失去成长的机会，剥夺他们在成熟后自主选择的权利。让我们携手传递正确的婚恋观念，防止此类事件再次发生，让未成年人在法律的保护下，健康成长，拥抱充满希望的明天。

45周岁：国家主席

如果你有志报国、为全国人民效力，并且具备相应的条件，通过法定的程序，此时，你有资格成为中华人民共和国主席、副主席（《宪法》第79条）。

女55周岁、58周岁/男63周岁：退休

2024年9月13日，《全国人民代表大会常务委员会关于实施渐进式延迟法定退休年龄的决定》发布，明确按照小步调整、

弹性实施、分类推进、统筹兼顾的原则，稳妥有序推进渐进式延迟法定退休年龄改革。

这一决定同步启动延迟男、女职工的法定退休年龄，用15年时间，逐步将男职工的法定退休年龄从原60周岁延迟至63周岁，将女职工的法定退休年龄从原50周岁、55周岁分别延迟至55周岁、58周岁。

70多年来，我国经济社会和人口结构已经发生重大变化，需要对原有的法定退休年龄进行调整。延迟法定退休年龄改革适应我国人均预期寿命提高、国民受教育年限普遍增加的客观情况，有利于提升人力资源开发利用效率。

渐进式延迟法定退休年龄政策的实施，标志着我国在积极应对人口老龄化趋势、确保养老金体系可持续性方面迈出了重要步伐。

70周岁、75周岁：对老年人的关怀与限制

对年满70周岁以上的违反治安管理行为人，不执行治安拘留处罚。

年龄在70周岁以上的，不得驾驶低速载货汽车、三轮汽车、普通三轮摩托车、普通二轮摩托车和轻型牵引挂车；持有普通三轮摩托车、普通二轮摩托车驾驶证的，应当换领F（轻便摩托车）驾照。

年龄在70周岁以上的机动车驾驶人，应当每年进行一次身体检查，在记分周期结束后30日内，提交医疗机构出具的有关身体条件的证明。

审判时已满75周岁的人，不适用死刑，但以特别残忍手段致人死亡的除外。

已满75周岁的人，故意犯罪的，可以从轻或者减轻处罚，过失犯罪的,应当从轻或减轻处罚。

根据《最高人民法院关于审理人身损害赔偿案件适用法律若干问题的解释》的规定,残疾赔偿金根据受害人丧失劳动能力程度或者伤残等级,按照受诉法院所在地上一年度城镇居民人均可支配收入标准,自定残之日起按 20 年计算。死亡赔偿金按照受诉法院所在地上一年度城镇居民人均可支配收入标准,按 20 年计算,被扶养人生活费根据扶养人丧失劳动能力程度,按照受诉法院所在地上一年度城镇居民人均消费支出标准计算。被扶养人无劳动能力又无其他生活来源的,计算 20 年。但 60 周岁以上的,年龄每增加 1 岁减少 1 年,75 周岁以上的,按 5 年计算。

死亡:自然人的民事权利能力终止、继承开始

自然人去世以后,其生前的财产在没有遗嘱的情况下,将按照《继承法》(已失效)第 10 条的规定被继承:"遗产按照下列顺序继承:第一顺序:配偶、子女、父母。第二顺序:兄弟姐妹、祖父母、外祖父母。继承开始后,由第一顺序继承人继承,第二顺序继承人不继承。没有第一顺序继承人继承的,由第二顺序继承人继承……"既没有第一顺序继承人,也没有第二顺序继承人,财产被宣告为无主财产后,收归国家或集体所有。《民法典》实施后,侄子、外甥均可代位继承。

另外,你若不想让辛辛苦苦挣来的财产在自己死后变成儿子、儿媳妇或女儿、女婿的共有财产,你就得立遗嘱,明确所有财产只归儿子或女儿个人所有,否则继承开始时即变为共有财产。

死亡后的第五十年:部分知识产权的保护期终止

自然人的作品,其发表以及《著作权法》第 10 条第 1 款第

5项至第17项规定的权利（注：包括复制权、发行权、出租权、展览权、表演权、放映权、广播权、信息网络传播权、摄制权、改编权、翻译权、汇编权以及应当由著作权人享有的其他权利）的保护期为作者终生及其死亡后50年，截止于作者死亡后第五十年的12月31日；如果是合作作品，截止于最后死亡的作者死亡后第五十年的12月31日。

死亡之后的任何时间：部分知识产权永远受法律的保护

署名权、修改权、保护作品完整权的保护期不受限制，作者死亡后，这部分权利由其继承人、受遗赠人保护。若无继承人、受遗赠人，则由著作权行政管理部门予以保护。

尸体、骨灰、器官不受侵犯

《刑法》第302条规定了盗窃、侮辱、故意毁坏尸体、尸骨、骨灰罪："盗窃、侮辱、故意毁坏尸体、尸骨、骨灰的，处三年以下有期徒刑、拘役或者管制。"

违背本人生前意愿摘取其尸体器官，或者本人生前未表示同意，违反国家规定，违背其近亲属意愿摘取其尸体器官的，依照盗窃、侮辱、故意毁坏尸体、尸骨、骨灰罪定罪处罚。

四、权利与权力的区别

权力不等于权利

在我们的日常生活中，权利就像是一把保护伞，它是由宪法和法律赋予我们每个人的特殊"福利"。这把伞有两种打开方式：一是我们可以自主决定做或不做某些事情，比如我们的房

第三章　权利思维：法律的核心要素

子,我们可以自由地居住、使用,甚至出售;二是我们可以要求别人做或不做某些事情,比如如果有人损害了我们的利益,他们就得赔偿,或者别人不能随意闯入我们的家,不能破坏它。

而权力,它有两种面孔:一种是政治上的"大力士",比如国家层面的权力,它能修订宪法、选举领导人、制定法律、宣战等;另一种则像是工作中的"指挥棒",也就是职权,比如管理行政、司法、执法等事务。

权利这东西,不分高低贵贱,不论你是老板还是打工仔,是博士还是小学生,它对每个人都一视同仁。但权力就不一样了,它有等级之分,有强弱之别。

说到这里,你可能发现了,权利和权力的"主人"是不一样的。简单来说,就是谁在用权利,谁有权力用。普通公民、公司或者其他组织(包括国家机关在处理民事事务时)都是权利的"主人"。而那些被法律授权的国家机关和它们的特定员工,是权力的"操作者"。

从行为上来看,权利通常体现在我们的日常民事行为和一些政治活动中;而权力更多体现在国家机关的立法、行政、司法等行为上,以及公务员的职务行为中,也就是我们俗称的"职权"。

用大白话说,就是我们老百姓谈论自己的事情时,会说"我有这个权利",而提到政府机关和工作人员做事时,则会说"他们有这个权力"。这样,就不会把这两个概念搞混啦!

权利是权力之母

权利,就像是一棵繁茂的大树,而权力,则是它滋养出的果实。说白了,就是我们每个人在社会大家庭里拥有的"技能点"和"福利包"。这"技能点"就是我们有资格去做某些事的能力，而"福利包"则是我们应得的种种好处。

比如说，孩子有权继承父母的财产，但这在孩子眼里，可能就是一种潜在的能力。直到父母离世，孩子才能真正行使这个权利，把权能变成实实在在的利益。

在现实生活中，有些权利就像藏在地下的宝藏，我们挖起来费劲，甚至可能挖不到，搞不好还会挖出麻烦。就像古时候，如果被人欺负了，你可以自己去报仇，但如果你是个弱者，报仇就可能成了难题。这样的状况多了，社会就会乱套。后来大家想通了，可以把一些权利"打包"交给一个"大管家"来打理，这样大家都省心。这个"打包"的权利，就成了权力。

用一句接地气的话来说，权利就像是咱们的"老爹老妈"，而权力就是他们的"娃儿"。西方有句老话叫"天赋人权"，就是说人的权利是老天给的，天生就有，神圣不可侵犯。咱们中国古代则讲究"君权神授"或者"君权天授"，和西方的"天赋人权"有点儿反着来。但别忘了，咱们还有"天视自我民视，天听自我民听"的说法，以及"民为贵，社稷次之，君为轻"的智慧。这么一想，咱们和西方的那套理论，其实也有异曲同工之妙。

毛泽东主席曾说过："我们的权力是从哪儿来的？是从广大人民群众那里来的。"虽然没直接提权利，但权力的根源，他可是说得一清二楚。

"私权利"与"公权力"

权利和权力，就像是树根与枝叶、源头与河流的关系。权利的"放手"孕育了权力，而权力的使命则是守护权利。在我们的生活中，权利的确认、实现和救助，都离不开权力的支撑。但这两者，可是存在不少差别的。

第三章 权利思维：法律的核心要素

首先，咱们得看看谁是"主角"。权利，通常是咱们这些平民百姓，有时也包括那些享有民事权利的社会组织，它就像是个人利益的代表，所以也被称为"私权利"。而权力，往往是国家机关和它们的员工，有时候也包括其他社会组织，它代表着公共利益，因此又被称作"公权力"。简单来说，权利是"私"的，权力是"公"的。就像警察执行公务时说的"有权"，那是权力；而公民要求警察出示证件时说的"有权"，那就是权利了。

其次来说说它们的"性格"。权利是法律给的，得由法律来确认和保护；权力也得法律来授权，但它更多是通过政治运作产生的。

再来看处置方式，权利比较自由，很多权利咱们可以自己决定要不要；权力就比较严肃了，它是公共的，不能随便处置，否则就是失职。

最后也是最关键的，权利是多样且平等的，每个人都有，不分贵贱。就像西方说的，国王和乞丐在权利面前都是平等的。而权力，它有方向，有等级，是层层递进的。职位越高，权力越大，但一旦被撤职，权力也就没了。不过，即使没了权力，咱们还是有人权，还是可以堂堂正正做人，享受做人的权利。

权力应该为权利服务

在英语的世界里，"power"和"right"虽然都是力量的意思，但它们的内涵大不相同。"power"更多的是指那种能够强制别人做事的力量，而"right"，它有两个意思，一个是正确，另一个是右边。为什么"右边"会和"正确"扯上关系呢？这还得从西方的传统说起，其认为右边的都是好兆头，左边的就不太妙了。就像占卜的时候，鸟儿往右飞就是好事，往左飞那就是坏事。在《圣经》的故事里，善良的人站在神的右边，坏人则站在左边。所以，"right"不仅是"右边的"，也代表着"正确的"。

人类社会的发展史，其实也是权利与权力的一场漫长斗争史。在原始社会，人们对权利没什么概念，那时候的权利就像野草一样疯长，社会秩序也是一团糟，弱者只能任人宰割。后来，人们开始意识到，得把一部分权利交出来，形成强大的公共权力，西方学者管这个叫"利维坦"，也就是强大的国家或政府，让它来维护正义。但问题是，这个"巨兽"一旦形成，就有点儿不受控制了，时不时地就会侵犯大家的权利。

权力侵犯权利的情况，总结起来就是两种：一种是"乱作为"，就是掌权者拿着公家的权力谋私利，比如贪污受贿、欺压弱小；另一种是"不作为"，就是权力不为民所用，该解决的问题不解决，比如教育、医疗、养老等，或者是灾害来了不救援，甚至纵容坏人，让社会失去公平正义。

权利和义务是双胞胎，权力和责任是连体婴。在一个健康的社会里，没有只享受权利不承担义务的道理，也没有只行使权力不承担责任的说法。只有这两者平衡了，社会才能和谐发展。但权力它是个强势的家伙，容易欺负权利，所以咱们得在法治上下功夫，好好管管权力，让它真正为人民服务。

怎么管呢？首先，权力是人民给的，国家的重要权力得由老百姓说了算，选举得公平、公正、公开。其次，权力得有个度，不能想干什么就干什么，每种权力都有它的边界和程序。还得让权力互相监督，谁也别想搞特殊。最后，权力的行使得有时限。总之，权力只有在阳光下运行，才能保证社会的公平和正义。

第三章 权利思维：法律的核心要素

【案例分析】监督权力保护权利 实质化解行政争议

来源：微信公众号"京司观澜"2023年4月10日

北京某文化传播公司，此处简称它为A公司，在2018年跟一家房地产开发公司签了合同，说好了从2018年6月到2024年5月，由A公司为一个豪华别墅小区提供物业服务。可是，从2021年开始，有些业主不高兴了，就自己找了另一家物业公司B公司来管理。

到了2022年，事情变得更复杂了。当地的镇政府发了个公告，说要通过业主投票来决定用哪家物业公司。先是定在5月23日开大会投票，后来又改到6月11日，还把之前的公告给废了。A公司不干了，就申请行政复议，说镇政府这么做没法律依据。

最后，行政复议机关说了，镇政府这么做确实是越权了。根据《物业管理条例》，只有业主才有权决定用哪家物业公司，镇政府不能直接插手。这个案子不仅明确了镇政府、业主和业主大会各自的权力边界，还强调了业主自主决定小区事务的重要性。

五、无救济则无权利

救济措施是判断某人是否真正享有某项权利的关键

当我们谈论"某人有某项权利"的时候，其实是在说以下三个酷炫的小秘密：

首先，这是一种自由的选择权。就是说，这个人想干什么就干什么，不想干什么就不干什么，别人不能对他指手画脚。这就好比我们的小李，成年后有了选举权，他可以选择去投票，也可以选择在家睡大觉,谁也不能逼他。这就是权利的第一个魅力——自由权。

其次,这是一种要求别人配合的权利。换句话说,小李想去投票,但有人想阻止他,此时小李就可以理直气壮地要求对方别插手。这种权利,又被称为请求权,就像是小李自己的一种小宇宙能量。

最后,这是一种可以求助于官方的力量。如果有人不听小李的请求,硬是要阻止他投票,小李就可以找公权力机关帮忙,让官方来主持公道。这就是权利的第三个层面——胜诉权,它是小李的超级英雄装备。

要想知道一个人是不是真的有某项权利,关键不是看法律规定了什么,而是看其遇到麻烦时有没有办法解决。就像那句老话说的"无救济则无权利",反过来也是一样,有权利就一定有办法救济。这就是权利的真正魅力所在!

【案例分析】齐某苓案

来源:微信公众号"人民法治"2021年6月13日

1990年,滕州八中的陈某琪和齐某苓同时参加了中专预选考试,陈某琪未通过,齐某苓则通过了预选和统考,最后被济宁商校所录取,通知书由其所在高中代为转交。

陈某政(陈某琪之父)利用其和滕州教委、滕州八中及济宁商校的关系,疏通关系并制作了假材料,成功让陈某琪冒名齐某苓进入济宁商校学习。

1998年齐某苓才发现此事,遂于1999年1月以其姓名权、受教育权被侵犯为由,将陈某琪等起诉至枣庄市中级人民法院,要求法院判令各被告停止侵害、赔礼道歉,同时赔偿经济损失160 000元、精神损失400 000元。同年5月,一审法院判定齐

第三章　权利思维：法律的核心要素

某苓姓名权被侵犯，被告应赔偿精神损失 35 000 元，并驳回了齐某苓的其他诉讼请求。

齐某苓不服，提起上诉。山东省高级人民法院就该案件法律适用上存疑的部分请示最高人民法院。最高人民法院认为，《宪法》明确规定公民有受教育的权利，因此齐某苓理应享有该权利，陈某琪等以侵犯姓名权的方式，侵犯了齐某苓的受教育权，并且已经造成了事实上的损害结果，对此陈某琪等应当承担侵权责任。山东省高级人民法院根据最高人民法院的批复作出判决，认定齐某苓的受教育权被侵犯，并且判令各被告赔偿经济损失 48 045 元、精神损失 50 000 元。

这个案件在我国具有里程碑式的意义。它告诉我们，宪法所赋予公民的权利，不再是遥不可及的梦想，而是实实在在、触手可及的权利。任何侵犯公民受教育权利或者其他宪法规定权利的行为，都将受到法律的制裁。

在某些情况下，如果普通法律没有明确规定，即使通过所有的法律程序，也难以实现对权利的救济，或者法律本身存在违宪的情况，我们就可以直接援引宪法规定的基本权利来寻求救济。

在本案中，齐某苓的受教育权受到了侵害，但普通法律规范无法保障这一权利，无法提供裁判依据，因此法院直接适用了《宪法》中关于受教育权的规定，判定侵权人承担民事责任。

"齐某苓案"被称为"中国宪法司法化第一案"，最高人民法院的批复也开创了中国宪法作为民事审判依据的先河。这个案例告诉我们，宪法不仅仅是纸上的文字，更是我们生活中实实在在的权利保障。

公力救济是主要的救济方式

在我们古老的文化中，复仇就像是一种深深的烙印，刻在了那些脍炙人口的俗语和成语里。比如"君子报仇,十年不晚""有仇不报非君子"这些话,它们传递了一种信念:如果你受到了不公,你就得站出来,为自己讨回公道。

然而,原始的复仇方式并不总是那么简单。它可能需要付出巨大的代价,甚至可能毁掉一个人的一生。很多复仇者因为复仇而走上了流浪和艰辛的道路,他们的生活变得支离破碎。这就是为什么我们说复仇往往会导致"亲者痛,仇者快"的局面,让冤冤相报的悲剧不断上演。

在古代,私力救济成了许多人的选择,因为它简单易行,看起来自由自在。但是,对于那些力量薄弱的人来说,这无疑是雪上加霜。

不过,随着时间的推移,每个国家都发展出了自己的司法和行政系统,这些都是公力救济的雏形。比如,古代的衙门、大理寺、提刑官、法医、捕快,都是公力救济的象征。

然而,在那个生产力不发达的时代,公力救济并没有成为大家公认的救济手段。相比之下,私力救济看起来更加直接和容易。这就是为什么私力救济成了许多人首选的救济方式。

公力救济则是指按照当时统治者的意愿,在其规定的合理程序中挽回损失和惩处犯罪。这种救济方式通常需要设置固定的机构,并运用统一的原则和程序进行操作。

当然,公力救济也有它的弊端,特别是在政治腐败和政局动荡的时候,它的公信力无法得到保证,无法让善良的百姓信赖。

但随着生产力的提高和社会的发展,公力救济逐渐成了我们建设法治国家、追求和平、民主、富强的重要手段。为了实现人民的幸福安康,必须要让公力救济畅通无阻,让法律成为最有效的权力救济手段,让人民对法治充满信心。

第三章　权利思维：法律的核心要素

私力救济及其限制

法律的核心在于维护社会的和谐稳定，所以当我们的权利受到侵犯或者无法实现时，我们应该寻求公权力的帮助。但在某些紧急情况下，我们可能来不及寻求公权力的救济，这时候，法律允许我们使用自己的力量来保护自己的权利，这就是所谓的私力救济。一般来说，私力救济包括正当防卫、紧急避险和自助行为这三种形式。

私力救济的方式之一：正当防卫

在法律的世界里，正当防卫就像是一种自卫的"盾牌"，它可以保护我们免受不法的侵害。如果你在必要限度内进行正当防卫，造成了损害，那么你不需要承担责任。但是，如果防卫超过了必要的限度，造成了不应有的损害，那么你就需要承担适当的责任。

正当防卫的构成要件有五个：

（1）你必须遭受到了侵害。这意味着有人正在侵犯你的权利。

（2）这种侵害必须是正在发生的，也就是说，侵害已经开始并且还没有结束。

（3）这种侵害必须是法律所不允许的，不一定非要构成犯罪。

（4）你的防卫行为必须是为了保护自己或他人的合法权益，而且这个合法权益不局限于亲友。

（5）你的防卫行为不能超过必要的限度。这就意味着，如果你有多种防御手段可以选择，你应该选择反击最轻、最适当的方法。

简单来说，正当防卫就像是你面对不法侵害时，可以使用的"武器"。但是，这个"武器"的使用是有限度的，你不能滥用它，否则你可能会因为防卫过当而承担相应的责任。

【案例分析】朱某飞故意伤害、马某民正当防卫案——欠缺意思联络的数人同时防卫案件的处理

来源：人民法院案例库收录案例（入库编号：2023-04-1-179-027）

这个案例是关于保安之间的冲突，导致了悲剧的发生。朱某飞和马某民都是上海市某广场的保安，而朱某则是之前离职的保安，经常酒后到广场闹事。

在2018年5月16日早上，朱某飞和朱某在广场大门口发生了争执，朱某威胁要回去拿"家伙"，回来找朱某飞算账。朱某拿着刀回到广场，马某民看到后，用一根金属杆把刀打落，然后和朱某打了起来。朱某飞从背后冲上来，用木棒连续打了朱某头部两下，把朱某打倒在地。朱某后来被送到医院，但不幸去世。

一审法院认为朱某飞和马某民的行为都属于故意伤害罪，朱某飞被判有期徒刑6年6个月，马某民被判有期徒刑3年3个月。但他们不服，提起了上诉。

二审法院认为，马某民的行为属于正当防卫，因为他是在制止正在进行的不法侵害。而朱某飞的行为则属于防卫过当，因为他用木棒连续击打朱某头部，造成了朱某的死亡。二审法院改判朱某飞有期徒刑6年，马某民无罪。

这个案例告诉我们，正当防卫是有限度的，如果行为人实施的防卫行为明显超过了必要限度，造成了重大损害，其就需要承担刑事责任。但对于没有意思联络的多人同时实施的防卫行为，是否构成正当防卫，需要根据各人的主客观情节分别判断。

私力救济的方式之二：紧急避险

在人们面临急迫的危险，可能会对他人权益造成损害时，法律允许他们采取必要的措施来保护自己或他人的安全。紧急避险分为两种类型：防御性紧急避险和攻击性紧急避险。

防御性紧急避险是指为了避免自己或他人受到伤害，对造成危险的事物进行破坏或毁损。比如，如果你在野外遇到一只恶犬，为了自卫，你可能会打伤恶犬。如果是恶犬的主人故意放纵恶犬攻击你，那么你的行为就是正当防卫。

攻击性紧急避险则允许人们在面对未造成危险的事物时采取行动，以防止正在发生的危险。比如，如果你在躲避恶犬的过程中不小心撞坏了别人的货物，那么这种行为是合法的，因为你的行为是为了防止更大的危险发生。

紧急避险和正当防卫的区别在于：正当防卫针对不法侵害行为；紧急避险所针对的危险可能因不法侵害行为产生，也可能非因不法侵害行为产生（可能因自然原因产生）。紧急避险所损害的并非不法侵害人的人身或者其侵害所用之物，而是其他权益，尤其是第三人的权益；正当防卫所损害的是不法侵害人的人身或者其侵害所用之物。

在紧急避险的情况下，需要满足以下要件：

（1）必须有急迫的危险。

（2）必须是为了避免自己或他人的人身或财产遭遇危险。

（3）必须采取避免危险的行为，并且这种行为没有超过必要的限度。

（4）危险的发生不是避险行为人自己的责任。

如果紧急避险行为造成了损害，那么应该由引起险情的人承担民事责任。但如果危险是由自然原因引起的，紧急避险人可以给予适当的补偿。

私力救济的方式之三：自助行为

当我们在生活中遭遇不法侵害时，第一反应可能是报警，这是大家最直接、最朴素的认知，但是在公力救济难以及时、迅速发挥作用时，个人是否可以自救呢？例如，遇到有人吃霸王餐，为了防止对方逃跑，老板能不能扣留对方或对方的财物？会不会反过来被对方起诉侵权？

《民法典》侵权责任编中新增的"自助行为"条款对此给出了答案：可以，但必须得有分寸，若有不慎还会导致"有理变无理"。

民事自助行为属于自力救济（私力救济）的范畴，《民法典》施行以前，我国民事法律体系针对自力救济仅设置了正当防卫和紧急避险这两种制度，其后《民法典》在侵权责任编增加了自助行为这一制度，可以让行为人在满足相关条件、遵守相关规则的情况下免除其侵权责任，这是对自助行为人的一种权利保障制度。

《民法典》第1177条第1款规定："合法权益受到侵害，情况紧迫且不能及时获得国家机关保护，不立即采取措施将使其合法权益受到难以弥补的损害的，受害人可以在保护自己合法权益的必要范围内采取扣留侵权人的财物等合理措施；但是，应当立即请求有关国家机关处理。"

我们可以通过以下案例更具体地了解自助行为。王某在自家的新房建好之后，又在集体土地上搭建了围墙。村民们对此表达了不满，并向有关部门反映了这个问题，但事情没有得到解决。于是，村民们聚在一起开会讨论，最终达成了一致意见：王某的行为属于非法占用集体土地和违章搭建，这些建筑不仅

第三章 权利思维：法律的核心要素

妨碍了村民的通行，还影响了社区的和谐。大家决定采取行动，拆除王某的违章建筑——围墙。

拆除违章建筑围墙的当天，事情似乎有点失控。村民们不仅拆除了围墙，还拆除了王某的一部分房屋。这里有两个不同的法律问题需要区分：

第一，村民拆除王某的违章建筑围墙，属于自助行为。自助行为是指权利人为了保护自己的合法权益，在无法及时获得公力救济的情况下，采取必要措施排除他人对自己的合法权益的妨害。在这种情况下，村民的行为是为了维护自己的权益，而不是侵犯王某的权益，因此不属于侵权行为，也没有赔偿责任。

第二，村民拆除王某的房屋，属于侵权行为。拆除他人的房屋，尤其是未经法定程序的强行拆除，已经侵犯了王某的财产权。根据法律规定，这样的行为构成了侵权，王某有权要求赔偿损失，或者要求拆除者将房屋恢复原状。

总的来说，村民的行为在拆除违章建筑围墙方面是合法的，但在拆除房屋方面是违法的。法律需要平衡各方权益，确保每个人都能在法律的保护下得到公平对待。

六、权利思维给大学生的启发和教育

权利思维是指在思考和处理问题时，注重维护个人和集体的合法权益，遵循法律法规，尊重社会公德，维护社会正义的思维方式。对于大学生来说，权利思维的启发和教育具有以下几个方面的意义：

法律意识培养：权利思维有助于培养大学生的法律意识，使他们了解自己的权利和义务，懂得如何通过法律途径来维护自己的合法权益。

公民责任感培育：通过权利思维的培养，大学生能够更好地理解公民的责任和义务，认识到作为社会成员，不仅要享受权利，也要承担相应的责任。

公平正义观念树立：权利思维强调公平正义，有助于大学生树立正确的价值观，尊重他人权利，维护社会公平正义，促进和谐社会的构建。

问题解决能力提高：在面对权益受到侵害或需要维护自身权益时，权利思维能够帮助大学生运用法律知识，采取合法途径解决问题，提高自身的问题解决能力。

自我保护意识提升：大学生正处于人生成长的关键阶段，权利思维的培养有助于他们提升自我保护意识，学会在复杂的社会环境中保护自己的合法权益。

人际关系处理能力增强：在人际交往中，权利思维有助于大学生理解他人的权利，尊重他人的意见和选择，促进和谐的人际关系。

总之，权利思维的启发和教育对大学生具有重要的意义，它不仅有助于大学生形成正确的法律观念和公民意识，还能够促进他们的全面发展，为将来成为有责任感、有担当的社会成员打下坚实的基础。

第四章

证据思维：什么是事实？

一、以事实为依据，要求的是法律事实

法律事实可能与客观事实不完全一致

【案例分析】"我敢保证，我就肯定"

来源：作者亲身经历

某日，同事在微信上和我说，她的一位学生的朋友价值5万元的东西被美团偷了，派出所不立案，让她自己找律师立案起诉。同事问我是否方便推送我的微信给这位学生的朋友。我起初觉得这个案子的信息听起来有些奇异且自相矛盾，估计情况比较特殊，担心自己的能力有限，处理不好，不大想介入。但是想到能帮到青年朋友一点，自己的能力也提升一点，就对接上了这位学生的朋友（因为不知其真实姓名，暂称其为小红）。

小红加了我的微信后，就发来了几段文字说明："事情是这样子的哈，昨天10点二十左右我下单了一个美团跑腿，因为我有一个包和裙子要进行寄卖，一共是49 500元，然后美团骑手在没有找到收货人的情况下，就把东西拿走了，并没有归还，

这个路程是1.6公里，总价是17块，我说我多加20块麻烦你再送一下，他说要加50块，我不同意，然后他电话里说，如果你不给我，东西我就不给你。""然后他撒谎，跟他们站长说是因为我辱骂他，所以才不给我，但是事实上我并没有说过一个脏字，美团要求他一个小时内归还，他不同意，后来涨价到150块""昨天凌晨两点给我送到家中，外包装破损严重，内里裙子进水""发票也毁了""都被淋湿""我可不可以告他侵占他人财产和财产受损"……

有了这些信息，我捋了案情，心想：这些和之前的求助信息有很大的不同啊，真是"人言可畏"。我和小红确定并明晰了她的两点诉求：一是关于费用问题：没有送到货，退还给发件人。我认为美团跑腿对此情形应该有规定费用标准。二是关于破损赔付问题：是否声明价值；如无声明价值，破损物品应该如何赔付。我认为这些情形，美团跑腿应该也是有规定的。

小红说她没保价，但是东西价值真的有5万元。我帮忙在网络上找了美团跑腿的"服务协议"（不知道是否为真）：（如果没选择保价），在任何情况下帮送物品的价值范围/金额均不应超过人民币3000元，若超过该范围仍继续发布帮送信息，则一旦发生毁损、丢失等情况，应自行承担超出该价值范围部分的损失。根据上述条款，我和小红说，如果她选择保价，能最多获赔3000元，这还要在能证明毁损、丢失等情况下。

小红：那我怎么证明呢？

我：证据可以是电话录音或信息显示。如果没有这些证据，就你一人在说，骑手又说没说这样的话，那你的话，谁信呢？

小红：他用的是美团官方的电话打的，他们后台是有录音的。

我：那你申请后台调取记录看看。

第四章 证据思维：什么是事实？

小红：然后当时的情况是，他把这个东西拿走了之后，我打电话他就不接了，之后警察打他也不接，而且警察是用官方的那个座机打的，还给他发了短信，他就一直不回。事后他又跟他们那个负责人说，是因为我打电话骂他，所以他才不给我送，他这个纯属造谣，我从头到尾没说过一个脏字。

我：还有你支付150块给骑手的付款记录，可以用来证明骑手超额收你的费用（如果你所说"17送17退"是官方规定的话）。

小红：150块钱是他们站长补给他的，我没有给他这个费用，补了这150块他才同意给我送回来的，但是他……

我：退货的钱，你一分没给？那你只能寄希望于找出证据来证明这个过程了。没有证据，你说什么都是白费。

小红：因为这些电话都是通过官方的正经途径去打的，所以说只有查这个电话，拨打这个电话后，美团说提供一个律师的身份信息，才可以去调这个录音，但是这个录音我敢保证，就肯定是我说的这样子的。

随后小红给了我一个美团客服的官方电话"10107888"，意思是让我作为律师，去打电话要求调取后台录音。不过，我真没听过律师有那么大的权力，可以不用经法定程序直接去查的。因为那样的话，律师的权力就是公权力了。我让小红另请高明，结束了这场"我敢保证，我就肯定"的证据探索之旅。

"以事实为依据，以法律为准绳"是我们司法实践中的一项基本原则。

那什么是事实呢？大家可能会说：事实应该是真实的，不是虚构或假设的；事实应该是可以通过一定手段验证的，如科学研究、调查、观察、证据审查等；事实通常是具体和明确的，而不是模糊或抽象的；事实独立于人的主观意愿，不会因为人们相信或不相信而改变。

这些说法认为事实具有真实性、可验证性、具体性、独立性等特点，但这些说法认为的事实，一般指的是客观事实，并不完全等同于法律事实。

【案例分析】学员在网上吐槽驾校"垃圾"

来源：微信公众号"CCTV今日说法"2024年1月7日

学员学车后不满，转头上网输出"小作文"，被驾校一个反手告上法庭。

学员说这是正常评价，驾校经营者说这是侵权。到底谁有问题？

谭某是A驾校的经营者。2023年2月，谭某在几个网络平台发现其驾校学员姚某针对A驾校发布的几篇含有负面评价的帖子。在姚某的网帖中，展示了一张有A驾校门店招牌的图片，并标有"垃圾驾校""坑钱"等描述，并附有"后期还得交车费、模拟费、请客费……"等内容。随后，谭某将姚某诉至深圳市宝安区人民法院，请求判令姚某公开道歉、恢复名誉、消除影响，并赔偿原告经济损失及名誉损失共计6万元。

被告姚某认为，自己的行为并不构成侵权。理由如下：一是A驾校在自己缴费前承诺的包接送、预约练车等服务均未实现，网帖所述内容是自己作为消费者作出的客观描述和售后评价，且与实际情况相符；二是自己在接到法院通知后，已经删除了网帖，并注销了相关账号。经查，截至姚某删帖前，涉案账号粉丝数为3人，网帖点赞数为个位数，评论12条。

法院认为，被告姚某作为消费者，在接受原告谭某提供的驾照考试培训后，有权对原告提供的服务进行评价。一方面，双方在合同履行过程中，因承诺包接送、预约练车等问题发生争执，被告在事后对相关情况进行评价，是基于其消费过程的真实感受，不应认定其为侵权。另一方面，被告多次发布针对A驾校的网帖，内容带有辱骂、诋毁的言论，客观上造成A驾校的社会评价降低，且被告未提交相关证据证明其被迫宴请原告及教练的事实，故法院认定被告的此种行为构成侵权。

另外，关于经济损失及名誉损失费，原告并未举证证明其实际遭受损失及损失大小。同时，被告发布的网帖社会关注度较小，且被告已自行删除并注销账户，法院对原告"赔偿经济损失和名誉损失共计6万元"的诉请不予支持。

综上，深圳市宝安区人民法院判决被告在A驾校门口张贴书面声明，内容包含承认散布错误消息；驳回原告的其他诉讼请求。该判决已生效。

在这个案例中，双方各有各的说法，各有各的"事实"。但最终法院既没有采信原告经济损失和名誉损失的事实，也没有采信被告被迫宴请原告及教练的事实，难道这些都不是"事实"？

其实这就是客观事实和法律事实的区别所在。

客观事实是指实际发生的事件或存在的状态，它独立于任何人的主观意识和法律评价，是一种物理的、现实的存在，不依赖于法律的规定或法庭的认定。

法律事实是指在法律程序中被法庭认定并作为裁判依据的事实。法律事实必须通过合法的证据来证明，这些证据需要符合法律规定的相应规则。

法律事实可能与客观事实不完全一致，因为法律事实是基于现有证据和法律程序认定的，而客观事实可能更为复杂或无法完全证实。

并不是所有的客观事实都可以再现

如果全部的、真实的客观事实都可以在诉讼中再现，那就不需要法律，也不需要法官，根据事实一一对应法律规定来判决就是。但现实是，没有"上帝之眼"，也不是处处都有监控，更没有读取内心想法的机器，很多事情无法完全被证明或知晓，会由于时间、证据的缺失或其他原因而无法完全被揭示。

如果你是裁判者，面对客观事实无法百分百被重现、被发现、被证实等问题，你会想出什么办法解决呢？

【法治史料】中国古代的"神判"方式

中国古代的"神判"方式是一种古老的审判方法。基于当时社会的宗教信仰和超自然观念，人们认为神灵能够明辨是非，主持公正。以下是一些中国古代常见的"神判"方式：

（1）热铁：让被告用手捧热铁或者赤脚走过烧红的铁块，之后检查伤口，如果伤口愈合良好，则认为被告是神灵庇佑的无罪之人；如果伤口溃烂，则认为被告是罪犯。

（2）沸水：让被告将手伸入沸水中取物，或者将物品投入沸水中，之后检查手是否有烫伤，或者物品是否沉浮，以此来判断被告的罪行。

（3）神兽：利用牛、羊等动物作为裁判的工具。例如，将被告与动物安置在一处，观察动物的反应，如果动物亲近被告，则认为被告无罪；如果动物避开或攻击被告，则认为被告有罪。

（4）神食：让被告吃下特定的食物，如米团或面饼，如果被告能够顺利吞下，则认为其无罪；如果被告呕吐或呛咳，则认为其有罪。

（5）圣水：将被告投入水中，观察其浮沉情况，类似于欧洲中世纪的"水审"。浮起来则是无罪，沉下去则是有罪。

（6）抽签：通过抽签、掷骰子等方式，让超自然力量决定被告的命运。

（7）发誓：被告需要在神灵面前发誓，有时候还须进行一些仪式，如割腕盟誓，如果伤口迅速愈合，则认为发誓者是诚实的。

可能你会觉得很荒唐，这些"神判"方式显然缺乏科学依据，不仅不能保证审判的公正性，还可能造成无辜者受到伤害。但在科学和技术不发达的古代，这也是审判者为了追求事实、探明真相而设计的程序，从侧面证明了客观事实是多么难确定。

随着社会的发展和法律的完善，这些古老的审判方式逐渐被淘汰，代之以更加合理和人道的审判程序。在中国历史上，特别是儒家思想成为主流后，这种依赖超自然力量的审判方式逐渐被更加注重证据和理性的审判方式所取代。

仅凭口供的事实，不是法律事实

为了找到"事实"，除了求助于神明力量的"神判"方式，还有"口供"这种方式。可能有人会说，当事人都承认了，那还能有假吗？

【案例分析】凭口供定罪的"冤案"

来源：《新闻调查：十八年后的无罪判决》，微信公众号"最高人民法院"2015年1月13日

1996年的4月9日，呼和浩特第一毛纺厂家属区的公共厕所内，一名女子被杀害。当时，18岁的卷烟厂工人呼某和工友闫某到治安岗亭报了案。而公安机关经过一番调查认为，报案的呼某就是"4·09"案件的凶手。经法院审理，呼某被判处故

意杀人罪和流氓罪，并执行了死刑。

　　直到 2005 年，事情发生了意外的转折。那一年，内蒙古系列强奸杀人案凶手赵某红落网，他向警方供述，从 1996 年到 2005 年，自己先后犯下多起强奸杀人案，2014 年 11 月 20 日，内蒙古自治区高级人民法院对外宣布，对呼某案启动再审程序。经过 20 多天的审理，12 月 15 日，法院公布再审结果，改判呼某无罪。

　　当年的案卷里列举了不少证据，但真正有一定实际意义的证据，就是物证鉴定。当时，公安在呼某左手拇指指甲附着物中检出 O 型人血，这与被害人的血型相同，而呼某本人血型是 A 型，于是这被当作定案的主要证据之一。但一个浅显的道理是，O 型血的人很多，显然不能据此就认定呼某指甲中的附着物一定就是被害人的。除了这唯一的物证，当年原审主要的定罪依据，还有呼某的有罪供述，也就是我们平常说的口供。

　　口供虽然也作为证据形式之一，但它是最不稳定的证据。早在 1979 年《刑事诉讼法》（已被修改）里就确定了一个基本原则，即任何案件都要重证据，重调查研究，不轻信口供。只有被告人供述，没有其他证据证实的，不能作出定案结论。

　　即使是口供本身，也存在很多问题。1996 年的原审判决书中说，呼某对罪行"供认不讳"。但再审却发现事实并非如此。在 4 月 9 日事发当晚报案时，呼某没有说自己作案，而是说自己是上厕所时听到有人喊叫，于是进女厕所看了一下，便看见一个人躺在便池的水泥台上，随后跑回车间拉上闫某去治安岗亭报案。然而仅仅时隔一天，在 4 月 10 日的讯问笔录中，他却作出了有罪供述，称自己进入女厕所，将被害人拖到矮墙处进行了猥亵。此后，他又不止一次翻供。孙炜（呼某案再审合议庭审判长）认为，口供如此反复不定，根本无法作为定罪依据。

只要认真审查的话,就会发现不应该轻易认定。证据本身就不是很扎实,加上口供也不是很确定,两个不确定的因素放在一起却要得出一个确定的结论,这是不严谨的。

在历史上,特别是在法治不健全或法律体系不完善的时代,确实存在仅凭口供定罪的案例。这些案例通常发生在缺乏有效的证据收集和审查机制,以及法律程序不完善的情况下。

证据能够证明的事实才是法律事实

法律事实并非一成不变地对真相予以完美重现,认知局限、证据冲突、内心确信等因素的存在,都可能造成法律事实与客观事实的背离。虽然法律事实不是客观事实,但应通过科学合理的程序设计,使其无限接近客观事实。

作为现代社会的法治概念,法律事实是一种无法作出最优选择背景下的次优制度安排,是一种法律专业的技术处理,让"事实"得以在法律上被认定,从而引起一系列的法律后果来定分止争。

那法律事实到底要怎么来认定呢?要靠证据。就如中国政法大学教授张中所说:"证据裁判原则的确立,否定了历史上的神明裁判、刑讯逼供等愚昧、野蛮的事实认定方法,是诉讼进步与司法文明的表现,从而也被视为现代证据法乃至诉讼法的基石。"(《张中:法官眼里无事实:证据裁判原则下的事实、证据与事实认定》,载微信公众号"证据法学研究所"2021年6月11日)。

通过下面一段网上流传的判决书内容来作一个小结:"人民法院作为案件发生后的居中裁量者,不可能再通过电影回放的方式去全面把握事情发生的经过和前因后果,一般情况下只能通过诉讼当事人的举证大致还原案件事实,并以证据能够证明的法律事实为基础,适用法律规范,作出裁判。"

二、法律事实必须是具有法律意义的事实

法律事实的定义和特征

在法理学中,法律事实被定义为:"法律规范所规定的、能够引起法律后果即法律关系形成、变更和消灭的因素。"(《法理学》编写组编:《法理学》,人民出版社、高等教育出版社2010年版,第136页。)

法律事实是指那些能够引起法律关系产生、变更或消灭的客观事实。它们不仅仅是单纯发生的事件,还必须与法律规范相关联,能够被法律所评价和调整。例如,合同的签订、侵权行为的发生、犯罪的实施等,都是具有法律意义的事实。

法律事实具有以下几个关键特征:

可证明性:法律事实必须是可以通过证据来证明的。这些证据需要符合法律规定的证据标准,如证据的合法性、相关性和充分性。

相关性:法律事实必须与案件中的法律问题相关联。一个事实即使是真实的,如果与案件无关,也可能没有法律意义。

规范性:法律事实需要符合法律规范的要求。例如,在刑法中,犯罪行为必须符合犯罪构成要件,才能被认定为犯罪事实。

程序性:法律事实的认定需要遵循法律程序。具体包括法庭审理、证据的提交和质证、事实的认定等法律程序。

因此,法律事实不仅仅表明发生了什么,更重要的是展现这些发生的事情在法律上意味着什么,以及它们如何影响法律

第四章 证据思维：什么是事实？

关系和法律后果。在司法实践中，法官和律师必须区分哪些客观事实是具有法律意义的，并在此基础上适用相应的法律规范。

【案例分析】购买"渣男"的车（自编案例）

小岭与小南签订一份购车合同，约定小岭以 5 万元的价格向小南购买某品牌二手车一部，该车已经专业的第三方鉴定，车况良好。该车于三年前购买，行程里程 5 万公里。在签订合同后 3 日内，小岭应付款，付款当天即到车管所办理过户手续。如果一方违约，违约方须按交易款项的 30% 赔偿。签订合同的当天，小岭特别高兴，邀请几位好友一起吃饭庆祝。席间，有位好友提醒小岭，说小南平时作风有问题，是一个"渣男"，可能在车上做过某些不可描述的事情，这车要再好好检查检查才行。次日，小岭要求重新鉴定，小南心里很不爽，但为了交易顺利，还是同意了再次鉴定的要求。再次鉴定的结果和第一次鉴定结果一致。但是小岭越想越不舒服，始终没有付款，导致交易无法完成。一气之下，小南诉诸法院。小岭向法官提交了证人证言，证明小南是一个"渣男"。如果你是法官，你会怎么判？

在这起合同纠纷案件中，证人提供了关于一方当事人个人生活作风的证言。但是这些证言与合同的签订、履行或违约无关，法院应该判定这些证言不具有相关性；即使这个事实是真实的，因为它与案件无关，也没有法律意义。所以，"渣男"这个小岭要证明的事实，其实与本案无关，不是本案的法律事实，不会引起本案的法律后果。小岭应该按合同约定，向小南赔付违约金。

【法治知识】品格证据（character evidence）

上述案例中小岭提交的证据，属于品格证据，通常在刑事和民事案件中用来证明一个人的品格特征，如诚实、暴力倾向、可靠性等。

由于品格证据可能引起偏见，且不一定与案件事实直接相关，因此其采纳标准相对严格。

如果品格本身就是案件的一部分，例如在诽谤案件中，原告的品格可能是争议的核心，那么品格证据可能会被采纳。

在刑事案件中，被告人可能提出自己的良好品格作为辩护，那么控方可以提出相反的品格证据来进行反驳。

品格证据有时可以用来支持其他类型的证据，例如，当一个证人的可信度受到质疑时，可以引入其品格证据来评估其证言的可靠性。

品格证据的采纳与否取决于具体的法律规定、案件性质、证据的目的和相关性。法官通常会仔细考虑品格证据的引入是否会导致不公平的偏见，并据此作出是否采纳的决定。

以上案例是说明法律事实的相关性特征。作为专业的法律技术处理，程序性特征在法律事实的认定过程中起着非常重要的作用。法院在认定法律事实时必须遵循一定的法律程序，确保事实的认定是公正和合法的。

关于程序性方面，我们可以举例"米兰达警告（规则）"，它包括以下内容：

你有权保持沉默，你所说的任何话都可能在法庭上用作对你不利的证据。

你有权获得律师的协助，如果你请不起律师，法庭将为你指派一名律师。

第四章 证据思维：什么是事实？

如果你决定回答问题，你有权在任何时候停止回答。

你了解这些权利了吗？

米兰达规则的设立是美国刑事司法发展的一个重要里程碑，它明确了警方在讯问犯罪嫌疑人时必须遵循的程序性要求。

这一规则旨在保护犯罪嫌疑人免受强迫自我归罪，确保其宪法权利得到尊重。

米兰达规则的设立，虽然受到了一些批评，认为它可能有利于犯罪分子，但它也显著提高了司法程序的公正性和透明度。

法律事实的分类

法律的世界就像是一个大舞台，舞台上上演的每一幕都有其特定的意义。不是所有的事情都会引起法律的注意，只有那些符合法律规定的特定条件，能够引发法律关系发生变化的事实，才是法律真正关心的焦点。换句话说，法律事实必须是那些具有法律意义的事件。

在法律的大字典里，我们可以把法律事实分为几个不同的类别：

（1）法律事件：这些事情的发生并不是由我们的意愿决定的，而是自然规律和社会发展的结果。比如，地震、洪水这些自然灾害，或者人的出生与死亡，都是法律事件，它们都会在法律上产生一系列的影响和后果。

（2）法律行为：这是人们根据自己的意愿和选择所采取的行动，比如签订合同、立遗嘱等。一旦这些行为完成，它们就会按照当事人的意愿产生相应的法律后果，影响法律关系的建立或改变。

（3）事实行为：这些行为虽然是由个人实施的，但其法律后果并不是基于行为人的主观意愿，而是直接由法律规定。比如，如果你捡到了别人丢失的物品，并按照法律规定归还给失主，那么你就有权要求得到一定的报酬。

每一类法律事实都有其独特的法律意义和影响，它们共同构成了法律世界的基础，决定了我们的行为和法律关系的走向。

【法律问答】你能举出法律行为的例子吗？

法律行为是人们根据自己的意愿和选择所采取的行动，这些行动在法律上会产生特定的后果。以下是对一些常见的法律行为的举例：

签订合同：当两个或多个当事人就某一特定事项达成一致并签订书面协议时，他们之间就形成了合同关系。合同可以是买卖合同、租赁合同、服务合同等，它们规定了各方在交易中的权利和义务。

结婚：在法律上，结婚是一种法律行为，它建立了夫妻之间的法律关系，并伴随着一系列的权利和义务，如财产共有、继承权等。

遗嘱：遗嘱是个人在生前对其财产和事务的安排，指定继承人、指定遗产管理人等。遗嘱一旦生效，就会对遗产的处理产生法律效力。

注册公司：当个人或团体按照法律规定，完成公司注册手续，正式成立公司时，他们就完成了法律行为。公司成立后，就具有法人资格，可以独立承担法律责任。

申请专利：当个人或企业有了一项新的发明或创造，他们就可以向国家知识产权局申请专利。一旦专利申请被批准，申请人就获得了对其发明或创造的独占权。

注册商标：商标是用来区分商品或服务的标志。当个人或企业向国家知识产权局商标局注册商标，并成功获得注册证书时，他们就拥有了该商标的专用权。

签订劳动合同：当雇主与雇员就工作内容、工作时间、工资待遇等达成一致，并签订劳动合同后，他们之间就建立了劳动关系。

三、证明法律事实的证据要具备真实性、合法性和关联性

证据的"三性"

证明法律事实的证据，就像侦探破案时的线索，它们必须经过严格的检验，确保具备真实性、合法性和关联性，才能被法庭接受并作为判决的依据。

（1）真实性：证据必须是真实的，即证据必须反映实际情况。这意味着证据不能是伪造的，也不能是虚假的。例如，一份合同必须是双方真实意愿的表达，而不是通过欺诈手段获得的。

（2）合法性：证据必须是在法律允许的范围内获得的。这意味着证据的收集过程必须符合法律规定，不得侵犯他人的合法权益。例如，警察在逮捕犯罪嫌疑人时，必须遵循正当程序，不能使用非法手段。

（3）关联性：证据必须与案件有关联，即证据必须能够证明或反驳案件中的某个关键事实。这意味着证据必须与案件的核心问题有关，而不能是无关紧要的琐碎细节。例如，一份合同如果与案件中的争议无关，那么就不能作为证据。

证据的"三性"就像是一个三角形的三个角，它们相互依存，缺一不可。真实性是证据的基石，不具备真实性的证据，即使再怎么关联和合法，也无法在法庭上立足。关联性是证

的桥梁，它连接了证据与案件事实，如果证据与案件的核心问题毫不相干，那么它的真实性和合法性也就失去了意义。而合法性则是证据的入场券，即使证据再真实、再相关，如果收集证据的方式不合法，那么它也无法在法庭上得到认可。这三性共同构成了证据的完整面貌，确保了证据在法律程序中的有效性和可靠性。

在具体案件中，证据的真实性往往需要通过当事人确认、鉴定、调查等方法加以确定，而关联性通常由法官根据法律规定和案件具体情况进行认定。合法性则相对明确，由相关法律条文直接规范。

证据的真实性

证据的真实性，是指证据所反映的内容必须与案件事实相符，没有虚假或伪造的成分。真实性是证据最基本的要求，如果证据是虚假的或者经过伪造的，那么它就不能被法庭接受并作为判决的依据。

在具体案件中，证据的真实性需要通过多种方式来确认。以下是一些常见的确认证据真实性的方法：

（1）鉴定：对于某些类型的证据，如笔迹、DNA、文件等，需要由专业的鉴定机构进行鉴定，以确认证据的真实性。

（2）调查：调查人员会收集各种信息，包括现场勘查到的情况、档案资料等，以核实证据的真实性。

（3）证人证言：证人需要接受交叉询问，以核实其陈述的真实性。证人可能需要提供其他证据来支持其证言，如物证、视听资料等。

（4）核实文件：对于书面证据，如合同、账单、信件等，需要核实文件的来源、签名、印章等是否真实。

（5）对比和验证：有时，通过与其他证据进行对比和验证，可以确认某一证据的真实性。例如，如果一份文件与案件中的其他证据相矛盾，那么这份文件的真实性就可能受到质疑。

（6）专家意见：在某些复杂或技术性较强的案件中，可能需要专家的意见来确认证据的真实性。

总之，证据的真实性是法庭判决的基础，只有确保证据的真实性，才能保证判决的公正和准确。因此，法庭会对证据进行严格的审查和验证，以确保其真实反映案件事实。

【案例分析】聊天记录截图"断章取义"

来源：微信公众号"顺义体育"2022年12月5日

周某主张与雷某合伙倒卖二手车，双方各出一部分钱购买车辆后，雷某将车开走并自行售出。周某想与雷某见面谈卖车事宜，雷某以种种理由不和其见面，有时电话也不接听。之后经周某多次索要剩余欠款，雷某转给周某2000元后下落不明。周某与雷某通过电话以及微信多次沟通，雷某同意再给周某8500元。故周某向法院起诉，请求雷某立即偿还8500元。

雷某承认双方曾经合伙倒卖二手车，但又说双方事先商量好，过户费、挂牌费等费用一人出一些，而周某一分钱也没出，所以不认可欠周某钱。因双方从未签订过书面协议，关于合伙倒卖车辆均是通过电话以及微信沟通，故周某向法院提交的证据为微信聊天记录的截屏以及通话录音。

但微信聊天记录并不完整，对此周某解释称双方微信聊天十分频繁，且不是全部与合伙有关，故其只提交了其中一部分能够直接证明案件事实的内容。

为查明全部案件事实，法院要求周某在庭审中登录微信，按照时间顺序出示全部微信聊天记录，并播放保存的全部通话录音。

根据通话录音以及微信聊天记录，能够显示周某的陈述虽然真实，但不完整。微信聊天记录以及通话录音能够证明车辆卖出后，雷某给了周某2000元，之后同意再给周某8500元，但之后一直未兑现。但经过核实全部的证据，法院发现周某在多次催要剩余欠款的过程中，曾主动提出同意雷某再少给1500元，只给7000元就可以。

法院经审理认为，周某提供的证据能够证明关于合伙购买车辆后续问题的处理，在双方协商过程中，雷某曾同意给付周某8500元，之后周某同意雷某少支付1500元，双方均应依约履行。故对于雷某应当给付的款项数额，法院认定为7000元。最终法院判决雷某向周某支付7000元。

一般情况下，公民个人之间一起做生意或进行其他经营行为，虽不能保证每一步都形成、保留书面证据，但一般都会在经营开始时签订基础的书面协议。本案中，双方就合伙事宜的沟通，完全通过电话、微信进行，没有签订过任何书面协议。这就导致在双方发生纠纷时，会陷入"口说无凭"的尴尬境地。本案中，周某在多次索要欠款未果的情况下，在后续双方电话沟通过程中，全部进行了录音，同时也保留了全部的微信聊天记录。法院根据上述证据，认定了双方就散伙之后，合伙财产的分配达成了一致意见，并据此作出了判决。

法官提示，举证时需要提交证据原件，且证据原件必须真实且完整。就微信聊天记录这一证据来说，原件是指登录微信后显示的聊天记录，对于聊天记录的截屏不属于法律意义上"原件"的范畴。因此，如为将来诉讼需要，不能在保留聊天记录的截图后删除聊天记录，而应在微信中保留全部的聊天内容，这样才能使聊天记录具备证据效力。

第四章　证据思维：什么是事实？

【法治制度】电子数据的真实性

《最高人民法院关于民事诉讼证据的若干规定》

第九十三条　人民法院对于电子数据的真实性，应当结合下列因素综合判断：

（一）电子数据的生成、存储、传输所依赖的计算机系统的硬件、软件环境是否完整、可靠；

（二）电子数据的生成、存储、传输所依赖的计算机系统的硬件、软件环境是否处于正常运行状态，或者不处于正常运行状态时对电子数据的生成、存储、传输是否有影响；

（三）电子数据的生成、存储、传输所依赖的计算机系统的硬件、软件环境是否具备有效的防止出错的监测、核查手段；

（四）电子数据是否被完整地保存、传输、提取，保存、传输、提取的方法是否可靠；

（五）电子数据是否在正常的往来活动中形成和存储；

（六）保存、传输、提取电子数据的主体是否适当；

（七）影响电子数据完整性和可靠性的其他因素。

人民法院认为有必要的，可以通过鉴定或者勘验等方法，审查判断电子数据的真实性。

《最高人民法院、最高人民检察院、公安部关于办理刑事案件收集提取和审查判断电子数据若干问题的规定》

第二十二条　对电子数据是否真实，应当着重审查以下内容：

（一）是否移送原始存储介质；在原始存储介质无法封存、不便移动时，有无说明原因，并注明收集、提取过程及原始存储介质的存放地点或者电子数据的来源等情况；

（二）电子数据是否具有数字签名、数字证书等特殊标识；

(三)电子数据的收集、提取过程是否可以重现;

(四)电子数据如有增加、删除、修改等情形的,是否附有说明;

(五)电子数据的完整性是否可以保证。

《电子签名法》

第八条 审查数据电文作为证据的真实性,应当考虑以下因素:

(一)生成、储存或者传递数据电文方法的可靠性;

(二)保持内容完整性方法的可靠性;

(三)用以鉴别发件人方法的可靠性;

(四)其他相关因素。

证据的合法性

在法庭上,证据就像是一场官司的"弹药",而证据的合法性就是确保这些"弹药"是合法的。根据《最高人民法院关于民事诉讼证据的若干规定》第87条和《最高人民法院关于适用〈中华人民共和国民事诉讼法〉的解释》第104条,证据的形式和来源都必须符合法律规定。

证据的合法性包括四个方面:主体合法、来源合法、形式合法和程序合法。首先,证据的主体必须是合法的,也就是说,提供证据的人或单位必须符合法律的要求。如果主体不合法,那么证据也可能是不合法的。比如,不能正确表达意思的人不能作为证人,而作出鉴定结论的主体必须具备相应的鉴定资格。

其次,证据的形式必须是合法的。这意味着,作为证据的材料不仅在内容上应该是真实的,而且在形式上也必须符合法律的规定。比如,单位向法院提交的证明文书必须有单位负责人的签名或盖章,并加盖单位印章;保证合同、抵押合同等,

第四章 证据思维：什么是事实？

需要以书面形式的合同文本作为证据。

再次，证据的来源必须是合法的。当事人收集的证据材料是否能作为法院认定案件事实的证据，还要看该证据材料的取得方法是否符合法律的规定。比如，采取偷录、偷拍等方式且侵犯他人隐私权所取得的证据是不合法的。

最后，证据的程序必须是合法的。证据材料最后要作为证据，还必须经过一定的诉讼程序。如果没有经过法律规定的程序，那么证据仍然不能作为认定案件的根据。这个程序就是证据的质证程序。根据《最高人民法院关于适用〈中华人民共和国民事诉讼法〉的解释》第103条第1款的规定："证据应当在法庭上出示，由当事人互相质证。未经当事人质证的证据，不得作为认定案件事实的根据。"

可见，证据的合法性是确保法庭判决公正和准确的重要保障。涉及证据的每一个环节都必须严格遵守法律规定，确保证据的合法性。

【案例分析】偷录的录音、视频能否成为"呈堂证供"？

来源：微信公众号"山东高法"2021年9月15日

在电视剧里，我们经常看到这样的情节：一个人说："刚刚的谈话，我已经偷偷录音了，你就等着坐牢吧！"另一个人则反驳："你刚才是偷录的，证据无效！"这虽然是电视剧中的经典桥段，但在现实生活中，这样的情况也时有发生。在司法实践中，经常会有案件当事人在未告知另一方的情况下，进行录音或录像，并将其作为证据提交给法庭。但另一方往往会以侵犯个人隐私为由，认为证据无效。

事实上，只要偷录偷拍的证据不侵害他人权益，或者不是以违反法律禁止性规定的方法取得的，就可以作为证据。所谓的"偷录"并不一定意味着这种方式取证是非法的。

举个例子，蔡某曾两次借钱给徐某林，总金额达到25万元。在2014年5月至2017年1月5日期间，徐某林陆续向蔡某转账15笔款项共计120 500元。后来，因为后续还款和利息等问题，蔡某将徐某林和其妻子赵某芳告上法庭。在本案中，多段录音成为法院认定案件事实的关键性证据。原告提供的录音显示，赵某芳曾有过"我们夫妻也没有说钱不给你""欠你们这一点点钱"等言语；2017年5月31日晚，蔡某上门向徐某林催讨借款时，赵某芳曾说过会还借款，录音中赵某芳还说过"他也有付你利息"等。

然而，赵某芳则表示，关于会还借款的话，是在特定的环境下，为平息事态而说的，并非其真实意思表示。她还表示，本案录音资料是非法证据，该录音是蔡某采取威胁恐吓等非法手段私下录制的，且疑点较多，在证明利息约定问题时属于孤证，没有其他证据佐证。

福建省高级人民法院经审查认为，根据2008年《最高人民法院关于民事诉讼证据的若干规定》第68条的规定，以侵害他人合法权益或者违反法律禁止性规定的方法取得的证据，不能作为认定案件事实的依据。因此，只要偷录偷拍的证据不侵害他人权益或者不是以违反法律禁止性规定的方法取得的，就可以作为定案的依据。

那么，哪些偷拍偷录行为属于违法取证呢？北京市恒都律师事务所律师渠双平介绍，《最高人民法院关于适用〈中华人民共和国民事诉讼法〉的解释》第106条规定："对以严重侵害他人合法权益、违反法律禁止性规定或者严重违背公序良俗的方法形成或者获取的证据，不得作为认定案件事实的根据。"因此，在严重侵犯他人合法权益，或者违反法律禁止性规定、严

第四章 证据思维：什么是事实？

重违背公序良俗情况下取得的录音录像等视听资料均属于违法取得的证据，不会被法院认可。

例如，在他人家里安装监听、监视设备进行偷录、偷拍，是严重侵犯他人隐私权的行为，通过这种方式取得的视听资料就属于违法取得的证据，不会被法院认可。再比如，《反间谍法》第15条规定："任何个人和组织都不得非法生产、销售、持有、使用间谍活动特殊需要的专用间谍器材……"如果使用这类器材获取的录音录像违反了法律的禁止性规定，也属于违法取得。

另外，通过诱骗、欺诈、胁迫或者违反人伦道德等方式取得的录音录像，由于违背了公序良俗，也属于违法取得的证据，不会被法院认可。而如果夫妻双方产生矛盾，一方在夫妻共同的居所中安装录音或者摄像设备，则不属于违法行为。

渠双平表示，家是夫妻双方的共同住所，双方对住所都拥有支配权，夫妻双方在家中的行为，对双方而言都不属于隐私。"夫妻之间产生矛盾冲突，一方在另一方不知情的情况下，在家中安装录音录像设备，不存在侵犯另一方隐私权的问题，因此，通过这种方式取得的视听资料不违法，属于合法证据。"

最后，需要注意的是，即使偷录的行为没有违法，也不是所有的录音录像证据都能被法庭采纳。录音录像等视听资料要单独作为认定案件事实的依据，应具备合法性、真实性、关联性，且对方当事人无相反证据反驳。

证据的关联性

证据的关联性，又称"相关性"，指的是"证据必须同案件事实存在某种联系，并因此对证明案情具有实际意义"，即证据所证明的内容与案件中的争议点或关键事实存在直接或间接的联系。关联性是证据被法庭接受和采信的基础之一。

在司法实践中，证据的关联性通常由法官根据案件的具体情况来认定。以下是一些判断证据关联性的关键点：

（1）直接关联性：证据直接证明了案件中的某个关键事实，如目击者的证言直接指认嫌疑人是犯罪行为者。

（2）间接关联性：证据虽然不直接证明案件事实，但与其他证据结合后，可以间接证明案件事实。例如，一份合同可能不直接证明案件事实，但与案件中的其他证据结合后，可以证明案件事实。

（3）相关性：证据与案件中的某个争议点或关键事实有关，但不是直接或间接证明。例如，一份合同可能与案件中的某个争议点有关，但不是直接或间接证明该争议点。

（4）无关性：证据与案件中的争议点或关键事实无关。例如，一份合同可能与案件中的某个争议点有关，但如果合同内容与争议点无关，那么这份合同就是无关的证据。

（5）强制关联性：某些法律规定，某些证据必须与案件事实有关。例如，根据我国《民事诉讼法》的规定，某些特定的证据必须与案件事实有关，否则不能作为证据。

在判断证据的关联性时，法官会综合考虑证据的内容、形式、来源和目的等因素，以确保证据与案件事实存在联系。关联性是证据在案件审理中的实际价值，如果证据与待证事实毫无关联，其真实性和合法性也就失去意义。

【案例分析】樊崇义教授：从证据关联性看雍某魁案

来源：微信公众号"中外刑事法学研究"2024年2月3日

2015年12月4日，吉林省高级人民法院在通化市宣判雍某魁涉嫌杀人一案。经终审宣判，被羁押7年多的被告人雍某魁

第四章　证据思维：什么是事实？

被宣判无罪，该案之所以敢于坚持"疑罪从无"原则，除了司法理念的文明与进步，"证据关联性"规则在案件中的适用也发挥了重要作用。

就本案而言，有三个细节问题显示案件待证事实与客观事实不具有关联性：

第一，警方发现的橙子与本案没有关联性。警方在现场附近发现一塑料袋橙子，结合案发现场有橙子这一情况，提取袋上指纹，经鉴定，与雍某魁的左手食指指纹一致，于是将雍某魁锁定为犯罪嫌疑人并超期羁押。吉林省高级人民法院认为，公安机关没有对塑料袋内的橙子和塑料袋与案发现场的橙子和塑料袋进行比对鉴定，无法确定提取的橙子和塑料袋是从现场拿走的，也未能查实该袋橙子是何时、何种情况下所遗留的。现有证据无法确定该袋橙子是雍某魁从案发现场拿走的，与本案不具有关联性。这一判断恰恰是基于证据保管链条不完整、鉴定对象与送检材料、样本无法确认一致（同一物）的情况谨慎作出的，是正确、科学和必要的。

第二，斧子作为作案凶器与本案不具关联性。尸检鉴定只是认定本案作案凶器系钝器，并没有确定具体的凶器。案发现场也没有发现作案工具，一审判决依据雍某魁供述认定为斧子，但是该斧子在案发后未找到。确定杀人凶器是斧子及雍某魁持斧子击打被害人头部致其死亡缺乏证据支持。这一判断是基于证据关联性的实质性，尸检鉴定既然不能确定作案凶器是斧子，斧子自然就与案件缺乏实质的关联性，由此斧子也就对案件的裁判缺乏特定的法律意义，如果强行将斧子作为案件侦破的突破口，难免牵强和有张冠李戴之嫌，更是"欲加之罪，何患无辞"。

第三，雍某魁的供述与本案待证事实没有关联性。自雍某魁被采取强制措施后，从审讯录像中可见其脸上有伤痕，故不能排除公安机关有刑讯逼供的嫌疑。吉林省人民检察院的检察人员认为，在雍某魁在公安机关的有罪供述被排除的前提下，其在公诉机关的有罪供述的证明力明显下降，故应以客观证据为主。这一决定无疑也是正确的，犯罪嫌疑人的口供属于主观性证据，其真实性、可靠性和稳定性较差，在审查和判断运用时必须得到客观性证据的印证才能认定案件事实，也只有通过与客观性证据的印证，才能更充分地增强主观性证据与案件真实的关联性。

四、通过完整的证据链条来呈现自己的观点和结论

谁主张，谁举证

在法律的世界里，每个人都有责任为自己的主张提供证据，并证明这些主张的真实性。如果你不能提供足够的证据来支持你的说法，那么你可能要承担对你不利的后果。

想象一下，你向法院提起诉讼，声称某人欠你钱。但在法庭上，你无法提供任何证据来证明这一点。而对方也无法提供证据来证明他没有欠你钱。这时，案件的事实就变得模棱两可。那么，在这种情况下，谁应该承担举证的责任呢？

《民事诉讼法》第67条第1款规定："当事人对自己提出的主张，有责任提供证据。"这意味着，如果你声称存在某种法律关系，比如借贷关系，那么你就需要提供证据来证明这一点。如果你不能提供证据，那么你可能需要承担不利的法律后果。

这就是法律中所谓的"谁主张、谁举证"原则。

第四章　证据思维：什么是事实？

【案例分析】如何证明是"三无产品"？

来源：[2023]粤01民终19090号，摘自聚法案例网站

2022年5月23日，邓某宏在某司开设的微店店铺分别支付1900元和1100元购买商品"4"1件和"化州橘红5"11件。2022年5月24日，邓某宏就订单81813874437××××以漏发/错发/缺货为由提出退款，同日该1900元退款成功。2022年5月24日，邓某宏在该微店店铺支付1425元购买商品"4"1件。2022年5月26日，邓某宏收到案涉货物2箱。案涉货物外包装记载有"产品名称：化州橘红（橘红八鲜果）""产品配料：橘红、川贝、甘草、黑芝麻、柠檬、佛手、食用植物油、天然薄荷脑""食用方法：开盖即食""产品标准号SB/T10018""经营许可证号：JY1440111×××××××（1-1）""生产许可证编号：SC1133307030××××""经销商：某司""地址：广州市白云区石井街石潭西路11-2号第三层第××××"等内容。2022年6月1日，邓某宏就上述支付1425元和1100元的订单申请退货，退款原因载明"假货"，退款详情显示"平台判定商家无需退款，将协助解除投诉"。

邓某宏认为，某司甲应该承担连带责任，因为他是在收货后7天内提出的退货退款，但因某司甲拒绝导致无法退货退款。邓某宏还认为，一审法院不支持他要求10倍赔偿金的诉讼请求是错误的，因为某司销售的"化州橘红"为不合格食品，且从外观上也足以判定为三无产品。

一审法院认为，某司销售给邓某宏的产品没有生产厂厂名、厂址等标识，亦无产品合格证，违反法律规定。邓某宏主张解除与某司的购物合同并退还已支付款项2525元合法有据，一审法院予以支持。但邓某宏要求某司和某司甲支付10倍赔偿金的

— 143 —

主张，理由不能成立，一审法院不予支持。

二审法院认为，本案争议的焦点问题为：邓某宏关于10倍赔偿金的主张是否成立。当事人对于自己提出的诉讼请求所依据的事实，应当提供证据证明。本案中，邓某宏以某司销售假冒商品及不符合食品安全标准为由主张赔偿，但并未提供相应证据证明其主张，其举证仅能证实某司销售的产品的包装存在一定瑕疵。而根据某司提供的证据，其销售的产品有合法的生产厂家及生产许可证，也不存在违反食品安全标准的情形。因此，一审法院以证据不足为由判决驳回邓某宏关于10倍赔偿金的请求，并无不当。虽然产品外包装存在的瑕疵未对邓某宏造成实际损害，但该瑕疵确实违反相关法律规定，且工商部门也对此作出了相应处理，故一审法院解除双方的购物合同并判令某司退还货款，符合法律规定，本院依法予以维持。由于案涉货物并非假冒商品，邓某宏以假货申请退货的理由不成立，某司甲不同意退货的行为不属于明知或应知涉案商家利用其网络交易平台侵害消费者合法权益而未及时采取措施的情形，故邓某宏要求某司甲支付10倍赔偿金的主张亦不能成立。

当然，在部分特殊案件中，结合证明责任分配的公平性、合理性原则，考虑双方当事人证明的难易程度、权利保护目的、证据掌控等因素，基于法律规定，会将某些特殊案件的部分要件事实的举证责任分配给另外一方，也就是举证责任倒置，比如教育机构的过错推定责任。

《民法典》第1199条规定："无民事行为能力人在幼儿园、学校或者其他教育机构学习、生活期间受到人身损害的，幼儿园、学校或者其他教育机构应当承担侵权责任；但是，能够证明尽到教育、管理职责的，不承担侵权责任。"本条适用过错推定原则，只要无民事行为能力人在幼儿园、学校或者其他教育机构学习、生活期间受到人身损害，即可推定幼儿园等教育机构存在过错，无须进行证明。

证据链

在法律的世界里，证据链就像是一串串联起来的珠子，每一颗珠子都是一个客观的事实或物件，它们共同构成了一个完整的证明链条。这个链条必须完整、一致、客观、全面、可追溯，这样才能为事实提供一个准确的结论。

为了建立一个完整的证据链，你需要按照以下步骤进行：

收集证据：首先，你需要收集与事实或问题相关的所有证据，并确保这些证据的来源和准确性。

分析证据：接下来，你需要对证据进行分类和分析，发现证据之间的联系和主要矛盾。同时要注意证据之间的一致性和精确性。

确定证据之间的联系：你需要找到证据之间的共性和相异之处，确定证据之间的联系和矛盾。

整合证据：最后，你需要将所有证据整合成一个完整、一致、客观、全面、可追溯的证据链。这样，你就能为事实提供一个准确的结论。

记住，每一颗珠子都必须准确无误，即证据之间必须能够相互印证，互相吻合，排除矛盾。只有这样，你的证据链才能像一条坚实的锁链，牢牢地锁住事实的真相。

证据链的闭环标准

证据链的闭环，就是指这些证据（无论是直接的还是间接的）必须互相支持，相互印证，彼此吻合，形成一个有机统一的整体，这样才能证明事实的真实性。如果其中一环的证据与其他证据不吻合，或者相互矛盾，那么这个证据链就不完整，就无法证明事实的唯一性，也就无法达到证明的目的。

在刑事案件中，证据链的闭环尤为重要。因为言词证据的证明力较低，且容易反复，所以更需要其他证据来印证。只要全案证据能够相互印证，形成完整的证据链条，排除合理怀疑，那么即使没有被告人的认罪，也可以定罪结案。

证据链闭环的标准包括以下几点：

关联性：确保证据之间建立关联关系，每一条证据都与其他证据相关联。

一致性：所有证据都应有一致的结论，排除证据之间的矛盾和不一致。

全面性：证据链应包含所有与事件或问题相关的证据信息。

准确性：证据应具有可靠性和准确性，确保客观真实。

可追溯性：证据的来源必须清楚。

完整性：证据链应该能够形成完整的闭环。

【案例分析】付某盗窃侦查活动监督案

来源：最高人民检察院第五十三批指导性案例（检例第216号）

【基本案情】

付某，一个20岁的年轻人，在2019年11月的一天，因为涉嫌在一家快餐店偷走了一部价值1722元的手机而被警方调查。监控视频显示，一名戴着帽子的男子在店里偷走了手机，并去了附近的网吧。登记身份信息的人是付某。

2020年5月，付某在一家网吧被抓获，并在接受讯问时承认了罪行。他被取保候审，并在6月被正式起诉。然而，在审查案件时，检察院发现了一些疑点，比如监控视频中的男子和付某的体型并不完全一致，付某的供述也与被害人的陈述有出入。付某还在接受讯问后多次通过电话向承办检察官了解被定罪处罚的法律后果，表现不同于一般的认罪认罚犯罪嫌疑人。

【检察机关履职过程】

涪城区人民检察院决定重新调查这个案件。检察人员询问了案件的侦查人员，查阅了案卷，并查看了执法记录。他们发现，侦查人员只根据网吧的身份信息就认定了付某是犯罪嫌疑人，而没有认真考虑付某的无罪辩解。他们还发现，监控视频的质量太差，无法用来辨认犯罪嫌疑人。

涪城区人民检察院要求公安机关继续调查这个案件。检察人员还发现，付某在案发时不在绵阳市，他的手机定位和出行记录都证明了这一点。最终，涪城区人民检察院决定不对付某提起公诉，并要求公安机关重新调查这个案件。

【指导意义】

本案告诉我们，在处理认罪认罚的案件时，司法机关必须非常小心，必须确保犯罪嫌疑人真正理解他们的供述意味着什么，并确保所有的证据都支持他们的供述。如果侦查人员没有收集所有必要的证据，或者证据存在问题，检察院必须提出纠正意见，并将案件线索移交给相关部门。

五、如果确定不了法律事实，可以借助"事实推定"

事实推定的运用

事实推定，是法官根据经验法则，从已知的基础事实中推断未知的事实存在的一种司法认知方法。

根据《最高人民法院关于民事诉讼证据的若干规定》第10

条的规定，根据已知的事实和日常生活经验法则推定出的另一事实，当事人无须举证证明，但有相反证据足以反驳的除外。

【案例分析】张某诉北京某公司、四川某公司等生命权、身体权、健康权纠纷案

来源：[2023]兵民申452号，摘自聚法案例网站

原告张某诉称：2019年8月17日凌晨，张某在新疆维吾尔自治区阿拉尔市塔里木河特大桥桥梁钢箱内喷漆时，由于被告员工电焊作业引起油漆闪爆，致全身94%特重度烧伤。住院治疗196天，被评为4级伤残。第三人垫付部分医疗费，对其他损失赔偿协商未果。原告在工作中因被告的侵权行为受伤，被告应当承担赔偿责任。请求法院判令：①两被告赔偿原告医疗费、误工费、残疾赔偿金、精神抚慰金、后期治疗费等共计3 809 866元；②诉讼费由两被告承担。

被告四川某公司辩称：①闪爆现场与四川某公司电焊作业区距离十几米，事发时四川某公司的工人正在吃饭和休息，未进行电焊作业，无侵权行为。②本案事故的成因存在多种可能：封闭空间油漆挥发浓度高、静电、工人操作不当、喷漆工具电线短路、吸烟等都可引发爆炸。③从举证责任角度看，原告提供的3名工友证词和新疆某路桥公司作出的《8.17事故调查报告》不足以证实闪爆系四川某公司工人的侵权行为所致。

法院认为，本案中焊接火星引发闪爆，具有高度盖然性。依据历史天气查询，2019年8月16日、8月17日阿拉尔市的风力情况均为：东北风4级；在4级风力情况下，风速可达8米/秒。因施工地点系阿拉尔特大桥，该地段系塔里木河床的垂直上方，四周空旷，无任何建筑物、树木等遮挡，故现场风力应更大些。该特大桥走向系南北朝向，张某在桥面靠12团方向（南侧），而焊接作业点在大桥阿拉尔市区方向（北侧），尽管

第四章 证据思维：什么是事实？

双方作业面相隔一段距离，但在当晚自然条件下，焊接作业的火星点可随着当夜的东北风飘至更远，张某陈述因焊接火星点引起爆燃具有客观性与盖然性。

在法律实践中，如果直接证据不足以明确证明案件的事实，法院可能会借助"事实推定"来填补证据的空白。在上述案件上，法官通过详细的数据说理，运用客观性与盖然性的标准，对"因焊接火星点引起爆燃"这个事实给予确定。

谨慎使用事实推定

在法律的世界里，事实推定是一种特殊的工具，它可以在证据不足的情况下帮助法官和律师填补事实认定上的空白。但是，这个工具并不是万能的，它需要受到严格的限制和评估，不能随意使用。

首先，事实推定必须基于合理的逻辑和经验法则，不能仅仅基于假设或偏见。它必须有足够的证据支持，不能仅凭主观判断。即使在存在事实推定的情况下，案件的证明标准仍然适用，比如在刑事案件中，证明标准通常是"排除合理怀疑"；在民事案件中，则是"具有优势"或"清楚而有说服力"。

其次，运用事实推定时，必须遵循两项基本规则：一是穷尽证明规则，即在所有可能的情况下，应该尽可能地通过证据严格证明事实真相，只有在穷尽一切证明方法后才适用推定规则；二是遵循逻辑和经验规则，即推定必须符合常人的认识逻辑，并且必须符合经验规则，只有经得起实践检验的事实才是可靠的。

最后，运用事实推定时，还要注意把握以下三点要求：一是查清基础事实，即推定的可靠性取决于基础事实的真实性，只有基础事实得到了充分证明，对相关事实的证明责任才能被免除;二是充分保障反驳权利,即行为人进行反驳需要提供一定的证据或线索,当行为人因反驳推定提出的证据存在调查取证困难时,法官应当依职权提供帮助;三是禁止二次推定,即如果以第一次的推定事实作为第二次推定的基础事实使用,势必在原有的风险之上增加了新的风险,有违推定适用的节俭性原则。

总之,事实推定是一种重要的法律工具,但在具体案件中需要谨慎使用,并确保其使用符合法律原则和公正审判的要求。

六、证据思维给大学生的启发和教育

证据思维是一种基于证据进行推理和决策的方法,它强调以法律事实为基础,通过逻辑和科学的方法来分析和解决问题。

证据思维鼓励我们以理性分析为基础,不依赖直觉或偏见,而是通过客观的证据来支持我们的观点和决策。

证据思维提倡使用科学的方法来收集和分析数据,这有助于我们更准确地理解问题和现象,从而作出更明智的决策。

证据思维强调证据的透明度和可重复性,这意味着我们的推理和结论应该是公开的,并且可以被其他人验证和复制。

证据思维要求我们批判性地评估证据的质量和可靠性,这有助于我们识别和排除错误的假设和偏见。

证据思维强调使用证据来支持我们的观点,这有助于我们更有效地与他人沟通和交流。

证据思维强调通过证据来支持决策,这有助于我们作出更合理和有效的决策。

在法律领域,证据思维是法治原则的核心,它要求司法决策必须基于证据,确保法律的公正和适用。

第五章

程序思维：看得见的正义

一、不能担任自己的法官

为什么要制定并遵守法律程序？

著名法学家边沁曾讲过这样一个故事：两人分一块饼。只能用刀来切，没有任何尺子、天平之类的测量工具来保证一刀下去饼能被公平地分成平等的两份。也就是说，两人都有可能在这次利益的分配中吃亏或者占到便宜，这次分割，将注定是难以达到实质公平的。那么，怎样做才能让两人都心服口服呢？边沁给了一个答案：一人切，另一人先拿。

想象一下，我们的生活就像是一场精心编排的大戏，而法律程序就是那幕后的大导演，确保每个人都能按照剧本公平地演出。你可能觉得，法律程序不就跟我们日常的各种"操作手册"一样吗？比如，新买的电脑要按说明书操作，婚礼得按照传统流程来，打高尔夫也有它的规则。这些程序让事情变得井井有条，帮助我们赢得比赛。但法律程序可比这些技术性的步骤深刻多了！

美国的前任联邦最高法院大法官佛塔斯就说过，法律程序不仅仅是技术性的东西，还关乎我们的宪法权利，是我们社会文明的灵魂。他说，如果连正当的法律程序都没有，那自由还有什么意义呢？另一位大法官杰克逊也补充说，程序的公正性是自由的核心，再严格的法律，只要是通过公正的程序实施的，都是可以接受的。而道格拉斯大法官更是直接点出了程序的重要性：我们的权利法案大部分都在讲程序，这不是巧合。程序是法治和人治的区别所在，它是我们实现法律面前人人平等的关键。

这些美国法官对程序的重视，可能让我们觉得有点过于"偏程序"，但别忘了，这种重视源自英美法律的传统。早在13世纪，英国就有了"自然正义"的概念，而美国的"正当法律程序"更是这一理念的延伸。从《英国大宪章》到英王爱德华三世的律令，都在强调程序的重要性。英国人相信"程序先于权利"，这不仅仅是法官遵循先例的传统，更是一种对政府权力的制约。

所以，法律程序不只是办事的"手续"，还是我们社会秩序的守护者，是我们行使权利的保障，是让每个人都能在法律的舞台上公平演出的关键。别忘了，每一次我们遵循程序，都是在维护这个社会最基本的原则和正义。

米兰达警告与"疑罪从无"

爱看美国警匪剧的朋友应该都会留意到，美国的执法人员在拘捕嫌疑人后、最迟到审讯前，一定会说这样的一句话：你有权保持沉默，但你接下来所说的每一句话都可能成为呈堂证供。这便是著名的米兰达警告。

这句米兰达警告在不同的国家或地区，甚至在一个地区不同的执法部门中都有不一样的版本，比如香港警方版本是："某某先生/小姐，我是香港警务处港岛总区重案组高级督察某某

第五章　程序思维：看得见的正义

某，我们怀疑你违反香港法例《某某条例》某某章，涉嫌某某罪，现在要拘捕你。从现在开始，不是事必要你说，但你所说的我们可能会用纸笔记录下来，将来可能会用来作证供。你有权委托一位大律师或事务律师来陪同你接受录影会面，如果你没有律师，我们可以为你提供香港律师名册，如果你无力委托律师，我们会为你指派一位律师。"

【法治故事】米兰达警告

来源：微信公众号"晋中司法"2021年3月7日

事情发生于1963年3月3日深夜。一个在美国亚利桑那州凤凰城某影院工作、名叫菲尼克斯的女孩，在当夜下班回家路上，被一名男子拖入小车后座实施了强暴。大约10分钟后，被害人被释放。这位碧玉年华、才刚刚18岁的被害人随后马上跑回家打电话报警。根据她的描述，警察锁定了犯罪嫌疑人，23岁的青年埃内斯托·阿图罗·米兰达，并于3月13日将这名出生于墨西哥移民家庭、只有小学文化、曾有犯罪前科的米兰达抓获。抓获后，警察将被告进行了"排队"以便作混合辨认，受害女孩当场指认米兰达就是罪犯，米兰达也供认不讳。米兰达在警局接受了两个小时的讯问并在一份自白书上签名，在其后进行的非常简短的审判中，法庭根据米兰达的供词而判其有罪。以米兰达的供认书和招供情况为证据，法院判决米兰达犯劫持罪和强奸罪，分别判处有期徒刑20年和30年。

起初，米兰达服法服刑，并未上诉。但在服刑期间，他在监狱中的一个法律图书馆里自学法律，发现美国宪法和美国法律教科书都明确：在刑事诉讼中，不得强迫当事人自证有罪，而且当事人有权获得律师的帮助。于是，他开始在狱中上诉。米兰达认为，自己当时的招供是被迫的，警察没有告知他有沉

— 153 —

默的权利，违反了不得强迫自证有罪的宪法原则；同时警察也没有告知他有获得律师帮助的权利。他起初上诉到亚利桑那州最高法院被驳回，于是就以同样理由上诉到了联邦最高法院，这就是著名的"米兰达诉亚利桑那州案"。

他向联邦最高法院的上诉得到了美国公民自由联盟的帮助。该联盟接受米兰达的委托进行了上诉。1966年首席大法官沃伦在联邦最高法院作出裁决，确认米兰达在接受讯问以前有权知道《美国宪法第五修正案》的权利，警察有义务将它告知嫌疑人，告知权利之后，才能讯问。于是，将该案发回重审。随后，原审法院对米兰达的案子进行了重新开庭，重新选择了陪审员，重新递交了证据，对米兰达之前的"证言"不作为证据使用。

幸运的是，虽然以前的证据作废了，但新证据出现了。米兰达的女友作为新证人，提供了对米兰达不利的证词以及其他证据。米兰达再次被判有罪，并入狱11年。1972年，米兰达获假释出狱。在此后的1976年，米兰达在酒吧的一次斗殴事件中被刺杀身亡。

故事的结尾也很有戏剧性。米兰达被假释出狱后，四处在印有米兰达警告词的卡片上签字并出售，俨然一个明星。但此举也被人盯上，一名男子向一位刀贩购买刀具，持刀抢劫并杀害了米兰达。凶手购买刀具的行为被目击者告发到警局，警方未能抓获已经逃跑的凶手，又没有证据证明刀贩知悉凶手购刀是用于抢劫杀人——无法确定他是共犯。警方对刀贩宣读米兰达警告后，刀贩决定保持沉默——不认罪，也拒绝供出凶手样貌。由于证据不足，警方也无法起诉刀贩。

这个米兰达既然实施了犯罪，直接定罪量刑不就完了，为什么要那么麻烦呢？这个问题的另一个方面，就是律师为什么要替"坏人"辩护？对此是有很多可讨论之处的。

第五章　程序思维：看得见的正义

我们认为米兰达实施了犯罪，是站在事后的视角，如果站在事前视角，我们怎么能百分百肯定他实施了犯罪呢？就算认定他实施了犯罪，又如何确定一定是某罪呢？

就拿我们国家的刑法来说，比如张三把李四从二楼推下去，李四受了轻伤。这时候，得看张三推人的时候是怎么想的。如果他说是想教训一下李四，那可能就是故意伤害；但如果他说是想杀了李四，只是没成功，那性质可就完全不同了。

可见，故意杀人和故意伤害的刑罚是有不小差别的。这就涉及"你有权保持沉默"的警告了，因为你说的话可能会让你自己陷入麻烦。

如果张三什么也不说，警察也搞不清楚他到底是想杀人还是伤害，那按照"疑点利益归于被告"的原则，只能按较轻的故意伤害罪来量刑。

这样一来，当然可能导致一个重刑犯被轻判，从个案的角度看，好像没有实现完美的正义。但如果没有"不得强迫认罪"这样的规定，或者不要求遵守法律程序，那任何一个守法的公民都可以被怀疑有罪，而欲加之罪何患无辞，公民的自由随时可能荡然无存。

【案例分析】纠正张某环案："疑罪从无"的法治注脚

来源：微信公众号"最高人民检察院"2021年2月3日

张某环，1993年10月27日因涉嫌故意杀人罪被警方带走，被羁押和入狱近27年，2020年8月4日被改判无罪。回顾这段经历，年逾半百的张某环用"法治的进步"来形容。如今他正在建造新房子，每日接送孙子上学。他希望被社会逐渐淡忘，更好地回归平静生活。

1993年10月24日，江西省南昌市进贤县凰岭乡张家村两名男童失踪,一名6岁、一名4岁,男童失踪后其伯父向当地警方报警。次日,两名孩子的遗体被从村附近的下马塘水库里打捞出来。法医鉴定两名男童是被人掐死和勒死后抛尸水库。在男童伯父报案后的第三天,两名男童的邻居、26岁的张某环被认定具有重大犯罪嫌疑,被警方带走调查。

1995年1月,南昌市中级人民法院一审认定张某环犯故意杀人罪,判处死刑,缓期二年执行。张某环不服判决,提出上诉。

6年后的2001年,江西省高级人民法院以事实不清、证据不足,将案件发回重审。当年11月,南昌市中级人民法院就张某环故意杀人案再审开庭,维持一审原判。江西省高级人民法院作出终审判决,驳回上诉,张某环继续回到南昌监狱服刑。

此后,张某环及其亲属、代理人持续申诉。2019年3月1日,江西省高级人民法院作出再审决定。2020年7月9日,该案公开开庭再审。法庭上,江西省人民检察院出庭检察官发表出庭意见,建议改判张某环无罪。出庭检察官称,原审认定的物证证明力不足,不能证明麻袋系抛尸工具,由本案证人张某等4人在发现尸体的水库旁打捞的麻袋与在张某环家中提取的麻袋,打补丁的方式不尽相同;张某环衣服上的麻袋纤维也不具有排他性;不能证明麻绳系作案工具,仅有张某环的第二份有罪供述对此提及,三份物证都不能直接证实张某环实施了犯罪行为,因此本案不存在任何客观证据。张某环的两份有罪供述前后矛盾,在作案地点、手段、抛尸时间等重要环节存在重大差异,真实性存疑。原审判决仅以一份有罪供述定罪,先供后证,与事实不符。2020年8月4日,江西省高级人民法院作出判决,宣告张某环无罪。

中国政法大学诉讼法学研究院教授、最高人民检察院检察基础理论研究基地执行主任王贞会表示,与"真凶归来"相比,依据"疑罪从无"纠正的冤错案件更能体现"保护无辜者"的人权保障立场。政法机关在对历史上形成的冤错案件进行深刻反思的同时,更是以壮士断腕的决心,推进执法司法制约监督体系改革和建设,努力让人民群众在每一个司法案件中感受到公平正义。

要以看得见的方式实现正义

在现代法治社会的探讨中,程序正义和实体正义是两个核心概念,它们各自代表着公正的不同维度和侧重点。程序正义强调决策过程的公正,重在规则的公平执行和透明度;而实体正义则侧重决策结果的公平合理性。

程序正义的魅力在于,它确保了每一个决策的过程都是公开透明的。在程序正义的世界,每个人都享有发言的权利,规则像是一面镜子,公正无私地映照着每一个细节。正如法庭之上,无论原告被告,都有机会在阳光下陈述自己的故事。

而实体正义,则着眼于结果的公正。它告诉我们,即使过程无懈可击,如果结局不尽如人意,那么这份公正仍需打个问号。在那些引发热议的判决背后,实体正义的声音在提醒我们,法律的终极目标是对正义的追求。

【习语】审议涉及群众切身利益、群众反映强烈的重大议题要依法依程序进行,该公示的公示,该听证的听证,决不允许搞"暗箱操作""拍脑门决策"。——2019年2月25日,习近平在中央全面依法治国委员会第二次会议上的讲话

当实体正义与程序正义难以两全时,我们该如何抉择?康

德的名言犹如警钟:"一次不准确的判决污染的只是水流,而一次不公正的判决污染的却是水源。"这告诉我们,实体不公损害的是个案的正义,程序不公则会侵蚀整个社会制度的根基。

罗翔老师的一席话语仿佛一道光,照亮了我们追求正义的道路:"人的理性是有限的,我们无法实现完美的正义,但虽不能至,心向往之。"程序正义,就是我们用有限理性去接近完美正义的桥梁。"正义不仅要实现,而且要以人们看得见的方式实现。"让我们一起在这条追寻正义的道路上,坚定前行。

回避制度

在现代法治的舞台上,程序正义的角色越来越光彩夺目。它不仅是一句口号,更是法律实践中的一盏指路灯。就拿回避制度来说,这是程序正义的一个经典例证。回望中国古代,我们经常看到的是对实体正义的执着追求,而程序正义往往被放在次要位置。在那些流传千古的故事里,包拯的形象就是正义的化身,他的故事也引发了对程序正义的重要性的思考。

想象一下,如果我们将视角转向审判的过程,包拯亲手处决亲侄子的情节,虽然令人动容,却难免让人心生疑窦。在现代社会,我们不禁要问:一个法官真的能公正地审判自己的亲人吗?程序正义的种子,其实早在英国的"自然正义"法则中就已生根发芽。根据"自然正义"的法则,任何人不得做自己案件的法官。

为什么要遵守回避制度呢?难道那些与案件有瓜葛的人,就真的无法做到公正无私吗?关于这个问题,我们中国人的理解往往带有一丝实用主义的色彩。常见的观点是,让涉案法官回避,主要是为了堵住徇私枉法的大门,防止其有意误判。我们不禁要深入思考,如果一个法官真的能做到"铁面无私",法

第五章　程序思维：看得见的正义

律就应该支持他审理涉及其亲人的案子吗？如果一个法官勇于"大义灭亲"，法律就应该放任他审判自己的子女吗？

再深入一层，如果一个法官能够证明自己是道德的典范，承诺无论如何都要捍卫正义，法律是不是就应该网开一面，允许他自我审判呢？这些问题，就像是法治道路上的一个个思考点，引导我们去探索程序正义的真正含义。毕竟，法治的精髓不仅仅在于结果的正义，更在于过程的公正，而这正是我们每个人都需要理解和尊重的。

回避制度，正是现代法治中程序正义的守护者。它确保了法官、检察官等执法人员，在面对可能影响公正的情况时，能够主动或被动地退出，让公正的天平不因个人情感或利益而倾斜。这样的设计，让法律的阳光照进了每一个角落，让每个人都能够在法律的庇护下享有公平。

除了回避制度，还有变更管辖制度，它为裁判者的中立性提供了另一重保障。想象一下，裁判者的中立和无偏私，不仅仅体现在个别法官需要回避时的小心行为，更体现在整个法院团队面临公正挑战时的集体行动。当一家法院的所有法官都无法保证案件审判的公正性时，这就不再是简单的法官回避问题。就像单个法官的情况一样，法院在整体上也需要考虑"避嫌"问题，也应对那些无法消除人们合理怀疑的案件，考虑移送其他法院管辖的问题。

人们追求程序正义，不仅仅是因为我们难以预知绝对的"正确"结果，更是因为我们相信，只有公平的程序，才能带来让人信服的判决。程序正义的魅力在于，即使结果不利于某一方，也能因其形成过程的公正而使其被接受。在国家权力的运行中，程序法已从单纯的工具，成长为约束权力的有力屏障。在实体正义难以定论的时代，程序正义成了维护法治尊严的关键。

二、公正与效率的博弈

公正与效率：法律人永恒的追求

在法治的舞台上，公正与效率就像是那对永不褪色的双子星，它们是法律人心中永恒的追求。当人们在其他地方寻求正义未果时，法院就成了他们心中那根可靠的"救命稻草"。然而，法院在处理案件时，稍有不慎就可能引发更多矛盾，甚至是连锁反应，带来上诉、申诉、信访等一系列问题，以及网络上的舆论风波。

面对案件堆积如山和人民群众对更高水平公平正义的期待，人民法院在提升审判执行质效、解决执行难题等方面，仍有一段距离要追赶。法院和法官们承受的社会压力，可想而知有多大。

公正，不仅是对每个人的平等对待，更是在法律实践中对个体权利的深切尊重和保护。公正的司法，不仅要求判决结果的正义，还要求审判过程的透明无私。法官们需要在法律的指引下，基于事实和证据作出裁决，不受外界干扰，保持中立。

公正的司法体系是社会信任的基石，是法律尊严的守护者。但公正的实现，并非易事，它需要司法机关的独立、法官的智慧与勇气，以及社会的法治精神。只有这样，我们才能确保每个案件都得到公正的审理，每个当事人的权利都得到尊重和保护，让人民群众在每一个司法案件中都能感受到公平正义的光辉。

而在追求公正的同时，我们也不能忽视效率的重要性。司法效率，就是在确保公正的基础上，减少资源的浪费，加快审判执行的速度，让案件在合理时间内得到解决。效率不仅关乎个案的快速处理，更关乎整个司法体系的健康运转。在一个高效的司法体系中，案件得以迅速处理，当事人的权利得到及时保障，公众对司法的信任也随之提升。

提高效率，并不意味着要以牺牲公正为代价。实际上，公正与效率往往相辅相成。一个公正的审判过程可以减少不必要的上诉，从而提高司法体系的效率。而效率的提升，又为法官审理复杂案件提供了更多时间和资源，进一步保障了审判的质量和公正。

总之，司法公正与效率是相辅相成的，我们不能割裂来看。我们应在保证公正的基础上提高效率，在追求效率的同时不偏离公正的航线。只有这样，我们才能构建一个健全、公正、高效的司法体系。

提高司法效率的方式：小额诉讼程序

"什么？一审判决后不能上诉？"不少当事人在收到法院的某些判决书后会产生这样的疑问。实际上，当事人之所以会收到这样的判决书，是因为法院审理这类案件时适用的是小额诉讼程序，实行一审终审，当事人不得上诉。但我国不是实行"两审终审制"吗？

简单来说，依据《民事诉讼法》的相关规定，小额诉讼程序就是法院处理那些事儿不大、金额不多、关系清晰的金钱纠纷时用的快速通道。一审判了就生效，不用再上诉。

为什么要有小额诉讼程序呢？这个程序的存在，一方面是为了让当事人省时省力，快速解决纠纷，保障当事人诉讼权益的及时实现，减轻当事人的诉累；另一方面，法院也能提高工作效率，做到"简案快办，难案精办"。但放心，简化程序不代表你的权利就少了,法院会在开庭前告诉你相关审判信息,保障你的权益。

小额诉讼程序在提升司法效率的同时,会对当事人的诉讼权利产生影响。因此,必须严格限制小额诉讼程序的适用,以取得程序效率与程序公正的最大公约数为标准。哪些案子适用小额诉讼程序?哪些案子不适用小额诉讼程序?法律从正反两面作出了具体规定。

小额诉讼程序的肯定条件如下:

(1)案件范围:基层人民法院和它派出的法庭审理的事实清楚、权利义务关系明确、争议不大的简单金钱给付民事案件(常见的纠纷类型为买卖合同纠纷、民间借贷纠纷、租赁合同纠纷等)。

(2)法定标准:案件标的额为各省、自治区、直辖市上年度就业人员年平均工资50%以下(以湖南省为例,2021年湖南省城镇非私营单位就业人员年平均工资为85 438元,则适用小额诉讼程序的案件标的额为42 719元以下)。

(3)约定标准:基层人民法院和它派出的法庭审理上述民事案件,标的额超过各省、自治区、直辖市上年度就业人员年平均工资50%但在2倍以下的,当事人双方也可以约定适用小额诉讼程序。

(4)海事法院可以适用小额诉讼程序审理海事、海商案件:案件标的额应当以实际受理案件的海事法院或者其派出法庭所在的省、自治区、直辖市上年度就业人员年平均工资为基数计算。

同时,法律也规定了小额诉讼程序的否定条件,以确保司法公正,防止冤假错案,提高司法裁判的公正性。以下民事案件,不能适用小额诉讼程序:人身关系、财产确权案件;涉外

第五章　程序思维：看得见的正义

案件；需要评估、鉴定或者对诉前评估、鉴定结果有异议的案件；一方当事人下落不明的案件；当事人提出反诉的案件；发回重审的案件；当事人一方人数众多的案件；适用审判监督程序的案件；涉及国家利益、社会公共利益的案件；第三人起诉请求改变或者撤销生效判决、裁定、调解书的案件；其他不宜适用小额诉讼的程序审理的案件。

值得注意的是，小额诉讼程序是可以转换的。如果法院发现案件不适合小额诉讼程序，可以转换成其他程序。当事人如果觉得用这个程序不合适，也可以提出来，法院会审查决定。

小额诉讼程序也有救济方式。虽然适用小额诉讼程序审理的案件实行一审终审，当事人不得上诉，但如果当事人认为判决、裁定确有错误，仍可以向上级人民法院或者原审人民法院申请再审。当事人申请再审的，不停止判决、裁定的执行。

做实"公正与效率"的中国方案：能动司法

在这个快节奏的时代，我们深知公平正义是大家心中的底线，而高效则是我们共同的期待。尽管案件如山，法官们却在分秒必争中坚守正义。但请记住，牺牲公正的效率，不过是徒劳无功。真正的效率，是"一案办理，全域治理"的智慧。

在新时代的征程上，我们的司法审判工作正以中国特色社会主义司法制度为基石，既要讲政治、顾大局，又要主动出击，为经济社会的高质量发展保驾护航。这不仅是习近平法治思想的生动实践，更是对人民根本利益的坚定守护。

人民法院，作为公平正义的守护者，既要在"政治上考量，法治上行动"，又要紧跟中国式现代化的步伐，以高质量的司法审判，筑就平安中国的坚实基石。

法官们在审理案件时，不仅要做到案结事了，更要追求政通人和，寻求双赢、多赢、共赢的局面，用心化解矛盾，以"同理心"寻求最佳解决方案，确保案件办理的"三个效果"和谐统一。

不仅如此，法官的角色远不止于裁判，更要成为社会治理的积极参与者，减少案件发生，做到未雨绸缪，履行法治责任。

实现能动司法，人民法院需深挖案件背后的根源，为社会治理精准把脉，用司法建议填补制度漏洞，提升社会管理水平。

"获利14元""罚款10万元"。2023年2月，福建省闽侯县人民法院副院长林孔亮收到了一份行政强制处罚执行申请，上面两个反差巨大的数字引起了他的注意。因帮邻居销售不合格芹菜，逾期未缴纳罚款，陈老伯收到了当地市场监督管理局两次罚款共计10万元的"天价罚单"。

"我只是一个普通的老百姓，不是菜贩子。我是真的不知道那批菜不合格啊。""我愿意接受处罚，但就赚了14元，却要罚我好几万元……"谈起转卖芹菜被重罚一事，陈老伯数次哽咽。当地市场监督管理局的工作人员也很无奈，"本案违法事实清楚，根据《食品安全法》，罚款起点就是5万元，我们已经是按照最低标准处罚了"。

"食品安全是底线，但是行政处罚法的'过罚相当'原则也要去遵循。"合议庭一致认为，应根据违法行为的事实、性质、情节、社会危害程度等因素，按照"过罚相当、处罚与教育相结合"等原则，作出合法合理合情的裁量。最终法院对当地市场监督管理局"请求强制执行"的申请，作出不予强制执行的裁定。

在这个案件中，我们看到了法律的严肃与人文关怀的交织。正如习近平总书记在党的二十大报告中所说，公正司法是维护社会公平正义的最后一道防线。法官们应该深刻理解社会现象，准确把握民心，让司法成为人民信仰的力量。通过做实抓前端、

第五章 程序思维：看得见的正义

治未病，以能动司法促推国家和社会治理。

三、法律不保护躺在权利上睡觉的人

诉讼时效

诉讼时效是指民事权利受到侵害的权利人在法律规定的期间内不及时行使权利，待该期间届满后，便会发生义务人可以拒绝履行其给付义务效果的法律制度。诉讼时效制度旨在通过适当的限制，督促权利人积极行使自身的民事权利，维护交易安全，稳定相关民事权利义务关系，从而起到维护社会关系和稳定社会秩序的作用，也就是我们通常所说的"法律不保护躺在权利上睡觉的人"。

如果你的权利被侵犯了，但是你一直不采取行动，法律也不会永远等着你。这就好比有一个"保质期"，如果你在这个期限内不提出你的要求，过了这个期限，对方就可以合法地拒绝履行他们的义务。这个"保质期"就是我们常说的诉讼时效。它的存在，是为了鼓励大家积极维权，维护社会秩序的稳定。

《民法典》专章规定了诉讼时效制度。简单来说，大多数情况下，你有3年时间去告对方，要求法律保护你的权利。但如果你拖得太久，比如超过了20年，那法院就不会再帮你了，除非有特殊情况。

那这个"保质期"从什么时候开始起算呢？一般来说，是从你知道自己的权利被侵犯的那一刻起。但也有一些特殊情况，比如分期付款的债务，是从最后一笔付款到期的那天开始起算；如果是未成年人被性侵，那就从他们成年那天开始起算。

如果错过了这个"保质期"会怎样？如果期限到了，对方可以拒绝履行他们的义务。但如果你运气好，对方自愿履行了，那他们就不能再反悔要回去。而且，法院是不会主动提醒你诉讼时效这回事的，所以你得自己留心。

总之，法律就像是你的权利守护者，但如果你自己都不在乎，那它也不会永远站在你这边。所以，别让自己的权利"睡大觉"，该行动的时候就要行动起来！

【案例分析】出借人无论什么时候都能够要回来借款吗?

来源：微信公众号"河源司法行政"2023年3月15日

2019年1月1日，张三向李四借款5万元，同日张三向李四出具《借条》一份，约定于2019年12月31日偿还全部本息。此时，李四作为出借人，向法院请求保护其债权的诉讼时效截至2022年12月31日。

若张三一直未归还本息，李四应该在2022年12月31日前向法院提起诉讼，主张其债权要求张三偿还借款本金和利息。

若李四在2023年1月1日之后，才向法院主张债权，法院虽然会受理案件，但是一旦张三在法庭上提出已经超过诉讼时效的抗辩，法院便会判决驳回李四的诉讼请求。也就是说，此时的主动权完全在债务人张三手中，张三可以选择不提出已经超过诉讼时效的抗辩，同意继续向李四还款，那李四还可以根据生效裁判文书向法院申请强制执行。

但是如果张三提出已经超过诉讼时效的抗辩，拒绝向李四还款，李四便会败诉，其因借给张三5万元而起诉也因为已过诉讼时效而丧失了胜诉权，李四的这笔债权在法律上得不到保护，更没办法申请强制执行。

法律只保护民事权利人在诉讼时效期间内的胜诉权，一旦诉讼时效期间届满有可能会带来败诉的风险。忽视"诉讼时效期间",可能会引发权利消灭的法律后果。所以,我们一定要重视诉讼时效期间,及时行使自己的民事权利,不要对自己民事权利的实现漠不关心,否则便会失去胜诉的机会。

诉讼时效的中止或中断

诉讼时效是否会因为法律规定的事由发生,从而中止或者中断?放心,法律也不是那么不讲情面的。《民法典》里就有规定,在这些情况下,你的诉讼时效可以暂时"中止"或者"重启"。

如果你的诉讼时效快到期了,但是因为以下几种情况,你实在没法去告状,那么诉讼时效可以暂时"中止",这就是诉讼时效中止。按照《民法典》第194条的规定:"在诉讼时效期间的最后六个月内,因下列障碍,不能行使请求权的,诉讼时效中止:(一)不可抗力;(二)无民事行为能力人或者限制民事行为能力人没有法定代理人,或者法定代理人死亡、丧失民事行为能力、丧失代理权;(三)继承开始后未确定继承人或者遗产管理人;(四)权利人被义务人或者其他人控制;(五)其他导致权利人不能行使请求权的障碍。自中止时效的原因消除之日起满六个月,诉讼时效期间届满。"

如果发生了以下情况,诉讼时效可以"中断",也就是"重启",重新开始计算,这就是诉讼时效中断。按照《民法典》第195条的规定:"有下列情形之一的,诉讼时效中断,从中断、有关程序终结时起,诉讼时效期间重新计算:(一)权利人向义务人提出履行请求;(二)义务人同意履行义务;(三)权利人提起诉讼或者申请仲裁;(四)与提起诉讼或者申请仲裁具有同等效力的其他情形。"

也就是说,发生诉讼时效中止的事由,诉讼时效期间暂停计算,直至中止时效的原因消除之日起再重新开始计算6个月,

6个月期满，诉讼时效期间届满。若发生诉讼时效中断的事由，诉讼时效期间则要重新计算，即自发生中断时效事由之日起重新计算3年，诉讼时效期间才届满。

除此之外，还有一些请求权是不适用诉讼时效的。《民法典》第196条规定："下列请求权不适用诉讼时效的规定：（一）请求停止侵害、排除妨碍、消除危险；（二）不动产物权和登记的动产物权的权利人请求返还财产；（三）请求支付抚养费、赡养费或者扶养费；（四）依法不适用诉讼时效的其他请求权。"

这些请求权与我们通常说的债权请求权有何不同？为什么这些请求权可以不适用诉讼时效的相关规定？

关于"请求停止侵害、排除妨碍、消除危险"这个情况，可以这样理解：如果你的东西被别人占了，或者你的安全受到威胁，你肯定希望立刻解决这个问题，因为这些涉及你的所有权和其他物权，这些都是你的"绝对权利"。法律就像是你的超级英雄，不管过了多久，都不会让那些侵犯你物权的行为变成合法的。所以，当你要求停止侵害、排除妨碍、消除危险时，这些请求是不受诉讼时效限制的。

关于"不动产物权和登记的动产物权的权利人请求返还财产"这个情况，可以这样理解：不动产物权，这可是个大宝贝，关系到国家的经济和老百姓的生活稳定。你买房的时候要登记，这个登记就像是在大声告诉全世界："这房子是我的！"这个登记超级有力量，所以如果你的房产被别人占了，你要求拿回来，这种事是不受诉讼时效限制的。不然的话，诉讼时效和房产登记不就自己打自己脸了吗？

关于"请求支付抚养费、赡养费或者扶养费"这个情况，可以这样理解：想想看，这些钱是给小朋友、老人家或者生活有困难的人的，是他们生活的重要保障。如果这些费用因为过

第五章 程序思维：看得见的正义

了诉讼时效就拿不到了，那他们的日子可怎么过？所以，法律特别照顾这些人，这些费用也是不受诉讼时效限制的。

总的来说，法律在这些关键问题上，还是挺有人情味的，知道哪些权利是需要无条件保护的。

法律根据你的实际情况，给你足够的时间去维护自己的权利。但记住，关键时刻，你还是得自己站出来，而不是躺着不动，这样法律才能更好地保护你。

解决诉讼时效问题的"小妙招"

（1）如果遇到债务人玩失踪，而且诉讼时效已经过了，你该怎么办？

可以诉讼解决问题。因为根据我国法律，就算诉讼时效过了，你去法院起诉，法院还是得受理。法院受理后，如果对方没提诉讼时效这茬，法官还是会照常审理你的案子。

法律依据是《最高人民法院关于审理民事案件适用诉讼时效制度若干问题的规定》第 2 条："当事人未提出诉讼时效抗辩，人民法院不应对诉讼时效问题进行释明。"

（2）债务人故意躲起来，起诉时效怎么算？

这里引用一个案例作说明（案例来自微信公众号"山东高法" 2024 年 8 月 11 日）：戴大哥借给一个叫李老弟的人 3 万块钱，说好 3 个月还。结果，李老弟到期没还钱，从 2010 年 5 月开始就玩起了失踪。戴大哥只知道他的名字，其他信息一概不知，想告都没法告。

直到 2020 年 3 月，戴大哥终于找到了李老弟给他岳父写的借条，上面有电话和身份证复印件，这才赶紧去法院告李老弟还钱。后来，戴大哥用其他方式解决了纠纷，撤回了起诉。但在 2022 年 11 月，戴大哥又因为这笔借款把李老弟告上了法庭。

李老弟狡辩说，借钱的事都过去这么多年了，早就过了诉讼时效，想让法院驳回戴大哥的诉求。但咱们来分析分析，这事真像李老弟说的那样吗？

李老弟的说法不靠谱。首先，借钱的事是 2010 年 3 月发生的，按理说诉讼时效从 2010 年 6 月起算。虽然戴大哥 12 年后才再次起诉，但人家可不是懒，是李老弟故意躲起来，戴大哥找不到人才没起诉。再说，戴大哥一开始连李老弟的具体身份都不知道，要起诉明显是有点难度的。而且，一有李老弟的信息，戴大哥就立刻行动了。另外，李老弟他爹也说了，儿子很多年不回家，联系不上。这说明戴大哥要维权是真的有难处，不是不想维权。所以，法院认为戴大哥索要借款的诉讼时效应该从 2020 年 3 月开始计算，李老弟的狡辩站不住脚。

总结一下，这个故事告诉我们，法律是讲道理的，不会因为债务人躲猫猫就让债权人的权益白白受损。只要你有合理的理由，就算诉讼时效过了，法院也会给你一个公道。

（3）债务人欠钱不还，怎么起诉他？

咱们来把这套法律流程说得简单易懂一些：

第一，找准目标。首先，得弄清楚要告的是谁。如果是夫妻俩一起欠的债，那就得把两口子都算进来；要是公司欠的债，还得留心一下股东们，说不定得把他们一起告了。

第二，拿出证据。记住"谁主张，谁举证"的规矩，你得把证据准备充分了，不然打官司可能就是吃力不讨好。

第三，挑个好地方起诉。一般来说，去被告家附近的法院或者合同履行地的法院。找个对你有利的地点，这样后面执行判决也容易些。

第四，写诉讼状。这就是给法院的一份书面报告，说明你为啥要告，你的权益怎么被侵犯了。

如果对方暂时还不上钱,大家可以坐下来商量,看能不能延长还款时间。但要是对方明明有钱还,却故意躲着你,那你就得起诉他了。就算诉讼时效过了,也别怕,还是可以起诉的,但要是对方拿诉讼时效说事,法院可能就不理你了。所以,抓紧行动,别让机会跑了!

四、正当程序原则的司法逻辑

正当程序原则

古老的"自然正义"有两个重要的程序规则:一是任何人或团体在行使权利可能使别人受到不利影响时,必须听取对方意见,每一个人都有为自己辩护和防卫的权利。比如,行政机关在想要"开罚单"之前,得先告诉行政相对人为什么,给行政相对人一个解释的机会。二是任何人或团体不能做自己案件的法官,以保证公正。

正当程序原则的精髓可以追溯到"自然正义",之后其内涵扩展到包括公开、公正、公平和参与等现代民主程序原则。所以,现代的正当程序原则要求法律程序的中立、理性、排他、可操作、平等参与、自治、及时终结和公开等。

正当程序原则最初主要适用于司法领域,之后其适用领域扩展到行政领域和其他所有国家公权力领域,甚至扩展到社会公权力领域。所以,现代的正当程序原则有两个基本功能:一是防止公权力滥用,遏制腐败;二是保障人权,保护公民、法人和其他组织的合法权益不受公权力主体滥权、恣意行为侵犯。

在行政法领域,正当程序原则到底有哪些基本要求呢?简单来说,有以下要求:

（1）行政机关做事得讲规矩，不仅要合法，还得合程序。

（2）在作决定之前，行政机关得通知可能受影响的人，给他们机会说两句。

（3）行政机关得公开信息，让大家明白是怎么回事。

（4）行政机关作决定前要听行政相对人的申辩，不能闭门造车。

（5）如果有利益冲突，行政机关得回避，不能既当选手又当裁判。

（6）行政机关作出不利决定时，得说明原因，不能让行政相对人摸不着头脑。

在法治社会中，程序正义不仅是法律实施的重要基石，更是保障公民权益、维护社会公正的必然选择。虽然我国法律史中并没有正当程序的传统，但随着学术界和实务界的程序意识不断增强，正当程序原则已经在我国司法实务中晨光初现。

【指导案例 38 号】田某诉北京科技大学拒绝颁发毕业证、学位证案

原告田某于 1994 年 9 月考取北京科技大学，取得本科生的学籍。然而，两年后的一个补考日，他的生活轨迹发生了戏剧性的变化。

那天，田某在电磁学补考时，随身携带写有电磁学公式的纸条。在上厕所的途中，纸条不慎滑落，被监考老师捡到。尽管监考老师没有看到田某偷看纸条，但其还是按照规定，终止了田某的考试。北京科技大学依据校规《关于严格考试管理的紧急通知》，将田某的行为判定为作弊，并决定将他退学。

但是，事情并没有这么简单。学校虽然作出了退学决定，却没有正式通知田某，也没有为其办理退学手续。田某依旧以

第五章　程序思维：看得见的正义

学生的身份上课、参加活动，甚至每年都按时缴纳学费。到了1996年9月，学校甚至为他补办了学生证，并继续为他提供各种学生福利。

田某没有放弃，他努力学习，通过了大学英语四级、计算机应用水平测试等考试，成绩优异。他的毕业设计和论文也得到了认可，总成绩在班级中排名第九。然而，正当田某期待着毕业的那一刻，学校却以他已被退学为由，拒绝颁发毕业证和学位证。

田某不服，认为自己完全符合毕业条件，学校的做法是不公正的。在多次交涉无果后，他决定站出来维护自己的权利，向北京市海淀区人民法院提起行政诉讼，要求学校给予他应有的毕业证和学位证。

北京市海淀区人民法院于1999年2月14日作出［1998］海行初字第00142号行政判决："一、北京科技大学在本判决生效之日起30日内向田某颁发大学本科毕业证书；二、北京科技大学在本判决生效之日起60日内组织本校有关院、系及学位评定委员会对田某的学士学位资格进行审核；三、北京科技大学于本判决生效后30日内履行向当地教育行政部门上报有关田某毕业派遣的有关手续的职责；四、驳回田某的其他诉讼请求。"北京科技大学提出上诉，北京市第一中级人民法院于1999年4月26日作出［1999］一中行终字第73号行政判决："驳回上诉，维持原判。"

在我国，大学有着管理学生学籍、给予奖励或处分的权力，同时也有责任代表国家颁发学历和学位证书。大学和学生之间的关系，就像是教育领域的管理者与被管理者。如果学生对大学的管理行为感到不满，他们有权利提起行政诉讼，而大学则是在这场诉讼中的合适被告。

虽然大学有依法制定校规、校纪的自主权,并且可以对违反规定的学生进行教学管理和处分,但是这些规定和行为都必须遵循法律、法规和规章的要求,同时要尊重和保护学生的合法权益。

在这个案件中,田某在补考时携带纸条,确实违反了考场纪律,学校有权依据相关规定进行处理。但是,学校用来处理田某的退学决定,却是基于一项与国家规定相冲突的校内通知,因此这个决定是不合法的。

退学决定事关田某的受教育权利,按照正当程序原则,学校应该正式通知田某,并允许他进行申辩。但学校没有这样做,也没有执行退学的后续手续,比如注销学籍、迁移户籍和档案等。

更有意思的是,学校在1996年9月为田某补办了学生证并进行了注册,这实际上等同于推翻了之前的退学决定,恢复了田某的学籍。学校还安排田某完成了4年的学业,让其参加了考核、实习、毕业设计,并通过了论文答辩。所有这些行为,尽管是由个别教师执行的,但由于他们是代表学校行事,因此学校必须承担这些行为带来的法律后果。

【案例分析】田某案之后:刘某诉北京大学学位评定委员会案

刘某系北京大学1992级无线电电子学系电子、离子与真空物力专业博士研究生。1994年4月27日,刘某通过北京大学安排的笔试考试,并于当年5月10日通过了博士研究生综合考试,成绩为良。之后,刘某进入博士论文答辩准备阶段。1995年12月22日,刘某提出答辩申请,将其博士论文《超短脉冲激光驱动的大电流密度的光电阴极的研究》提交学校,由学校有关部门安排、聘请本学科专家对该论文进行评阅和同行评议。其中同行评议人认为该论文达到博士论文水平，同意答辩；评阅人意见为"安排刘某进行博士论文答辩"。1996年北京大学论文学术评阅、同行评议汇总意见为"刘某论文达到博士论文水平，同意安排刘某进行博士论文答辩"。1996年1月10日，刘某所在系学位评定委员会召开论文答辩会，刘某经过答辩，以全票通过了答辩。论文答辩委员会作出决议"授予刘某博士学位，建议刘某对论文作必要的修订"。1996年1月19日，刘某所在系学位评定委员会讨论博士学位，应到委员13人，实到13人，同意授予刘某博士学位者12人，不同意授予刘某博士学位者1人，表决结果为：建议授予刘某博士学位。1996年1月24日，北京大学学位评定委员会召开第41次会议，应到委员21人，实到16人，同意授予刘某博士学位者6人，不同意授予刘某博士学位者7人，3人弃权，表决结果为：校学位评定委员会未通过授予刘某博士学位。之后，北京大学给刘某颁发了研究生结业证书。

刘某没有放弃，他最终在北京市海淀区人民法院找到了一线光明。与之前提到的田某案件不同，刘某的案件更加复杂，因为它涉及博士论文的评审，这是一个充满专业性和技术性的领域。法院也很清楚，它并不具备从学术角度评判刘某论文是否达到博士论文水平的能力。

于是，这场官司的焦点便转向了博士学位评定的程序。虽然当时的法律、法规和规章对于博士学位的评定程序并没有明确的规定，但刘某抓住了"正当程序"这个关键点：校学位评定委员会在否决答辩委员会决议的时候，没有给刘某一个陈述的机会，也没有提供任何否决的理由，甚至没有正式通知刘某本人。这一切，都让人不禁质疑：这样的决定，合法吗？

法院在判决中阐述道:"校学位评定委员会作出不予授予学位的决定,涉及学位申请者能否获得相应学位证书的权利,校学位评定委员会在作出否定决议前应当告知学位申请者,听取学位申请者的申辩意见;在作出不批准授予博士学位的决定后,从充分保障学位申请者的合法权益原则出发,应将此决定向本人送达或宣布。本案被告校学位评定委员会在作出不批准授予刘某博士学位前,未听取刘某的申辩意见;在作出决定之后,也未将决定向刘某实际送达,影响了刘某向有关部门提出申诉或提起诉讼权利的行使,该决定应予撤销。"这段话在文字上参考了《最高人民法院公报》上田某案件一审判决的相关文字,但表达更明晰。尽管法院没有明确地说运用正当程序原则处理,也没有更多的分析论证,但显而易见的是,法院开始有意识地把正当程序原则引入判决。

虽然后来重审时法院认为本案超过起诉期限,本案原一审判决被推翻,但上级法院并没有否定该原则的运用。从法律上讲,一审判决关于正当程序的论断仍然屹立。

可喜的是,刘某的案件判决后,教育部启动了《学位法(草案)》的起草。在草案中,听取申辩、送达程序均被吸收。教育部于2005年3月颁布的《普通高等学校学生管理规定》(已失效)在奖励与处分一章中规定,学校对学生的处分要做到程序正当、证据充分、依据明确、定性准确、处分适当,作出处分决定之前,还应当听取学生或者其代理人的陈述和申辩,要出具处分决定书,送交本人。教育部时任高校学生司司长林蕙青在有关《普通高等学校学生管理规定》的新闻发布会上称:"新《规定》贯彻正当程序的原则,规定学校作出涉及学生权益的管理行为时,必须遵守权限、条件、时限以及告知、送达等程序义务……"

第五章　程序思维：看得见的正义

五、中国营商环境实践：司法程序质量全球第一

改革提升中国执行合同效率

在世界银行的全球营商环境报告中，有一个关键指标叫作"执行合同"（Enforcing Contracts），它是衡量一个国家司法系统和诉讼流程是否高效的重要标尺。这个指标不仅反映了经济体对产权保护的水平，还直接影响着投资大佬们对市场的信心和资金流动的活跃度。换句话说，一个能够迅速执行合同的国家，不仅能保护产权，还能吸引更多的投资，让市场更加繁荣。所以，一个高效运作的司法体系和对契约精神的充分尊重，不仅是提升商业环境的关键，也是推动高质量发展、增强城市魅力和竞争力的法宝。

"执行合同"指标负责考察企业解决商业纠纷要花多少时间和金钱，以及司法程序的质量和解决商业纠纷的便利程度。在这个指标中，考察司法程序的质量就像是看一个法官如何巧妙地处理复杂的和简单的案件，以及如何运用多种手段来解决纠纷，还有执行的效果如何。

考察解决商业纠纷的便利程度，就像是在看法院的"科技装备"，比如信息化建设、在线打官司、司法透明度这些高大上的改革成果。简而言之，这个指标就是在衡量我们的司法系统是不是既高效又便民，能不能让企业安心做生意。

依法保护产权和企业家合法权益

《最高人民法院关于优化法治环境　促进民营经济发展壮大的指导意见》（以下简称《指导意见》）给审判执行工作划了

重点，为民营企业的发展保驾护航。

这一《指导意见》可谓是满满的干货，它明确指出，要依法保护民营企业的产权和企业家权益。针对大家关心的问题，它细化了5条司法政策，简直就是民营企业的护身符。比如，要加大对民营企业内部腐败行为的打击力度，完善纠正冤错案件的机制，保障民营企业申请国家赔偿的权利。

《指导意见》还强调，要把经济纠纷和违法犯罪区分开来，规范刑事强制措施的法律程序，保护无辜当事人的权益，尽量不让司法活动影响到民营企业的正常经营。同时，它也关注到了案外人的诉求，确保他们的声音能够被听到。

特别值得一提的是，《指导意见》对民营企业和企业家人格权的保护也是相当给力。它明确要求运用人格权侵害禁令制度，及时制止那些侵犯人格权的违法行为。对于那些故意抹黑民营企业和企业家的行为，不管是通过互联网、自媒体还是出版物，都要严厉打击，营造一个有利于民营经济发展的良好舆论环境。

最后，《指导意见》还强调，要在处理民营企业刑事案件的同时，引导民营企业在民商事、行政、执行过程中遵守法律，增强法律和商业风险意识，让民营企业在法治的康庄大道上越走越稳，越发展越好。

推进破产审判制度机制建设

破产审判，这个听起来有点严肃的话题，其实就像是营商环境的守护神、经济发展的风向标，以及推动社会前行的加速器。

首先，它是企业焕发新生的秘密武器。市场就像个大冒险岛，机遇和风险并存。遇到疫情这样的不可抗力，或者管理、资金问题，企业难免会陷入困境。但别怕，破产审判就像是个超级英雄,它可以通过司法重整、引入新投资或和解,帮助企业解决债务、分配财产、重组资源,让困难企业重获新生,让大型企业轻装上阵,提升竞争力,继续在市场上大放异彩。

其次,它是产业结构升级的得力助手。我国正在调整产业结构,淘汰旧动能,培育新动能。破产审判就像是个智慧的舵手,一方面通过重整或和解,让优势产业更上一层楼;另一方面,通过清算,把那些不死不活的"僵尸企业"彻底清理掉,为经济结构的转型升级保驾护航,让我们的经济巨轮调转方向,驶向光明未来。

最后,它是经济稳定发展的守护者。破产审判不仅是保需求、顺供给、稳预期的得力干将,还能通过大数据分析,像一个聪明的分析师,告诉我们经济社会的现状,并提出解决问题的金点子。它助力防范风险,优化资源配置,维护市场秩序,确保我们的经济社会高质量、平稳发展。

所以说,破产审判不仅是冷酷无情的法律程序,更是温暖有力的经济助推器。

六、程序思维给大学生的启发和教育

程序思维对于大学生而言,是一种极具价值的思维方式,能够在其学习和未来的职业生涯中发挥重要作用。

培养解决问题的能力:程序思维强调逐步分析和解决问题的方法。大学生在学习过程中,可以借鉴这种思维方式,将复杂问题分解为简单步骤,逐步攻克。这种方法不仅适用于数理科学的学习,同样也适用于人文社会科学的学习。

注重细节处理:程序的正确运行依赖于对细节的精确把握。大学生在学习和研究中,也应培养对细节的关注,这有助于提高工作质量和成果的准确性。

优化时间管理：程序设计中，效率是关键。大学生通过学习程序思维，可以更好地管理自己的时间，提高学习和工作的效率。

强化推理：在程序设计中，推理是基础。大学生通过学习程序思维，可以锻炼自己的推理能力，这对于撰写论文、进行学术研究或是日常决策都有极大的帮助。

提升创新能力：程序思维鼓励创新思考，寻找最优解。大学生在探索未知领域时，可以运用这种思维方式，不断尝试新的方法和技术，培养自己的创新能力。

实践与理论相结合：程序思维强调实践操作。大学生在学习理论的同时，应积极参与实践活动，将理论知识应用到实际问题的解决中，从而加深理解，提高技能。

通过以上几个方面的教育和启示，大学生可以更好地适应快速变化的社会环境，为未来的学习和工作打下坚实的基础。

第六章

逻辑思维：学会理性思考

一、由具体到抽象，由抽象到具体

法律推理

法律推理是指以已知的法律与事实判断为前提，运用科学的方法和规则为法律适用结论提供正当理由的一种逻辑思维活动，包含形式推理和实质推理。

形式推理，具体包括：演绎推理、归纳推理、类比推理等。

演绎推理是法律推理中最常见的形式，它从一般的原则（通常是法律规则或先例）出发，推导出特定案件的具体结论。演绎推理通常遵循三段论的形式，即大前提（法律规则）、小前提（案件事实）、结论（判决）。

归纳推理是从个别案例出发，通过总结归纳出一般性原则或规则。在法律中，归纳推理通常用于从一系列先例中提炼出法律原则。

类比推理是通过比较相似的情况，将适用于一个情况的规则扩展应用到另一个情况。在缺乏明确法律规定的情况下，法官可能会使用类比推理来判定案件。

实质推理，又称辩证推理，是指在法律适用过程中，面临两个或者两个以上相互矛盾的法律命题时，通过权衡、辩论和讨论来寻求最佳解决方案，选择一种更加具有社会公正性的结果。

在法律实践中，这些推理方式可能单独使用，也可能相互结合使用，以作出合理、公正的法律判断。不同的法律体系和文化背景可能会对某种推理方式更偏好。我国是成文法系国家，运用的形式法律推理主要是演绎推理，而不成文法系国家运用的形式法律推理则主要是类比推理。尽管不同法系国家的推理方式可能有偏好，但其所运用的法律推理有以下共同的原则要求：

（1）法律推理应遵循权利保护原则，即权利保护原则是所有法律推理的出发点。

（2）对于私权利，法律推理应奉行"法无禁止即自由"的原则。

（3）对于公权力，法律推理应奉行"法无授权即禁止"的原则。

（4）在刑法领域，法律推理应奉行无罪推定的原则。

（5）法律推理应遵循"类似案件类似处理"的原则。

演绎推理：从一般到特殊

演绎推理，这个名字听起来有点高大上，但其实它就像是我们日常生活中的"套路"一样。这种推理方式，就是我们常说的"三段论"，即从普遍的道理中推导出个别的情况，就像是从公式中得出答案，是一种稳稳当当的推理方法。

下面来看看演绎推理在法庭上是怎样操作的：

演绎推理的亮点在于：根据法庭上现成的法律条文和原则（这就是我们的"大 boss"——大前提），再加上审理过程中确认的案件细节（"小弟"——小前提），法官就能给出一个明明白白的判决（最终答案——结论）。

举个例子：

打印店老板杜某私自将王老师的讲义复印了 3000 份，并向其所在高校的学生出售，累计获利 30 000 元。王老师知晓后，将杜某告上法庭，请求停止出售该讲义，并赔偿损失。

法律规范：行为人未经著作权人许可，复制、发行其作品并向公众传播，应承担停止侵害、损害赔偿的民事责任。

确认的案件事实：杜某未经著作权人王老师许可，复印其讲义并向学生出售。

结论：杜某应承担停止侵害、损害赔偿的民事责任。

想要演绎推理的结论不出错，还得满足两个要求：一是法律规定明确，不能含糊其辞；二是案件的事实清楚，不能模棱两可。这样才能确保我们的推理合法有效，公正又合理。

【案例分析】从 IPTV 案看法律推理

来源：微信公众号"法律读库"2020 年 3 月 22 日

2019 年 10 月 28 日，杭州互联网法院针对中国电信股份有限公司杭州分公司"IPTV 回看"是否侵犯西藏乐视网信息技术有限公司对电视剧《芈月传》享有的信息网络传播权一案作出一审判决（案号：[2018] 浙 0192 民初 4603 号），引发热烈讨论。

分析该案，判决书先对相关案件事实予以认定，即三段论推理中的小前提被锁定，要得出结论，理论上只要找到大前提（成文法条），再作出适用与否、怎么适用的推导即可。

实际上，判决的论证过程比单纯的三段论推理更加精彩和完善：

1. 判决详细分析了《著作权法》第 10 条信息网络传播权的

规定，及与案件事实的对应关系，推导出该案"IPTV 回看"模式不属于典型意义上的信息网络传播行为。

2. 判决还从其他三个角度对案件的争议焦点作了进一步分析：

（1）从产业政策来看，IPTV 是三网融合政策培育出的典型业务形态，业务属性上属于广播电视业务，是重要的广播电视节目传输覆盖方式。

（2）从技术层面来看，电信方属于信号分发方，对信号发出方的版权内容无法审查，也无权干涉，广播权有一次利用和二次利用之分，"IPTV 回看"服务通过专网专送提供的信号来实现，同传统的广播权的二次利用之间没有本质区别。

（3）从利益平衡来看，在确定"IPTV 回看"模式的法律属性时，应该综合考量其传播内容、传播途径、传播特点、用户受众，并在现有法律框架下充分顾及技术中立与利益平衡的原则，平衡各方利益。

所以，一审判决"IPTV 回看"模式不属于典型意义上的信息网络传播行为，原告指控被告实施信息网络传播侵权的请求依据不足，驳回原告的诉求。

科技不断发展，因技术革新带来一些疑难复杂问题，且《著作权法》中的诸多概念并不能与现实生活中的相应技术术语直接画等号。所以，该判决将产业政策分析、技术层面分析、利益平衡分析加入到推理过程中，补强三段论推理过程，使得推理过程严谨缜密，推理结论具有极强的说服力。

归纳推理：由特殊到一般

归纳推理是由个别到一般的推理，根据一类事物中许多对象的共同情况推导出这类事物共同具有的一般性特征。归纳推

第六章　逻辑思维：学会理性思考

理有点像我们常说的"见微知著"。逻辑学家们喜欢把它比作"乌鸦型"推理，就像是我们在不同的地方都看到了黑乌鸦，然后得出"天下乌鸦一般黑"的结论。

这种推理的过程，就像是将一块块拼图碎片拼出一幅完整的图画的过程，从个别到一般，甚至是从局部到整体。但别忘了，这种推理的结论不一定百分之百准确，毕竟世界那么大，可能有白乌鸦还未被发现。

为了让归纳推理的结论更靠谱，逻辑学家告诉我们：得多看几个地方，多观察几只乌鸦，让我们的前提更丰富，覆盖面更广。这就是所谓的"全面性要求"——涉及的个体越多，观察的方面越全，我们所作的结论就越接近真相。

从法律上举例说明，从一个个特殊的案例中，法官抽象出了普遍规则。

甲先例判决：如果土地上存在暗藏的坑或洞，土地所有者对来访者有告知的义务；

乙先例判决：如果土地上存在着流沙区，土地所有者对来访者有告知的义务；

丙先例判决：如果土地上存在不稳固的斜坡，土地所有者对来访者有告知的义务。

当类似情形的先例不断增加，就可以总结出一条普遍规则：如果土地上存在着某种危险，土地所有者对来访者有告知的义务。

这项普遍规则的形成，就是归纳推理的结果。

在法律的世界里，归纳推理就像是法官的大侦探技能。当遇到一些棘手的问题，比如没有明确法律规定的时候，法官就得从一堆判例中找出共同点，总结出裁判的原则。比如说，职业打假人这事儿，就得用到归纳推理。

有人频繁地买假货然后要求赔偿，通过分析这些案件，可以发现这人买的数量多，用的方式也不像普通消费者，那我们就能归纳出这人是个职业打假人。再看看过去十年的裁判观点，可以发现一开始法院是鼓励大家打假的，但后来知假买假成了很多人牟利的商业手段，反而扰乱了正常的市场经营，也会损伤社会诚信体系，从而使得法院以"职业打假者在主观上并未受到欺诈"为由认为其不应属于惩罚性赔偿的保护对象。

归纳推理的法律发现功能表现在：当法官缺乏现成的法律规则作为审判依据时，他可以从一系列先例判决中归纳出新规则，然后适用于手头个案；还可以发掘和揭示"法律的隐含原则"，即以隐含形式存在于法律之中的法律原则。

在英美法系的世界里，这些"隐含原则"的发现，就像是侦探从一系列案件中找出共同点，然后揭示出案件背后的真相。比如美国著名的案例——里格斯诉帕尔默案。在这个案子里，帕尔默虽然是个合法的继承人，但他为了钱竟然杀了被继承人。那时候纽约州的继承法并未规定谋杀者不能继承财产，但法官们通过归纳推理，从一堆判例中发现了一个原则：任何人都不应该从自己的坏事中得到好处。于是，帕尔默的继承权就被否定了。

法官就像是个解谜高手，能详细地分析如何从先前的案例中找出这些隐含原则。并指出，一开始这些原则可能不是很清楚，但是随着时间的推移，通过不断的讨论和新案件的审理，这些原则就会变得越来越明确，最后变成一个大家都认同的规则或原则，成为法律的一个重要部分。

一旦这些"隐含原则"被揭示出来，它们就变成了正式的法律原则，为未来的司法判决提供明确的指引，就像是给法官们点亮一盏明灯，让他们在复杂的法律迷宫中找到正确的出路。

第六章　逻辑思维：学会理性思考

辩证推理：两权相利取其重

相信大家都知道《我不是药神》电影的原型陆某案。陆某将印度仿制药推荐给其他病友，还帮忙代购。根据我国《药品管理法》的规定，进口药需要经过检验，还需拿到药品进口注册证书。因此，陆某代购的这些印度仿制药，即使在印度是经合法生产，疗效也得到患者的认可，但是在国内仍属于假药之列。因此，陆某因涉嫌"销售假药罪"被公安机关逮捕。1002名感激陆某的癌症患者曾在联名信上签字为他声援，一年后，检方决定对陆某不予起诉。原因是犯罪情节显著轻微，不应当按犯罪处理。

在本案中，存在秩序价值和人权价值之间的冲突。检方运用辩证推理方式，在人权价值和秩序价值存在冲突时，遵循价值位阶原则解决二者的冲突，即人权价值优先于秩序价值。

【案例分析】"彭某案"的法律推理分析

来源：微信公众号"法律方法工作坊"2015年4月4日

一、案件情况

（一）案件基本情况

2006年11月20日上午，徐某在南京市水西门公交车站等候83路公交车，9时30分左右有两辆83路公交车同时进站。徐某准备乘坐后面一辆83路公交车，在行至前一辆公交车后门时，徐某摔倒致伤，受害的原因无从得知。彭某第一个从公交车后门下车，发现摔倒的徐某后将其扶至路旁，在一旁候车的陈某看到彭某扶徐某，也跑过去帮忙，并打电话通知徐某的儿子和侄女。在徐某的亲属到来后，彭某便与其将徐某送往医院治疗，并为徐某垫付了200元的医疗费，徐某后被诊断为左股

— 187 —

骨颈骨折并住院治疗，施行髋关节置换手术，由此产生了医疗费、护理费、营养费等费用。后来徐某将彭某诉至法院，要求彭某对其进行赔偿。徐某提交了当地派出所对当时事件经过的询问笔录（但不是原件，派出所称原件丢失）证明彭某撞倒了她，应对其进行赔偿。彭某提供证人陈某作证，但陈某并没有看到徐某是怎么摔倒的，只看到彭某在扶徐某。

（二）判决理由

2007年9月5日，南京市鼓楼区人民法院对本案作出了一审判决，判决理由如下：①被告是第一个下车之人，从常理分析，其与原告相撞的可能性较大。如果被告是见义勇为做好事，更符合实际的做法应是抓住撞倒原告的人，而不仅仅是好心相扶；如果被告是做好事，根据社会情理，在原告的家人到达后，其完全可以在言明事实经过并让原告的家人将原告送往医院后自行离开，但被告未作此等选择，其行为显然与情理相悖。②由于证人陈某不能证明原告当时倒地的具体原因，也就不能排除在该过程中原、被告相撞的可能性。③对于被告在事发当天为原告垫付200元医疗费，根据日常生活经验，原、被告素不认识，一般不会贸然借款，即便如被告所称为借款，在有承担事故责任之虞时，也应请公交站台上无利害关系的其他人证明，或者向原告亲属说明情况后索取借条（或说明）等书面材料。但是被告在本案中并未存在上述情况，而且在原告家属陪同前往医院的情况下，由其借款给原告的可能性不大；而如果撞伤他人，则最符合情理的做法是先行垫付款项。因此认定该款并非借款，而应为赔偿款。④根据城中派出所对原告的询问笔录、对被告的讯问笔录的电子文档及其誊写材料等相关证据，被告当时并不否认与原告发生相撞，只不过被告认为是原告撞了她。

（三）判决结果

判决书得出如下结论："本案中，发生事故时，徐某在乘车过程中无法判断车后门左右的情况，故对此次事故彭某和徐某均不具有过错。本案应根据公平原则合理分担损失，本院酌定被告补偿原告损失的40%较为适宜。被告彭某在此判决生效的10日内一次性给付原告人民币45 876元；1870元的诉讼费由徐某承担1170元，彭某承担700元。"

二、本案法律推理过程剖析

本案法官运用了如下法律推理方法：首先运用演绎推理三段论方法确定案件事实（即小前提）；其次运用辩证推理方法寻找出本案的法律规范或法律原则（即大前提）；最后运用演绎推理三段论方法将小前提函摄入大前提中，得出本案的最终结论。现对本案法官的法律推理方法的运用过程和思维进行如下剖析：

第一步，运用演绎推理三段论方法，寻找案件事实，建构小前提。本案双方当事人都极力为自己争辩，徐某一口咬定撞人者就是彭某，而彭某也坚持认为自己没有撞人，只是做好事将徐某扶起，但双方均未提供充分的证据加以证明。在此种情况下，本案法官运用演绎推理三段论方法来推定案件事实，其推理过程和具体思维如下：

首先，法官把所谓的"常理""社会情理"和"日常生活经验"等抽象的概念作为该演绎推理三段论的大前提，本案中涉及的"常理""社会情理"和"日常生活经验"主要包括：

（1）"第一个下车的人最有可能将别人撞倒。"

（2）"见义勇为做好事的人应该抓住撞人者，而不仅仅是将被撞者扶起，因此仅将被撞者扶起而未主动去抓撞人者的人，极有可能就是撞人之人。"

（3）"如果是出于做好事将被撞者扶起，则被撞者的家人到达后,此人通常会言明事实经过并让被撞者的家人将被撞者送往医院,然后自行离开,如其亲自将被撞者送到医院,则不是出于做好事,而极有可能就是撞人者。"

(4)"素不相识的人不会贸然借款,如果贸然借款,则极有可能存在某种原因或利害关系。"

(5)"素不相识的人即便借款,在有承担事故责任之虞时,也应请无利害关系的其他人证明,或者索取借条(或说明)等书面材料,如不这么做,则该人的行为极可能不是单纯的借款行为。"

(6)"如果撞伤他人,撞人者一般会为被撞者先行垫付医疗费。"

(7)"人在乘车过程中通常无法预见将与他人相撞,此时如果与他人相撞,主观上无过错。"

(8)"人在下车过程中因为视野受限,无法准确判断车后门左右的情况,此时如与他人相撞,不存在主观过错。"

其次,法院将本案的相关案件事实作为该三段论的小前提,其认为本案的事实主要有:

(1)"彭某自认其是第一个下车的人。"

(2)"彭某仅仅是将徐某扶起,并未主动去抓撞倒徐某之人。"

(3)"彭某在徐某的家人到达后,没有在言明事实经过并让徐某的家人将徐某送往医院后自行离开,而是亲自将徐某送到医院。"

(4)"彭某与徐某素不认识,但其却主动借款给徐某。"

(5)"彭某借款后,在有承担事故责任之虞时,未请公交站台上无利害关系的其他人证明,也未向徐某亲属说明情况后索取借条(或说明)等书面材料。"

(6)"彭某将徐某送到医院并为徐某先行垫付医疗费。"

(7)"徐某在乘车过程中在无法预见的情形下与彭某相撞。"

(8)"彭某在下车过程中因视野受到限制,无法准确判断车后门左右的情况,与徐某相撞。"

最后,法院将本案的相关事实函摄入上述所谓的"常理""社会情理"和"日常生活经验"中,得出以下结论:

(1)"彭某与徐某相撞的可能性最大。"

(2)"彭某将徐某扶起不是见义勇为做好事,而极可能是因为他就是撞人者。"

(3)"彭某将徐某扶起不是出于做好事,而极可能是因为他就是撞人者。"

(4)"彭某给素不认识的徐某借款是出于某种原因或利害关系。"

(5)"彭某给徐某出钱买药的行为不是单纯的借款行为。"

(6)"彭某为徐某先行垫付医疗费表明其极可能就是撞人者。"

(7)"徐某与彭某相撞不具有主观过错。"

(8)"彭某与徐某相撞不具有主观过错。"

综上,法院根据(1)至(6)项推出的最终结论是:"徐某是与彭某相撞受伤的";根据第(7)项和第(8)项得出的结论是:"双方对徐某的摔倒均无主观过错。"因此得出的最终案件事实是:"本案中,徐某是被彭某撞倒而受伤,但双方均无主观过错",该结论也即整个案件的小前提。

第二步,运用辩证推理方法,建构本案的大前提。一般而言,法官会运用形式推理方法来寻找可适用的法律规范,从而建构案件的大前提。但在本案中,法官找不到可直接适用的法律规范,也即存在法律规范缺失的情形。当相关的法律规范缺失时,形式推理方法就无法发挥作用,此时应运用辩证推理方法来寻找大前提。法官通过辩证推理寻找到的大前提是"公平原则",即"在双方当事人均无过错的情况下,为减轻受害人的损失,应由加害人合理分担损失"。

第三步,运用演绎推理方法,将小前提函摄入大前提中,得出最终结论。即在大前提和小前提都建构好的情况下,运用演绎推理三段论方法,将小前提函摄入大前提中,得出本案的最终结论。本案的大前提是"公平原则",即"在双方当事人均无过错的情况下,为减轻受害人的损失,应由加害人合理分担损失";小前提是"本案中,徐某是被彭某撞倒而受伤,但双方均无主观过错"。将小前提函摄入大前提中,运用演绎推理三段论方法,可得出结论:"按照公平原则,作为加害人的彭某应合理分担受害人徐某所遭受的损失。"

三、本案法律推理存在的问题

该案中法官对推理方法的运用看似全面无误,但其实存在很多问题:

首先,小前提的得出存在很大问题。在推定案件事实的过程中,法官将"常理""社会情理"和"日常生活经验"等作为演绎推理三段论的大前提,但到底什么是"常理",什么是"社会情理",在人们的观念中并没有形成统一看法。诸如本案的其中一个大前提"见义勇为做好事的人应该抓住撞人者,而不仅仅是将被撞者扶起,因此仅将被撞者扶起而未主动去抓撞人者的人,极有可能就是撞人之人"就非常荒谬。

其次,大前提的得出也存在很大问题。本案法院通过辩证推理寻找到的大前提是"公平原则"。笔者认为,这是一个严重的错误。因为"公平原则"是在"案件事实清楚,双方当事人都确定无过错"的前提下,为减轻受害人的损失而采取的让加害人分担损失的原则。但本案中,法院对于双方当事人之间是否相撞并未查清，得出的结论也仅仅是建立在推定的基础之上，而推定的大前提又不完全正确，故得出本案适用"公平原则"的结论也必然是错误的。

最后，法官在大小前提均错误的情形下，得出"让彭某分担部分医疗费"的结论必然是错误的。本案法官的法律推理过程过于粗糙，忽略了对其他可能性的分析和排除，因而得出的判决并不具有说服力。这样的判决不仅双方当事人不愿接受，还对社会产生了不良影响和负面效应。

二、问题导向式的批判性思考

因果关系

因果关系是世界运行的基本法则之一。日常生活中，你上班迟到可能是因为交通堵塞，晚餐迟到可能是因为加班太猛，与家人小吵小闹可能是因为忘了洗碗。这些小小的因果剧情，就是我们生活的点点滴滴，容易理解，也容易把握。但生活也有复杂的大片，比如物理学的深奥定律、社会变迁的大戏，这些就需要我们用心去观察和研究，才能解开其中的谜团。有时候，原因和结果也并非一一对应，呈现出一种混沌状态，比如蝴蝶效应、多米诺骨牌效应等。

法律中的因果关系来源于生活，但又区别于生活，是指某个行为（作为或不作为）与某个结果之间的因果关系，它是确定法律责任的重要依据。就比如，你正在看的一部侦探剧中，侦探要在错综复杂的案件中找出谁是"真凶"。在法律的世界里，因果关系就像是这个侦探游戏的关键线索，帮助我们弄清楚"谁做了什么（或是因为没做什么）"以及"这导致了什么后果"。

在法律上，因果关系通常包括两个方面：事实因果关系和法律因果关系。

事实因果关系关注的是实际发生的具体事件之间的联系，即"无此行为，则无此结果"。它通常采用"必要条件测试"来判定：如果没有行为人的行为，损害结果是否会发生。如果答案是否定的，那么该行为与结果之间存在事实因果关系。比如，如果甲没有打乙，乙就不会受伤，那么甲的打人行为与乙的受伤之间就存在事实因果关系。

法律因果关系是在事实因果关系的基础上，进一步考虑法律上的责任范围问题。法律因果关系通常有以下几种测试方法：

直接结果法则：行为人对其行为的直接结果负责。

可预见性测试：行为人是否可以预见其行为可能导致的结果。

近因原则：结果必须与行为人的行为足够接近，以至于可以合理地将责任归咎于行为人。

比如，甲在高速公路上超速驾驶，虽然他可能无法预见会撞到突然冲出的行人乙，但如果他的超速是导致事故发生的直接原因，那么其超速行为与乙的受伤之间可能存在法律因果关系。

【案例分析】中国安乐死第一案

来源：微信公众号"聊城检察"2017年1月18日；王仁法主编：《法律人如何思考：法律人的逻辑艺术》（增订3版），中国法制出版社2020年版

王某成，原是陕西第三印染厂职工。1986年6月23日，他的母亲夏某文因肝硬化晚期伴严重腹水，被送往陕西省汉中市

传染病医院治疗，入院当日，医院就发了病危通知书，后经治疗，症状有所缓解。但夏某文仍感到疼痛难忍，喊叫想死。

6月25日上午，王某成和其妹妹向主治医生蒲某询问其母病情，蒲某说对夏某文治疗无望，并将国外使用安乐死的情况介绍给他们。听了蒲大夫的话，王某成和妹妹觉得既然母亲痛苦得生不如死，不如让她早点从苦海中摆脱。6月28日，在王某成和妹妹的一再央求下，蒲某终于开了一张100毫升的复方冬眠灵处方，并注明是"家属要求安乐死"。王某成也在上面签了字。

在当天中午到下午的这段时间里，该院实习生蔡某和值班护士分两次给夏某文注射了冬眠灵。翌日凌晨5时，夏某文离开了人世。由于给母亲施行安乐死前未能及时与姐姐沟通，夏某文死后，王某成的姐姐遂一纸诉状将蒲大夫告上了法庭。

1991年4月6日，汉中市人民法院作出一审判决："被告人王某成在其母夏某文病危难愈的情况下，再三要求主治医生蒲某为其母注射药物，让其无痛苦地死去，其行为显属剥夺其母生命权利的故意行为，但情节显著轻微，危害不大，不构成犯罪。被告人蒲某在王某成的再三要求下，同其他医生先后向重危病人夏某文注射促进死亡的药物，对夏某文的死亡起了一定的促进作用，其行为已属剥夺公民生命权利的故意行为，但情节显著轻微，危害不大，不构成犯罪。依照《中华人民共和国刑法》第10条，宣告蒲某、王某成二人无罪。"

本案中，蒲某的辩护律师抓住"冬眠灵的使用与患者夏某文的死没有必然的因果关系"这个焦点，作出了有效的法律辩解，具体如下：

起诉书认定夏某文的主要死因是肝性脑病，对此没有异议。但是，起诉书认定"冬眠灵仅加深了患者的昏迷程度，促进了患者的死亡"则是缺乏科学和事实依据的。夏某文的死完全是由于疾病本身，即肝硬化晚期，肝细胞高度衰竭，最后并发肝性脑病所致。夏某文的死与冬眠灵之间，并没有必然的因果关系。

正是在这种情况下，患者的家属才向院长和医生提出了给母亲夏某文实施安乐死的要求。在家属的再三请求下，经管医生蒲某与李某出于对患者及家属要求的理解与同情，才于1986年6月28日上午9时和下午3时，分别开了复方冬眠灵100毫克肌注，立即注射。但是在注射第一针时又被执行者推掉了1/4在体外，所以实际两次注射冬眠灵的药量只有175毫克。这个剂量与《中华人民共和国药典》所规定的800毫克/日的极量相比，是一个很安全的系数。所以，冬眠灵对于夏某文的死，并没有起任何作用。

正如陕西省高级人民法院［1990］1号法医学文证审查（死因分析）意见书所说的那样：肝硬变"到晚期时，死亡将不可避免"。

从药物毒理方面看，冬眠灵中毒引起死亡者，其作用机理通常是中枢抑制，特别是呼吸中枢抑制，以及血压下降，通常的中毒剂量，首次给药一般应大于100毫克/次、400毫克/日。而夏某文两次接受的药物总量仅为175毫克。这个剂量比照《中华人民共和国药典》的正常治疗给药剂量（25毫克/次至50毫克/次及100毫克/次、200毫克/日）仍在正常允许范围。还应看到，患者最后一次接受100毫克冬眠灵的时间距死亡时间间隔约14个小时，而此时药物的最强作用时间已经过去，结合患者死亡过程中始终没有出现呼吸抑制及血压下降的表现，而体温却异常升高，这种表现与冬眠灵的药理作用难以吻合。可见，夏某文之死并非由于冬眠灵的使用而直接引起的。

第六章 逻辑思维：学会理性思考

批判性思维

批判性思维是一种分析和评估信息的能力，它涉及清晰、理性、开放和有纪律的思考。批判性思维不仅仅是批评或否定，而是一种通过提问、分析、综合和应用标准来解决问题的方法。

苏格拉底曾经说过，"没有经过反思的人生，是没有意义的人生"。同理，那些没有被仔细琢磨过的观点，就像是没有经过试穿的鞋子，不一定合脚。特别是我们这些追求真理的法律人，可不能随随便便就接受了这些观点。对观点的挑剔，其实是对思考的深度挖掘，这也是批判性思维的精髓所在。

批判性思维要求清晰、精确，即能够明确地界定问题、概念和信息，并使用精确的语言和精确的思考来避免误解和模糊。批判性思维还要求识别与问题相关的信息和理由，排除无关的干扰，确保推理过程是连贯和合理的，没有逻辑谬误。良好的批判性思维，能够深入探讨问题，不仅仅停留在表面，还能考虑不同的观点和角度，避免偏见和主观性。

批判性思维，说白了，就是一种深思熟虑的推理过程，用来判断一个说法到底靠不靠谱。但关键在于，批判性思维并不只是判断一个说法是对是错，更在于我们如何去评价和理解这个说法。这就好比是说，批判性思维是在对我们的思考进行思考——当我们考虑一个想法是否够棒时，我们其实就在运用批判性思维。毕竟，思想是行动的指南针，我们如何审视自己的思想观念，往往决定了我们是否会走在正确的道路上。

需要注意的是，批判性思维是一种求真思维，是一种寻求观点有据可依的思维，而非简单地否定一切观点，那样则与杠精无异。

坚持问题导向 狠抓精细立法

在这个追求立法精细化的时代,"小切口"立法已经悄悄成为地方立法的新潮流。各地纷纷尝试,甚至有些地方在制定立法规划时,就已经将"小切口"立法纳入其中。不久的将来,这种立法方式有望成为法治中国建设的一大亮点。不过,从理念到现实的转变,需要时间和经验的积累。"小切口"立法还在摸石头过河,实践中遇到的挑战也不少。

如何精准把握"小切口"立法的小问题?不同于全面立法,"小切口"立法注重从细节入手,实现精准打击。但目前,对于小问题的理解还比较模糊。有的地方立法关注的是细节,如《山西省禁止公共场所随地吐痰的规定》就只针对随地吐痰这一小事;而有的地方立法则相对宏观,如《陕西省防灾避险人员安全转移规定》涉及的问题较为广泛。

在立法的世界里,小问题可不是小角色,它们是精细化立法的关键。我们的立法机关得练就一双火眼金睛,在日常生活中发现那些值得立法的小问题。别小看这些小问题,它们可有大作用。在传统立法模式中,小问题可能只是法律条文中的点缀;但在"小切口"立法模式下,这些小问题却能成为整部法律的灵魂,其精细程度让人赞叹。

大问题与小问题,其实没有绝对的界限,但我们可以尝试建立一套标准来识别它们。这里有两个关键词:合法性和妥当性。

首先,合法性是基础。我们要看看国家法律法规是否已经涵盖了这个问题。如果已经有了,地方立法就应该在这个基础上做文章,针对具体事项进行细化。比如,《海南省非物质文化遗产规定》就是在国家法律的基础上,对海南当地的非物质文

第六章 逻辑思维：学会理性思考

化遗产进行具体规定，以让琼侨歌谣、琼剧等文化瑰宝得到更好的保护。

其次，妥当性是进阶。在把握小问题时，我们不仅要合法，还要合理。继续拿海南省的非物质文化遗产保护来说，针对"琼侨歌谣"这样的小问题，我们要考虑是否还有其他类似的文化遗产可以一起保护。如果找不到相似的事项，或者合并立法有难度，那么对于这个小问题就可以单独拎出来进行立法。如果可以合并，那就把它们打包成一个妥当的小问题，一起立法保护。

总之，关于立法选题的精准把握，就是要找到那些"小而美"的问题，让法律更贴近生活，更能解决问题。

三、避免偏见和情绪

打破偏见

罗翔老师说，人们应该坚守法律的底线，以避免沦为欲望和情绪的奴隶。法律的理性，不是置民众于不顾的理性，而是在避免偏见的过程中的一种理性选择。世界上没有两片相同的落叶，每个人从出生到成长、发展，不论是基因还是经历，都构建了自身独一无二的印记，这决定了每个人独立的思维和情感，而这就是偏见产生的根源。如何打破偏见，试试这几招小秘诀：

首先，认识到我们的认知是有局限的。作为法律人，我们在作决策时，得像武林高手一样，不受外界干扰，保持一颗独立思考的心。

其次，坚守证据至上的原则。无论做什么，都要有凭有据，不知全貌的事情不轻易发表意见。就像侦探一样，排除那些不可靠的传闻，追根溯源，只相信可靠的一手信息。

再次，开阔视野，聆听不同的声音。有时候，偏见也不是全无道理，但我们要做的，是寻找那些能让偏见站不住脚的证据，尽量靠近客观真相。

最后，参与到理智的沟通中去。就像法庭上的辩论，我们要在冷静的交流中，用逻辑和事实来击破偏见。

【案例分析】法律不保护这样的"弱者"

来源：微信公众号"最高人民法院"2020年5月19日

某山村为国家AAA级旅游景区，其村民委员会在景区内种植供观赏用的杨梅树，未向村民或游客提供采摘杨梅的活动。杨梅熟了，挂在枝头十分诱人。村民吴某禁不住诱惑，私自爬上树采摘杨梅，却不慎跌落坠亡。吴某亲属将村民委员会告上法庭，主张其违反安全保障义务，对吴某的死亡存在过错。

"不幸坠亡的村民"相对于"村民委员会"显然是弱者，法律这次会保护"弱者"吗？

广州市中级人民法院再审认为，安全保障义务内容的确定应限于管理人的管理和控制能力范围之内。案涉景区属于开放式景区，未向村民或游客提供采摘杨梅的旅游项目，杨梅树本身并无安全隐患，若要求村民委员会对景区内的所有树木加以围蔽、设置警示标志或采取其他防护措施，显然超过善良管理人的注意义务。吴某作为具有完全民事行为能力的成年人，应当充分预见攀爬杨梅树采摘杨梅的危险性，并自觉规避此类危险行为。吴某私自爬树采摘杨梅，不仅违反了该村村规民约中关于村民要自觉维护村集体的各项财产利益的村民行为准则，也违反了爱护公物、文明出行的社会公德，有悖公序良俗。吴某坠落死亡系其自身过失行为所致,村民委员会难以预见并防止吴某私自爬树可能产生的后果,不应认为村民委员会未尽安全保障义务。事故发生后,村民委员会亦未怠于组织救治。吴某因私自爬树采摘杨梅不慎坠亡,后果令人痛惜,但村民委员会对吴某的死亡不存在过错,不应承担赔偿责任。

本案争议的焦点是某山村村民委员会是否应对吴某的损害后果承担赔偿责任。根据诉争焦点,本案应当适用《侵权责任法》(已失效)相关规定。《侵权责任法》(已失效)第37条第1款规定:"宾馆、商场、银行、车站、娱乐场所等公共场所的管理人或者群众性活动的组织者,未尽到安全保障义务,造成他人损害的,应当承担侵权责任。"确定某山村村民委员会是否应对吴某的损害后果承担赔偿责任,需要分析某山村村民委员会有无违反安全保障义务、吴某的死亡与某山村村民委员会是否有因果关系、某山村村民委员会对于吴某的坠亡是否有过错,再审判决从上述角度进行了详细论述。

首先,某山村村民委员会没有违反安全保障义务。某山村村民委员会作为某山村景区的管理人,虽负有保障游客免遭损害的安全保障义务,但这一安全保障义务内容的确定应限于景区管理人的管理和控制能力范围之内。其一,某山村村民委员会虽系案涉杨梅树的所有人,但并未向村民或游客提供采摘杨梅的活动。其二,杨梅树本身并无安全隐患,若要求某山村村民委员会对景区内的所有树木加以围蔽、设置警示标志或采取其他防护措施,显然超过善良管理人的注意义务,也不符合经济效益。其三,从爱护公物和文明出行的角度而言,无论是村民还是游客,均不应私自上树采摘杨梅。其四,吴某作为一名成年人,应当清楚攀爬树木的危险性,并采取有效防护措施,是否警示并不能阻碍吴某的攀爬行为。

其次，吴某的坠亡系其私自爬树采摘杨梅所致，与某山村村民委员会不具有法律上的因果关系。《某山村村规民约》已经规定村民要自觉维护包括公共设施和绿化树木在内的村集体的各项财产利益，吴某私自爬树采摘杨梅的行为违反了村规民约和公序良俗，所产生的损害后果与某山村村民委员会不具有法律上的因果关系。

最后，某山村村民委员会对吴某私自爬树坠亡的后果不存在过错。吴某坠亡系其自身过失行为所致，且吴某跌落受伤后，某山村村民委员会主任及时拨打120电话求救，在救护车到达前，另有村民驾车将吴某送往医院救治，某山村村民委员会及村民在一定程度上对吴某及时采取了救治措施，因此，某山村村民委员会对吴某损害后果的发生不存在过错。从情理来说，人的生命脆弱且珍贵，吴某不慎坠亡的后果令人惋惜，从法理上来说，吴某私自上树采摘杨梅，有悖社会公德和公序良俗，应对其人身损害自行承担责任。

广州市中级人民法院四级高级法官张一扬认为，司法裁判不仅在于定分止争，也承载着对公民行为规范的积极引导作用，通过裁判为公民提供行为标准和价值取向，对弘扬社会主义核心价值观的行为应当依法予以支持和鼓励，反之，对于破坏社会公共利益、违背公序良俗的行为应当予以否定。

逝者吴某私自爬树采摘杨梅的行为漠视村规民约，既损害了集体利益，也违背了社会公德和公序良俗，其行为不应该被效仿。尽管公民个人的行为后果令人惋惜，但再审判决考虑到吴某行为的不正当性、危害性和危险性，对其行为作出了否定性评价，由吴某承担全部的责任，通过裁判明确了事件性质的是非对错，传达了公民应该文明出行、遵守社会公德的理念，引导公民向上向善。

第六章　逻辑思维：学会理性思考

最高人民法院国际商事法庭二级高级法官余晓汉认为，现代文明区别于既往历史文明的一个重要标志是法治原则获得社会成员的普遍认同。法治原则要求处理涉法争议时必须用法律的逻辑思维即法律思维进行分析判断。相对于重在利弊权衡的政治思维、比较成本与收益的经济思维、评价善与恶的道德思维，法律思维是以权利义务分析为主线来判断合法与非法的思维。但"法律就是经过立法机关修饰的生活常识"，按照法律形式逻辑得出的初步结论，应当结合法律基本原则、社会一般观念、通常事理、社会需求、政治导向等进行适当评估。按照法律形式理性得出的裁判意见，再经过价值理性验证合理，就是法律效果与社会效果兼具的司法裁判。"村民私自上树摘果坠亡索赔案"的最终裁判即如是。

全国人大代表、广东国鼎律师事务所主任朱列玉的意见如下：近年来，因公民在公共场所行为不当而造成严重后果的事件屡有报道，往往引起热议。人们在谴责叹息之余，呼吁公民应增强个人的道德责任感、强化规则意识。社会运行文明有序，离不开全体公民对公序良俗的共同遵守，公民在社会活动中应注重自身行为规范。破坏社会公共利益、违背公序良俗的行为不符合公民的朴素价值。该案的审理充分体现了法律和司法维护社会道德、守护社会底线的立场，弘扬了社会主义核心价值观，在规范人们行为方面具有典型性，对引导人们自觉规范日常生活中的言行具有重要意义。

提升情绪韧性，用法律和谐处理

在这个瞬息万变、压力山大的世界里，我们每个人都会产生情绪上的波动，甚至可能遭受外界的情绪伤害。要想保护好自己，不仅需要提升内在的情绪管理能力，更要用法律来筑起一道坚实的防线。让我们一起探讨如何在提升情绪韧性的同时，巧妙运用法律手段来维护我们的权益。

在这个信息爆炸的时代，我们每个人就像情绪海洋中的小船，如何在波涛汹涌中平稳航行，不仅考验我们的情绪智慧，更考验我们的法律意识。

面对职场霸凌、网络暴力或是日常生活中的情感操控，我们不能再做沉默的羔羊。是时候学会主动出击，用法律的力量支撑我们的前行之路了。

1. 情绪耐受力：打造内心的坚固长城

首先，提升个人的情绪管理能力是基础中的基础。这包括学习如何识别情绪、接受而不是抗拒自己的感受、适时表达和沟通，以及培养正念冥想等技巧。提升情绪耐受力的过程，就像是在内心建立起一道坚固的城墙，让外界的负面情绪难以侵犯。

2. 法律知识：磨砺自我保护的锋利剑刃

仅有内心的坚强还不够。当情绪伤害转化为实质性的权益侵害时，法律就是我们最有力的武器。要掌握基本的法律法规，比如《民法典》中的名誉权、隐私权保护条款，《网络安全法》对网络暴力的界定与处罚，以及《劳动法》中关于职场权益的保护规定，这些都是我们在面对不公时能够挺直腰板、合理维权的有力依据。

3. 行动起来：从知法到用法

知道法律是一回事，能够正确、有效地运用法律来保护自己则是另一项重要的技能。当你的权益受到侵犯时，第一步是保留证据——无论是电子邮件、短信记录、社交媒体截图还是见证人的陈述，都是宝贵的证据材料。接下来，及时寻求专业法律咨询，律师的专业意见能帮助你更精准地判断情况并制定应对策略。最后，勇敢站出来，通过法律途径维权。无论是调解、仲裁还是诉讼，都是维护自己合法权益的有效方式。

4. 构建支持系统：你不是孤军作战

在这个过程中，建立一个支持系统同样重要。家人、朋友、同事乃至专业的心理咨询师，他们的理解与支持能为你提供额外的情感力量。同时，加入相关社群或组织，与其他经历相似的人交流心得，也能让你感觉到不孤单，增强斗争的勇气。

在这个充满挑战的世界里，保护自己免受情绪伤害，既需要内在的坚韧，也需要外在的法律武器。让我们从现在做起，不仅成为情绪的主人，也成为自己权益的守护者，让自己的人生变得更加美好且有尊严。

记住，法律是你最坚强的后盾，要学会勇敢地为自己发声，让伤害止步于法律的门槛之外。平衡法律与情感的关系，尤其是在解决冲突和维护个人权益时，是一项微妙而重要的任务。

法律是社会秩序的基石，旨在公平公正地调节人与人之间的关系，保障每个人的合法权益。了解相关法律法规，可以帮助你在遇到问题时，有一个客观的标准去衡量和解决问题，避免因情感冲动导致过激行为。

情感是人类社会交往中不可或缺的一部分，它使我们的生活丰富多彩，但过度的情感投入有时会干扰理性判断。在处理法律事务时，应尝试将情感转化为建设性的沟通方式，比如表达你的关切、需求和期望，而不是让愤怒或悲伤主导对话。合理表达情感，不仅有助于对方理解你的立场，也可能促使对方以更合作的态度予以回应。

在很多情况下，法律并非冰冷无情，而是鼓励和解与协商。尝试在法律框架内，寻找双方都能接受的解决方案，这往往需要将法律的严谨与情感的温度相结合。调解、和解等方式，既能维护法律的尊严，又能照顾到人的情感，显然是更为和谐的处理方式。

每一次面对法律与情感的冲突，都是个人成长的机会。事后反思整个过程，思考如何在今后类似情况下更好地平衡两者，以提升自己的情绪智力和法律素养。学会从每次经历中吸取教训，让自己变得更加成熟和理性。

在解决法律问题的过程中，尽量减少对人际关系的损害。即使在法律对抗中，也要努力保持尊重和礼貌，因为最终，无论结果如何，维护良好的人际关系对于个人和社会的长远发展都是有益的。

【案例分析】分手了，"520"红包要得回来吗？

来源：微信公众号"南京市玄武区人民法院"2023年2月14日

甜蜜情人节，你收到红包了吗？"520"的承诺张口就来，"520"的红包随手就发。浓情蜜意时"拿去花"，一拍两散时"明算账"。恋爱频繁转账"对你爱爱爱不完"，分手闹到法院"爱情就像一阵风"……情侣间相互给付的财物或转账，哪些可以返还？哪些不能反悔？

李某（男）与杨某（女）于2020年7月确定恋爱关系，因感情不和于2021年5月分手，相恋10个月。恋爱期间，李某多次为杨某购买礼物、转账钱款、代付消费等。自2020年7月至2021年5月，李某累计向杨某的支付宝账户转账、代付8万余元；累计向杨某的微信账户及微信红包转账14万余元。经法院核实明细，转账多为520元、1314元等特殊金额，最大单笔转账金额为20 000元。

另查明，双方交往期间杨某也曾向李某的支付宝账户累计转账34 000余元，最大单笔转账金额为9000元，杨某还存在退还部分红包和转账给李某的情况。

第六章 逻辑思维：学会理性思考

李某认为，二人分手后杨某应当返还恋爱期间的转账钱款，遂诉至法院。杨某辩称，双方在恋爱过程中互有花销，李某主动自愿花销钱款应当为赠与行为，双方之间并无婚约，因此无需返还钱款。

一审法院经审理后认为，恋人之间用于表达爱意、联络情谊的小额赠与，多以无偿为特征，但大额赠与通常以缔结婚姻为目的。在恋爱期间，为了培养感情而互赠礼物或者是支出金钱等的消费活动，属于双方自愿的民事法律行为，系赠与而非彩礼性质。李某、杨某交往近一年的时间，期间双方存在共同消费支出，并非只有李某的单方面付出，杨某也存在金钱上的支出。法院结合所查明的李某所从事行业的收入情况，认为对案涉款项不宜认定为远超李某经济承受能力的大额财物赠与，而应认定为维系感情的必要支出，分手后不应当要求返还，故判决驳回李某的诉讼请求。

【法官说法】

1. 特定数额红包，分手后是否需要返还？

情侣之间发特定数额红包，应视为赠与，但需要区分赠与目的：以维系恋爱关系为目的的赠与，受赠人无需返还；以缔结婚姻关系为目的的赠与，如未达成目的，受赠人需返还价值较大的赠与财物。

2. 一般性赠与 VS 大额赠与

恋爱期间一方自愿赠送给对方未超出日常交往范畴的财物，视为一般性赠与，恋爱关系终止后，赠与方要求返还的，法院一般不予支持。

男女双方在恋爱期间为维系感情而互送礼物或支出金钱等，一般属于赠与性质，赠与已实际履行的原则上不支持撤销，比

— 207 —

如"520微信红包""纪念日礼物"等，这些一般被认为是维系感情的必要支出或双方共同消费，不应当要求返还。但对于恋爱双方基于结婚目的产生的、远超个人收入水平和消费水平的大额财物赠与则另当别论，需要考虑双方的家庭收入情况、相处时间长短、双方经济往来情况等因素，综合判断赠与一方的赠与目的，从而作出是否应予返还的认定。

3. 婚约赠与不同于普通赠与

情侣之间互赠礼物均属于赠与，但根据恋爱的不同阶段，可分为普通赠与和婚约赠与。根据最高人民法院相关司法解释，彩礼是典型的以结婚为目的的赠与。如果双方结婚且已共同生活，赠与人达到了赠与目的，就不能要求受赠人返还赠与物；但如果婚后双方未共同生活或婚前给付导致给付人生活困难的，婚后赠与人仍可以要求受赠人返还彩礼。司法实务中，除彩礼外其他以结婚为目的的赠与也都属于婚约赠与，如果赠与目的未达成，赠与人也可要求受赠人返还赠与物。

四、法律逻辑

法律逻辑以构建规范与事实之间的推理为核心

探索法律逻辑的奥秘，其实就是在进行一场游走于规范与事实之间的推理游戏。法律逻辑就像是法律和逻辑的完美融合，但它不是简单的逻辑在法律领域的复制粘贴。在这个游戏中，我们得遵循一些基本的逻辑规则，比如用词要准确，判断要合理，推理要严谨，还得能辨别那些逻辑上的小陷阱。

比如说，我们在玩这个游戏时，首先要弄清楚"概念"这个基础砖块。概念就是抓住事物特点的小工具，而要想用好它，我们得学会定义、分类和概括。这些技巧对于法律人来说，就像是手中的魔法棒，能帮助我们更清晰地处理法律问题。

再来说说逻辑规律，它们就像是游戏中的守护神，确保我们的思维不跑偏。比如，同一律、矛盾律和排中律这些大原则，它们帮助我们识别那些法律辩论中的花招和谬误。

但法律逻辑可不只是普通逻辑的翻版，它有自己独特的魅力。法律逻辑是一场关于如何解决法律问题的思维盛宴，它的核心在于法律推理。这种推理，不是简单的科学推理在法律领域的应用，而是将法律规范巧妙地应用于具体的案件，就像是用法律编织事实的网。

在这个游戏中，我们得从法律规范和案件事实出发，通过逻辑的桥梁，演绎出最终的结论。法律逻辑就是围绕着如何搭建这座桥梁来展开的。它关注的是如何在规范与事实之间建立起坚实的推理关系。

法律逻辑是一场精心设计的推理和论证游戏，它让法律人在事实与规范之间游刃有余，展现出逻辑的力量和法律的智慧。就像克鲁格和麦考密克所说，法律逻辑和推理是我们得出公正判决的基石，是法律世界中的艺术与科学。

【案例分析】一经签收概不退换？法院判决：霸王条款，无效！

来源：微信公众号"中国消费者报"2024年7月12日

在网购消费中，有不少消费者会碰到卖家要求签收时当面验货，且声明"一经签收，概不退换"。那么，商家的这种声明合法吗？

近日，法院公布的判例显示：签收，不是不能退换的理由。

案例一：经营者应承担耐用消费品瑕疵举证责任

2022年11月5日，消费者小王花费7000元网购了一台电视机。由于当时还没入住新家，于是小王向商家提出延期发货，但是电视机还是在 11 月 22 日送到。看到电视机外包装完好，小王进行了签收，但一直没打开外包装。直到 12 月 1 日，安装人员上门安装时，小王才发现电视机在安装后屏幕破裂且底部和右侧的屏幕不能正常显示。

小王与商家联系时，商家表示，其并没有同意小王延期发货的请求并且已经告知。在原告签收电视机前，又多次提示"签收前请务必'通电验屏'，确认没有问题再签收"，已经尽到告知义务，因此不应承担赔偿责任。无奈之下，小王花费 5800 元更换了电视屏幕，并将商家告上北京互联网法院。

经审理后，北京互联网法院判决被告给付原告维修费用 5800 元。

北京互联网法院综合审判一庭副庭长袁建华对《中国消费者报》的记者表示，一方面，涉案商品通电验收存在一定难度，而小王签收后无法于 7 日内安装的理由合理；另一方面，《消费者权益保护法》第 23 条第 3 款规定："经营者提供的机动车、计算机、电视机、电冰箱、空调器、洗衣机等耐用商品或者装饰装修等服务，消费者自接受商品或者服务之日起六个月内发现瑕疵，发生争议的，由经营者承担有关瑕疵的举证责任。"

本案中，虽然被告主动告知了原告应"通电验货"，履行了提示义务，但是无法免除被告应有的举证责任。在被告未举证证明原告造成涉案商品瑕疵的情况下，应当承担举证不利的法律后果，承担瑕疵履行违约责任。

案例二：签收不能视为认可质量符合约定

消费者刘某在网上购买了一个手办模型，单价 198 元，运费 45 元，实付款 243 元。涉案商品的商品详情处载明："请务必当面与快递员验货，一经签收，概不退换。"但是，店铺发货后，快递员将商品置放于快递自提柜，刘某在开柜后5分钟便联系店铺并发照片，显示手办铁盒的一角有磕碰，之后通过平台极速退款机制完成退款，并将货物发送回店铺，平台经判定用卖家保证金赔付了刘某运费损失。随后，经营者冯某起诉了买家刘某，要求他支付货款并承担各项损失1000多元。

经审理，法院驳回了经营者冯某的全部诉讼请求。

北京市第三中级人民法院法官助理田艳飞对《中国消费者报》的记者表示："本案中，消费者刘某指定的收货地址并非快递自提柜，也无证据显示系刘某授权快递员将商品放至快递自提柜。刘某在丰巢柜签收后再打开核实商品情况，5分钟内联系经营者冯某，并在10分钟内说明瑕疵问题，应认为在合理期间内验收。根据法律规定，签收不能视为认可质量符合约定。"

同时，北京市第三中级人民法院法官郑吉喆指出，"务必当面验收""签收则不予退换"等与消费者有重大利害关系的内容属格式条款，经营者应当以显著方式提醒消费者注意、并按照消费者的要求予以说明。而在本案中，经营者仅在商品详情页内，以与其他文字仅颜色不同、但字体相同、大小一致的文字注明了该内容。郑吉喆强调，经营者无权以网页曾写明收货人签收商品即视为认可商品质量符合约定等内容抗辩消费者的合理退货退款请求权。

同时，郑吉喆强调，电子商务经营者不得以格式条款、通知、声明、店堂告示等方式，作出排除或者限制消费者权利、减轻或者免除经营者责任、加重消费者责任等对消费者不公平、不合理的规定。

法律逻辑致力于提供法律判断形成的思维规则

法律逻辑就像是一张精心绘制的思维地图，它的使命是帮助法律人在这片由法律规范和案件事实构成的复杂地形中，找到通往正确法律判断的路径。这张地图，就是我们形成法律判断的思考规则。

在法律的世界里，逻辑就是我们的指南针，它指引我们在判断的过程中不迷失方向。法律逻辑不仅仅是普通逻辑在法律领域的应用，更是一种专为法律判断打造的思维艺术。它告诉我们，如何在事实与规范之间搭建起一座逻辑的桥梁，让我们的法律判断站得住脚。

法律思维的核心是判断，就像是一场游走在法律规范和案件事实之间的智力游戏，我们要做的是找到那个最合适的答案。法律逻辑则为我们提供了这场游戏的规则，它让我们在思考问题时更加有条理，更加理性。

法律逻辑的独特之处在于，它使用的工具——法律概念、法律判断、法律推理——都带有法律的印记。这些工具不是简单的思维形式，它们蕴含着法律的价值和意志，是我们构建法律推理的基础。

比如说，法律概念就像是我们的词汇表，它们定义了法律世界的边界；法律判断则是我们对案件事实的法律评价；而法律推理，就是我们如何从法律规范和事实出发，得出结论的过程。这个过程，可不是简单的科学推理，它更加复杂，因为它涉及价值判断，而价值判断是法律逻辑不可或缺的一部分。法律逻辑的任务，就是为这个过程提供一套思维规则，确保我们的推理既有效又正确。它就像是法律人的思考蓝图，告诉我们如何处理事实，如何寻找规范，如何在事实与规范之间建立起逻辑的联系。

最终，法律逻辑帮助我们追求的，是一个公正、合理的法律判断。它是我们法律方法的基础，确保我们在法律的海洋中航行时，能够遵循逻辑的灯塔，不偏离正确的航线。所以，无论是处理复杂的案件，还是进行法律论辩，法律逻辑都是我们不可或缺的思考伙伴。

五、谨防法律逻辑谬误

法律逻辑谬误之一：捆绑替代

在我们的现代司法体系中，法律的应用就像是一场逻辑的游戏，我们把案件的事实（小前提）和法律条文（大前提）放在一起比较，然后得出结论。这其实就像是在玩一场"找不同"的游戏，只不过更严谨，更有逻辑性。但是，有时候我们会被传统的思维习惯影响，把这种复杂的逻辑游戏简化成了"找相似"的游戏。

我们的传统文化中有一种"天人合一"的思维方式，喜欢用外表相似的东西来互相替代。这种思维模式在法律问题上就变成了"捆绑替代"，就是把两个看起来有点像，但实质上完全不同的问题混为一谈，用解决一个问题的方式去解决另一个问题。这就好比你用修自行车的工具去修电脑，虽然都是修，但方法完全不对。

举个例子，在汽车销售质量违约责任及 3 倍赔偿责任纠纷案件中，如果经销商提供的汽车有质量瑕疵，举证责任应当在经销商身上。然而，如果消费者主张的是消费欺诈，请求经销商承担 3 倍赔偿责任，则其必须证明经销商在主观上具有欺诈故意，且在客观上实施了欺诈行为，这个举证责任则应由消费者承担。在该纠纷中，消费欺诈的 3 倍赔偿责任是 A 问题，产品质量违约责任是 B 问题。然而，人们往往习惯于用处理 B 问题的规则,来分析论证 A 问题,并得出对 A 问题的处理结论。

这种"捆绑替代"的做法,说白了就是"偷换概念"。在法庭上,如果律师用这种方法,可能会让当事人觉得挺有道理,但实际上却是在放烟雾弹,混淆视听。如果裁判者也这样想,那就陷入了错误的认知陷阱。

所以,我们在处理法律问题时,得小心这种"捆绑替代"的思维模式,确保每个问题都能得到正确的处理,而不是被错误地替代掉。毕竟,法律是严谨的,我们需要用正确的逻辑和方法去对待每一个案件。

法律逻辑谬误之二:割裂折中

在法律的天地里,思维和方法往往是非黑即白的,没有太多灰色地带。但是,当法官面对棘手的案件,或者内心的确信与证据得出的结论打架时,他们就会玩起一种叫作"折中"的平衡术。这种折中的智慧,其实在我们的司法传统中早有体现,就像古代的智者管仲和皋陶一样,他们在断案时也会寻求一种平衡。

折中主要有两种方式:一种是"割裂折中",就像把一个西瓜切成两半,然后分别用不同的方法处理,最后再拼在一起;另一种是"直接混合",就是直接把责任分成几份,大家各自承担一点。

"割裂折中"的方式是这样的:把一个问题拆成两个,比如 A 问题变成 B 问题和 C 问题,然后分别用不同的规则处理,最后再把结果混合起来,得出一个折中的答案。这种方法的核心就是"规则混合",有点像我们说的"和稀泥"。

举个例子,甲将其经营的商铺及设施和货物,以 30 万元的价格转让给乙。转让的物品中,包含甲持有的某服装品牌商家网站购货账户余额5万元，双方在移交清单中注明"5万元货物（未到货）"。6个月后，乙起诉主张："甲未履行交货义务，应当承担赔偿责任。"

关于此案的处理，有意见认为：对原告乙的诉讼请求支持一半，即由被告甲赔偿原告乙2.5万元。其裁判思路为：其一，运用举证责任规则，可以得出原告乙尚未得到合同约定货物的结论；其二，由于双方在合同中，对在这种交易方式下，乙方未得到货物的风险后果的承担问题，未作具体约定，因而双方对该损失后果，应当承担共同责任，即各负一半责任。这种做法其实是有问题的，因为它把一个完整的问题拆开了，而且处理得不够彻底。

"割裂折中"这种思维模式，在法官中比较常见，尤其是处理民事侵权纠纷的法官。他们可能会因为双方都有错，就决定让双方各自承担一定的责任。虽然这样做有时候能平衡利益，解决矛盾，但也存在很大的问题。首先，逻辑上就不太站得住脚，因为它忽略了事物的整体性；其次，这种做法往往让双方都不满意，因为裁判理由既肯定了一方的部分主张，又没有完全按照他的主张来，自然会遭到批驳。

所以，虽然折中有时是一种必要的妥协，但我们在处理法律问题时，还是得小心使用这种"割裂折中"的方法，确保每个案件都能得到公正合理的处理。

法律逻辑谬误之三：方法依赖

在法律的天地里，要判定侵权责任，其实就像是在解一个复杂的谜题，需要仔细分析每个构成要件。但这活儿挺繁琐，所以聪明的法律人就想出了一些简便的方法，把这些复杂的原则变成了容易操作的规定。这就是我们看到的《民法典》里那些关于侵权责任的各种类型化条款。

不过,时间一长,大家就开始依赖这些简便方法,差点忘了那个最根本的原则——侵权责任的构成要件分析。这就好比我们用惯了计算器,差点忘了怎么手算一样。

侵权责任的基本原则,说白了就是谁犯了错,谁就得负责。但有时候,即使没有明显过错,法律也规定要负责,这就是所谓的"无过错责任原则"。

具体来看看这些简便方法。一种是对特殊情况的侵权责任作出规定,比如监护人责任、物件致害责任等;另一种是规定合同关系中的侵权责任,比如雇佣或承揽关系中的责任。这些规定其实都是从最基本的侵权责任原则中提炼出来的。

但问题来了,老用这些简便方法,我们就容易犯两个错误。一是"反向否定适用",就是说"不是产权人就不负责",这逻辑明显有问题,因为不是产权人也可能得负责;二是"轻责排除重责",比如只看有没有选任过失责任,而忽略了更重要的侵权责任。

举个例子,农村农民自建房侵权责任。农民甲将自建房的施工以"包工不包料"的形式交由农民乙承担,乙又邀约农民丙等多人具体施工,在施工过程中建筑物件掉落致行人农民丁受伤。处理这类纠纷的习惯性方法是:甲与乙是承揽关系,乙与丙是雇佣关系,因而甲对丁的损害后果承担选任过失责任。

这类纠纷的核心问题,不在于房主与施工人之间是承揽还是雇佣,也不在于施工人是否具有施工资质,而在于房主自愿将房屋交给施工人以什么样的方式进行施工。如果这种施工并非规范确切的承揽关系且施工方式较不安全,则这种施工仍然应当视为房主自己的行为,房主应当对自己的物件和行为致人损害承担侵权责任。

第六章 逻辑思维：学会理性思考

所以，我们在处理侵权责任的时候，要时刻记住那个最基本的原则，别让简便方法蒙蔽了双眼。

法律逻辑谬误之四：结论先行

在法律的宇宙里，保护的不是随便什么利益，而是那些被定义为权利的利益。权利就像是法律给你的一把保护伞，只有在这把伞下，你的利益才能得到法律的庇护。不是所有的利益都能享受这种待遇，只有当你的权利被侵犯，利益受损时，法律才会站出来主持公道。否则，法律可是懒得理会的。

那么，权利到底是什么呢？简单来说，权利就是法律认可并保护的利益。它有两种形式：一种是法律明文规定的权利，另一种是合同里双方约定的权利。这两种权利，都是法律保护的对象。

我们来看看《民法典》第 3 条是怎么说的："民事主体的人身权利、财产权利以及其他合法权益受法律保护，任何组织或者个人不得侵犯。"这就是说，只有当你的这些权利被侵犯时，法律才会出手。

这里有个小插曲，那就是"权益"这个词。它不是简单的"权利+利益"，而是指那些虽然还没正式成为权利，但已经有了权利的雏形，法律在处理时会把它当作权利看待的利益。比如，司法裁判中保护的那些权益，将来有可能变成正式的法律权利。

人们常常会犯一个错误，就是一提到保护某人的利益，就不顾具体情况，觉得应该保护，诉讼请求应该得到支持。这其实是在用空洞的口号代替真正的法律判断。比如，《最高人民法院关于适用〈中华人民共和国婚姻法〉若干问题的解释（二）》（已失效）第 24 条，即以保护债权人的利益为价值取向，把夫妻一方对外所负债务，认定为夫妻共同债务。这种做法虽然很好地保

— 217 —

护了债权人的利益,但是具体操作起来,就很可能损害债务人配偶的权益。这其实就是一种先入为主的思维偏差导致的。

所以,我们要记住,法律保护的是权利,而不是随便什么利益。离开权利谈利益,那可不是法律人该做的事。法律人应该客观、公正,不能让个人价值取向影响法律判断。毕竟,在法律天平两端的每一方的利益都值得被平等对待。

六、逻辑思维给大学生的启发和教育

逻辑思维对于大学生而言,是一种极其重要的思维能力,它在启发和教育大学生方面发挥着至关重要的作用。

促进大学生批判性思维的形成:启发大学生学会质疑,不盲目接受信息,而是通过逻辑分析来判断信息的真伪。教育大学生在面对复杂问题时,能够独立思考,形成自己的见解。

提升大学生的问题解决能力:启发大学生通过逻辑步骤来分析问题,找到问题的核心,从而制定解决方案。教育大学生在解决问题时,遵循逻辑顺序,系统地处理问题。

提高大学生有效沟通的技巧:启发大学生在表达观点时,能够条理清晰、逻辑严密,使他人更容易理解和接受。教育大学生在听取他人意见时,能够准确把握对方的逻辑结构,进行有效的交流和辩论。

增强大学生的决策能力:启发大学生在进行决策时,能够综合考虑各种因素,运用逻辑推理,作出合理的选择。教育大学生在面对不确定性时,能够运用逻辑思维来评估风险和收益。

第七章

精准思维：为什么要抠字眼？

一、法律专业术语

法律专业术语是法律世界的基石

法律专业术语能够提供精确的定义，减少歧义。在法律文书中，一个词的不同解释可能导致完全不同的法律后果。专业术语有助于确保所有法律专业人士和当事人对特定法律概念有共同的理解。

在日常用语中，一些词汇可能有多种含义，而在法律语境中，专业术语有助于避免因日常用语的多义性导致的误解。鉴于语言具有多维性，法律语言如何表达才精确，是一个重要的命题和任务。

法律这东西，说到底，就是一套用语言搭建的观念体系。它得靠词语来给各种思想和意义贴上标签，分门别类，这样才能把不同事物的界限划得清清楚楚。法律的意义要传递，得靠语词这个载体，这样它的价值理念、调整对象和行为规范才能有确定性和预期性。为什么非得依赖语言呢？因为语言本身是比较"懒"的，在社会制度里头，它可不是搞创新的那块料。

说到概念系统，咱们得聊聊术语、内涵和外延这三个好兄弟。术语，就是给东西起个名字，给概念下个定义。这可是基础中的基础，因为"给概念起名字"这事件，可是至关重要的一环。哲学家穆勒就曾强调"命名理论"的重要性，他说，任何说法都是由名字拼起来的，名字是分析说法的第一步。如果语言用得不对，那思维过程就像是大雾天里开车，看不清路，走不远。

法律专业术语的发达程度，是法律制度发展的一个晴雨表。不是所有的想法都能用语言表达出来，法律专业术语往往是概念系统发展到一定程度，才把那些隐性的知识通过术语变成显性的。

术语在知识的组织中起着关键作用，好多学科知识都是围绕着这些术语来组织的。人类用术语这个公共文化产品来储存思想和概念，每个术语就像是一个"概念岩钉"，它不只是工具，还能丰富人的思想，让人作出更深刻、更有见地、更准确的分类。

法律和法学研究要深入，那就离不开术语这个依托。没有术语和概念的繁荣，法律也就谈不上昌盛。如果一部法律的术语和概念开始枯竭，那它离衰败也就不远了。所以说，法律术语是法律世界的基石，需要予以重视。

【法治知识】这些法律术语，你会说错吗?

来源：微信公众号"上海乐川律师事务所" 2024 年 1 月 3 日

以下是常见的一些误用错用的法律术语，自查一下，你能对 5 个吗？

（1）法律效应×，法律效益×，法律效力√（效应：是指由某种动因或原因所产生的一种特定的科学现象，通常以其发现者的名字来命名，如法拉第效应。）（效益：有效、有力、收益。）

（2）法人≠法定代表人（法人：一般而言，指社会团体、

第七章 精准思维：为什么要抠字眼？

企事业单位等组织，是法律上拟制的假人格。）（法定代表人：经法律或章程明确规定的对外代表法人承担义务、行使权利的真人。）

（3）权力≠权利（权力：政治上的强制力，比如国家最高权力机关。）（权利：法律赋予的某种权益，比如民事权利。）

（4）住所≠居所（住所：是法律概念，指户口簿或其他合法有效的身份登记文件中记载的其居住生活的具体场所，是一个法律上的确定个人固定居住的地址。）（居所：不是法律概念，但是"经常居所"是法律概念，经常居所与住所不一致的，经常居所视为住所。）

（5）起诉≠上诉（起诉：指提起诉讼。）（上诉：仅指提起二审的诉讼。）

（6）上诉≠申诉≠抗诉（申诉：一般指公民不服行政机关作出的处理而要求其或其上级重新处理的请求。）（抗诉：仅适用于检察机关，检察机关依上诉程序、审查监督程序对法院提出抗诉以监督其审判工作。）

（7）定金≠订金（定金：是法律概念，是合同当事人为确保合同的履行而自愿约定的一种担保形式。定金具有担保合同履行的性质，定金交付以后，债务人履行债务的，定金一般抵作价款或者收回。）（订金：不是法律概念，一般情况下不具有担保的功能，其法律后果具体要结合合同内容、交易习惯来确定，若合同解除，收取订金一方应返还订金。无论是给付订金一方的原因或者是收取订金一方的原因导致合同解除，均需返还给付的订金。）

（8）被告≠被告人（被告：民事诉讼、行政诉讼中被起诉的一方。）（被告人：刑事诉讼中被起诉的一方。）

（9）询问≠讯问（询问：非强制性的，一般针对当事人、证人、被害人等。)(讯问:具有强制性,一般针对犯罪嫌疑人、被告人。)

(10)刑事拘留≠行政拘留(刑事拘留:是一种刑事强制措施,公安机关对于正在犯罪或有重大犯罪嫌疑的人,有《刑事诉讼法》规定的特定情形的,可以先行拘留。)(行政拘留:是一种行政处罚/行政强制措施。)

(11)违法≠犯罪(违法:违反法律、行政法规、地方性法规等法律文件的规定。)(犯罪:违反刑法规定,并且符合刑法规定的该罪名的犯罪构成要件。)

(12)不予受理≠不予立案(不予受理:申请的事项可能不属于该办事机关的受理范围,故不受理。)(不予立案:司法机关对案件材料进行审查后,认为不存在犯罪事实,或者犯罪事实显著轻微,决定不予受理的行为。)

专业化与大众化统一的法律语言

哲学家伽达默尔曾说:"我们只能在语言中进行思维,我们的思维只能寓于语言之中。"《民法典》一出,大家都炸锅了,一会儿讨论"离婚冷静期",一会儿又点赞"居住权"的引入。这些话题可不只是法律条文那么简单,它们背后的法律语言,是塑造我们法治观念和思维的大功臣。

法律语言的形成就像是在建构一个属于法律人的世界。法国哲学家考夫曼说的"类型化",就是把日常生活中人们的活动方式提炼成法律规范。法学家陈兴良说,这一提炼的过程就是生活事实和法律规范对应起来的过程。比如,在《民法典》"人格权"编中,有关"名称权""身体权"的术语,就是法律人给公民权利穿上的一层保护衣,而这些专业词汇就是他们的画笔。

第七章 精准思维：为什么要抠字眼？

但法律语言和日常用语也是亲兄弟。法律规范的是人的行为，很多法律词汇都是从日常用语中演变过来的，二者虽然长得一样，但意思和用法大不相同。比如，"较大"和"巨大"，我们平时说可能没什么区别，但在法律中，是量刑轻重的重要标准。

法治思维对法律语言的要求很高。一方面，要够专业，以建构科学的法律体系，指引社会行为；另一方面，还要让大众能理解，这样才能让法治思维深入人心。

法律语言要做到三点：严谨、明晰、可读。严谨，就是用词要准，表达要明，逻辑要严。明晰，就是法律术语之间的界限清楚。可读，就是法律条文要让人容易看懂。只有大众都能理解法律，才能真正实现法治。

总之，法律语言不仅仅是说话写字那么简单，它是社会实践的一部分，是塑造社会的重要工具。我们要用好法律语言，让它引领和推动法治中国的建设，让法治融入我们的日常生活。

【法治知识】法律常用词语规范

来源：微信公众号"百色边境管理支队"2021年12月19日

1. 和 vs 以及 vs 或者

"和"：连接的并列句子成分，其前后成分无主次之分，互换位置后在语法意义上不会发生意思变化，但是在法律表述中应当根据句子成分的重要性、逻辑关系或者用语习惯排序。

示例1：一切法律、行政法规和地方性法规都不得同宪法相抵触。

示例2：较大的车站、机场、港口、高等院校和宾馆应当设置提供邮政普遍服务的邮政营业场所。

"以及"：连接的并列句子成分，其前后成分有主次之分，前者为主,后者为次,前后位置不宜互换。

示例1:开庭应当公开,但涉及国家秘密、商业秘密和个人隐私以及当事人约定不公开的除外。

示例2:国务院和省、自治区、直辖市人民政府根据水环境保护的需要,可以规定在饮用水水源保护区内,采取禁止或者限制使用含磷洗涤剂、化肥、农药以及限制种植养殖等措施。

"或者":表示一种选择关系,一般只指其所连接的成分中的某一部分。

示例:任何组织或者个人不得侵占、买卖或者以其他形式非法转让土地。土地的使用权可以依照法律的规定转让。

2. 应当 vs 必须

"应当"与"必须"的含义没有实质区别。法律在表述义务性规范时,一般用"应当",不用"必须"。

示例:仲裁庭对农村土地承包经营纠纷应当进行调解。调解达成协议的,仲裁庭应当制作调解书;调解不成的,应当及时作出裁决。

3. 不得 vs 禁止

"不得"和"禁止"都用于禁止性规范的情形。"不得"一般用于有主语或者有明确的被规范对象的句子中,"禁止"一般用于无主语的祈使句中。

示例1:任何组织或者个人都不得有超越宪法和法律的特权。

示例2:禁止非法拘禁和以其他方法非法剥夺或者限制公民的人身自由,禁止非法搜查公民的身体。

法律文件中不再使用"不准""不应""不能""严禁"等与"不得"和"禁止"相近的词语。

4. 依照 vs 按照 vs 参照

"依照"：规定以法律法规作为依据的，一般用"依照"。

示例：国务院和地方人民政府依照法律、行政法规的规定，分别代表国家对国家出资企业履行出资人职责，享有出资人权益。

"按照"：一般用于对约定、章程、规定、份额、比例等的表述。

示例1：投保人可以按照合同约定向保险人一次支付全部保险费或者分期支付保险费。

示例2：履行出资人职责的机构应当按照国家有关规定，定期向本级人民政府报告有关国有资产总量、结构、变动、收益等汇总分析的情况。

"参照"：一般用于没有直接纳入法律调整范围，但是又属于该范围逻辑内涵自然延伸的事项。

示例：本法第2条规定的用人单位以外的单位，产生职业病危害的，其职业病防治活动可以参照本法执行。

5. 账 vs 帐

表述货币、货物出入的记载、账簿以及债等意思时，用"账"，不用"帐"。

示例：保险代理机构、保险经纪人应当有自己的经营场所，设立专门账簿记载保险代理业务、经纪业务的收支情况。

6. 以上 vs 以下 vs 以内 vs 不满 vs 超过

规范年龄、期限、尺度、重量等数量关系，涉及以上、以下、以内、不满、超过的规定时，"以上、以下、以内"均含本数，"不满、超过"均不含本数。

示例1：盗窃、诈骗、哄抢、抢夺、敲诈勒索或者故意损毁公私财物的，处5日以上10日以下拘留，可以并处500元以下罚款；情节较重的，处10日以上15日以下拘留，可以并处

1000元以下罚款。

示例2：公安机关对吸毒成瘾人员决定予以强制隔离戒毒的，应当制作强制隔离戒毒决定书，在执行强制隔离戒毒前送达被决定人，并在送达24小时以内通知被决定人的家属、所在单位和户籍所在地公安派出所；被决定人不讲真实姓名、住址，身份不明的，公安机关应当自查清其身份后通知。

示例3：劳动合同期限3个月以上不满1年的，试用期不得超过1个月；劳动合同期限1年以上不满3年的，试用期不得超过2个月；3年以上固定期限和无固定期限的劳动合同，试用期不得超过6个月。

7. 日 vs 工作日

"日"和"工作日"在法律时限中的区别是："日"包含节假日，"工作日"不包含节假日。对于限制公民人身自由或者行使权力可能严重影响公民、法人和其他组织的其他权利的，应当用"日"，不用"工作日"。

示例1：公安机关对被拘留的人，认为需要逮捕的，应当在拘留后的3日以内，提请人民检察院审查批准。在特殊情况下，提请审查批准的时间可以延长1日至4日。对于流窜作案、多次作案、结伙作案的重大嫌疑分子，提请审查批准的时间可以延长至30日。

示例2：人民法院对当事人提出的回避申请，应当在申请提出的3日内，以口头或者书面形式作出决定。

8. 公布 vs 发布 vs 公告

"公布"：用于公布法律、行政法规、结果、标准等。

示例1：本法自公布之日起施行。（《村民委员会组织法》第41条）

示例2：统计调查项目的审批机关应当对调查项目的必要

第七章 精准思维：为什么要抠字眼？

性、可行性、科学性进行审查，对符合法定条件的，作出予以批准的书面决定，并公布；对不符合法定条件的，作出不予批准的书面决定，并说明理由。(《统计法》第 15 条)

示例 3：食品安全国家标准由国务院卫生行政部门会同国务院食品安全监督管理部门制定、公布，国务院标准化行政部门提供国家标准编号。(《食品安全法》第 27 条第 1 款)

"发布"：用于公开发出新闻、信息、命令、指示等。

示例 1：履行统一领导职责或者组织处置突发事件的人民政府，应当按照有关规定统一、准确、及时发布有关突发事件事态发展和应急处置工作的信息。(2007 年《突发事件应对法》第 53 条，2024 年修订后已将该法条删除。)

示例 2：突发事件发生地的其他单位应当服从人民政府发布的决定、命令，配合人民政府采取的应急处置措施，做好本单位的应急救援工作，并积极组织人员参加所在地的应急救援和处置工作。(《突发事件应对法》第 78 条第 2 款)

"公告"：用于向公众发出告知事项。

示例 1：公安机关交通管理部门……遇有大型群众性活动、大范围施工等情况，需要采取限制交通的措施，或者作出与公众的道路交通活动直接有关的决定，应当提前向社会公告。(《道路交通安全法》第 39 条)

示例 2：国务院专利行政部门对宣告专利权无效的请求应当及时审查和作出决定，并通知请求人和专利权人。宣告专利权无效的决定，由国务院专利行政部门登记和公告。(《专利法》第 46 条第 1 款)

9. 执业人员 vs 从业人员

"执业人员"：用于表述符合法律规定的条件，依法取得相应执业证书，并从事为社会公众提供服务工作的人员。

示例1：本法所称律师，是指依法取得律师执业证书，接受委托或者指定，为当事人提供法律服务的执业人员。(《律师法》第2条第1款)

示例2：注册会计师是依法取得注册会计师证书并接受委托从事审计和会计咨询、会计服务业务的执业人员。(《注册会计师法》第2条)

"从业人员"：用于表述在一般性行业就业的人员。

示例1：无雇工的个体工商户、未在用人单位参加基本养老保险的非全日制从业人员以及其他灵活就业人员可以参加基本养老保险，由个人缴纳基本养老保险费。(《社会保险法》第10条第2款)

示例2：从业人员有依法接受职业培训和继续教育的权利和义务。(《教育法》第41条第1款)

10. 批准 vs 核准

"批准"：用于有权机关依据法定权限和法定条件，对当事人提出的申请、呈报的事项等进行审查，并决定是否予以准许。

"核准"：用于有权机关依据法定权限和法定条件进行审核，对符合法定条件的予以准许。

示例1：公开发行证券，必须符合法律、行政法规规定的条件，并依法报经国务院证券监督管理机构或者国务院授权的部门注册；未经依法注册，任何单位和个人不得公开发行证券……(《证券法》第9条第1款)

示例2：公证机构的负责人应当在有三年以上执业经历的公证员中推选产生，由所在地的司法行政部门核准，报省、自治区、直辖市人民政府司法行政部门备案。(《公证法》第10条)

二、如何避免误解或曲解？

矛盾争议多源于误解或曲解

无精确，不法律。矛盾争议多源于事实、表达等方面的模糊性和弹性带来的不确定。我们以一个"免费畅饮啤酒"的案例来说明。在一个阳光明媚的周末，李先生带着家人踏进了"美食天堂"餐厅，准备美美地享用一顿午餐。一进门，他的目光就被"免费畅饮啤酒"的招牌牢牢吸引。可是，当这顿饭吃得心满意足，准备结账时，他却被告知那些"免费"啤酒其实是要收费的。就这样，一场关于"免费"啤酒的小风波开始了。

在这场误会解决之前，我们先来聊聊两个保护消费者的法律小知识。《消费者权益保护法》告诉我们，消费者有权知道他们购买或使用的商品、服务的真实情况。而《广告法》也强调，广告不能有虚假内容，不能欺骗或误导消费者。这两部法律就像是消费者的超级英雄，保护我们不被虚假广告所迷惑。

回到李先生的故事，原来这个"免费畅饮啤酒"的活动是有条件的——需要在餐厅消费达到一定金额才能享受。但这个重要信息在招牌上可是一点都没提，以致李先生误以为只要进店就能免费喝啤酒。

小贴士：遇到"免费"优惠，一定要看清楚活动规则，或者问问服务员，免得掉进陷阱。

当李先生提出疑问时，餐厅经理却以"活动规则我们口头说过"为由拒绝了退款。这时候，李先生决定用法律知识来维护自己的权益。

根据《广告法》，餐厅的招牌也算是一种广告，必须真实、准确地传达信息。餐厅没有在招牌上写明限制条件，误导了消费者，招牌就构成虚假广告。同时，《消费者权益保护法》也保证了消费者有权知道服务的真实情况。餐厅没有明确告知活动规则，侵犯了消费者的知情权。

李先生没有放弃，他机智地用手机拍下了招牌和活动规则作为证据，然后有礼有节地要求餐厅经理出示详细规则，并指出招牌的问题。最终，餐厅经理承认了错误，并同意退还啤酒费用。李先生还建议餐厅在招牌上加上活动规则，防止类似的误会再次发生。

小贴士：遇到问题，保持冷静、礼貌，收集证据，勇敢维权。

这场"免费"啤酒的误会虽然解决了，但它提醒我们，作为消费者，我们要增强法律意识，学会保护自己。同时，餐厅也应该诚信经营，避免误导消费者。

细节决定成败

如何运用法律思维把案件事实精准地说出来？这听起来简单，做起来可不容易，得有"精确思维"和"逻辑思维"这两大神器。

细节决定成败，在"搬运"事实时，得客观、全面、准确，不能随心所欲地加工。逻辑思维，就是在尊重事实的基础上，用严谨的逻辑来推理。比如说，你发现了一个疑似骗局，要怎么向警察汇报呢？

你被一位"财富导师"带进了原油投资的大坑，结果赔了个底朝天。如果你这样跟警察说："哎呀，警察叔叔，我被那个'财富导师'和平台骗了，我好惨啊，我的血汗钱都没了！"这种说法可不行，警察叔叔可能就不耐烦了，一句"投资有风险"就把你打发了。

第七章 精准思维：为什么要抠字眼？

但如果你了解法律思维的精髓，你就会这样做：

首先，明确问题：你觉得自己被骗了，想追回损失。

其次，识别法律关系：这可能是个刑事案件或行政处罚案件。

再次，精确事实细节：梳理出"财富导师"拉群、平台诡异操作、多人受骗这些关键点。

接下来，怎么跟警察说呢？

一是别添油加醋，也别隐瞒事实。比如，别预设平台是合法的，也别藏着掖着你曾盈利的事实。

二是在脑子里梳理事实。把那些无关痛痒的情节去掉，比如你赚钱多不容易，重点放在被骗的过程和证据上。

三是有逻辑、有层次地表达。按照事件发展的顺序，从加入QQ群、投资平台、亏损、导师的诱导，到最终的惨重损失，一五一十地说清楚。

记住，当个优秀的"搬运工"，就是要让事实说话，逻辑为王。这样，警察才能帮你把正义"搬"回家。

基于重大误解实施的民事法律行为可被撤销

《民法典》第147条规定："基于重大误解实施的民事法律行为，行为人有权请求人民法院或者仲裁机构予以撤销。"

"重大误解"的意思是说，如果你因为自己的疏忽，对某个民事法律行为的内容产生了很大的误解，比如你以为买的是水果，结果却收到了玩具，那么这个交易就有可能被撤销。

如果有人能证明他们在做这个交易的时候，真的是因为一个很大的误解，而且这个误解严重到如果他们知道真相，就不会作这个决定，那么法院就会支持他们撤销这个交易。但是，如果按照交易习惯，法院认为行为人没有权利请求撤销，那么这个请求就不会被支持。

虽然这个制度在司法实践中经常被提起，但真正能获得法院支持的案例却不多。很多人觉得这个制度好像没什么用，这是由于他们对这个制度的理解有"重大误解"。

为了更好地理解这个制度，我们需要了解一些关于"错误"的概念。在比较法中，重大误解又被称为"错误"。了解错误的概念，需要对比较法中关于错误的研究进行探讨。

在法学界，关于错误的分类，有"错误二元论"和"错误一元论"之争。目前，我国的主流观点倾向于德国法的"错误二元论"，将错误分为表示错误、传达错误和动机错误。也有学者将传达错误归类为表示错误，将错误分为表示错误和动机错误。在《德国民法典》中，表示错误是可以被撤销的，而动机错误原则上是不可以被撤销的。

在我国民法典及其司法解释中，重大误解制度没有刻意区分表示错误和动机错误，但原则上排除了动机错误。

动机错误是指当事人在形成意思的过程中，对决定为某特定内容意思表示具有重要性的事实认识不正确，也就是意思和事实不一致。动机错误发生在意思形成的过程中，是当事人的一种设想或期待。当事人对民事法律行为的内容没有发生错误认识，不会产生效果意思与表示行为不一致的问题。这个设想或期待不是双方交易的基础，不能成为实现合同目的的障碍。

【案例分析】 网店经营者将商品数量标注错误导致商品单价明显低于市价，且与正常促销活动存在明显差异，构成重大误解——高某某与嘉兴昊超电子商务有限公司信息网络买卖合同纠纷案（[2022]浙02民终2958号）

来源：微信公众号"石家庄仲裁委员会"2023年3月23日

网店经营者在网络销售平台发布的商品信息系其向不特定的相对人作出的单方意思表示，是否存在重大误解情形应结合

第七章 精准思维：为什么要抠字眼？

合同条款、行为的性质和目的、交易习惯及诚信原则等因素综合予以认定。

网店经营者的工作人员因将商品的数量标注错误导致商品的单价远低于进货价格，更远低于同类商品正常售价，而网店经营者在销售时并未就商品组织超低价优惠活动，且在发现异常后及时予以下架处理，并通过客服与买方沟通解决方案。综合以上情形，网店经营者以重大误解为由要求撤销合同符合法律规定。

三、精准界定：清晰明确的概念表述和内涵指涉

法律概念

法律概念，其实就是把法律世界里各种各样的现象和事实，抽丝剥茧，找出它们的共同点，然后打包成一个有权威性的分类。这些概念就像是法律的"秘密武器"，它们让法律变得更清晰、更专业，也让法律工作变成了一门独立的手艺。

相比法律概念，我们平时聊天用的词汇就没那么精确。法律概念特别讲究明确性、规范性和统一性。它们在法律中的作用主要体现在以下两个方面：

第一，认识功能：就像地图帮助我们发现新大陆一样，法律概念帮助我们理解和掌握法律。没有这些概念，我们就会在法律的大海里迷航，不知道法律在说什么，交流起来也困难，更别提实际操作了。

第二，构成功能：法律规则和原则就像是法律大厦的砖块，而法律概念则是这些砖块的基础。每个法律判断都是几个概念拼起来的，所以法律概念是打造法律规则和原则的基石。

简单来说，法律概念就是法律世界的"积木块"，没有它们，我们就没法搭建起法律的框架。

按照法律概念所涉及的因素，可将其分为以下几种：

主体概念：用于表达各种法律关系主体（法律上的"人"）的概念，如公民、社团法人、原告、行政机关等。

关系概念：用于表达法律关系主体间权利、义务关系的概念，如所有权、抵押权、交付义务、赔偿责任等。

客体概念：用于表达各种权利、义务所指向的对象的概念，如动产、主物、著作、支票等。

事实概念：用于表达各种事件和行为的概念，如失踪、不可抗力、违约、犯罪中止等。

【法治知识】什么叫"自甘风险"？

来源：微信公众号"安阳市中级人民法院"2024年9月5日

法谚有云："自甘冒险者自食其果。"也就是说，明知有风险，而自己甘愿去冒风险，当风险出现的时候，自己就应当承担责任、承担损害后果。

《民法典》第1176条第1款规定："自愿参加具有一定风险的文体活动，因其他参加者的行为受到损害的，受害人不得请求其他参加者承担侵权责任；但是，其他参加者对损害的发生有故意或者重大过失的除外。"

哪些活动适用"自甘风险"？根据《民法典》的规定，适用自甘风险的活动是指具有一定风险的文体活动，包括专业体育运动、非专业体育运动、自助旅游等户外探险活动。

"自甘风险"的适用条件是什么？①行为人参与的系具有一定风险性的文体活动；②活动本身具有风险，且该风险是自始

第七章 精准思维：为什么要抠字眼？

客观存在的；③行为人必须具有相应的民事行为能力；④行为人明知活动存在一定风险仍自愿参加；⑤造成损害的其他参加者主观上不存在故意或重大过失。

个人应对自己的安全负责。参与文体活动，一定要充分了解活动的形式和特点，全面考察组织者的安全保障能力，综合评估自身情况，合理预估活动风险，增强自我保护意识。

文体活动的组织者、管理者承担责任与否主要与其是否尽到安全保障义务或者教育、管理职责直接相关，其若未完全履行安全保障、教育管理等义务，则应根据过错比例承担相应的赔偿责任。其如若不存在过错，即使出现参加者遭受损害的情形，也无需承担责任。

如何准确理解法律？

正确理解法律需要综合考虑立法目的、法律原则、上下条文等多个维度，运用多种方法。我们以税法为研讨范围，来举例说明。

1. 根据立法目的理解法律

立法目的就像是法律的"初心"，它是我们制定法律最开始的动机和目标。要想真正理解法律条文背后的意义，就得从这个初心出发。尤其是那些有点模糊，甚至有点歧义的法律规定，这时候，想想我们为什么要立这个法，就特别重要了。

比如说，有家企业按照法律规定，通过债权人会议表决和法院批准的破产重整计划，把欠的税款都补上了，但是还有800多万元的滞纳金没缴。企业想修复纳税信用，却和税务机关在"税务机关依法受偿"所依之"法"上产生了争议。

这时候，我们得看看那些相关的政策文件，比如国家部委联合下发的意见和国家税务总局的公告，它们都在说一件事：

破产重整的企业，如果能按照法律缴清税款和滞纳金，就可以申请修复纳税信用。

那么问题来了，这里的"依法"到底依的是哪个法？税务机关说是《税收征收管理法》，企业说是《企业破产法》。两边都有自己的道理，但我们得看看立法的初衷是什么。这些政策文件的宗旨是优化营商环境，帮助企业纠正错误，促进企业健康发展。所以，从立法目的来看，这里依的"法"更倾向于保护纳税人的《企业破产法》。

换句话说，企业按照重整计划缴了部分滞纳金，剩下的未缴部分不应该影响它修复纳税信用。而且，国家税务总局的公告也说了，税收滞纳金可以按照《企业破产法》的规定来处理，这就说明税务机关也在努力保护纳税人权益，鼓励企业通过破产重整重获新生。

所以，根据法律的初心来判断，这里要依的"法"应该是更有利于企业重整和发展的《企业破产法》。这样，企业才能在法律的护航下，顺利地修复纳税信用，重新扬帆起航。

2. 根据法律原则理解法律

法律原则就像是法律世界的"灵魂"，它指引着法律规则的制定和运用。这些原则就像是法律大厦的地基，稳定而且贯穿始终，比那些具体的法律条文更能体现法律的内涵和本质。可以说，法律原则是法律规则的"老祖宗"，而法律规则只是这些原则的具体表现。

有时候，当法律条文有点含糊，或者大家对这个条文有不同的理解时，法律原则就能派上用场，帮助我们看清问题的本质。比如有这么一个故事：

有一天，一个省级税务机关在下午发布了新的土地增值税清算管理办法，并表示"从发布之日起执行"。巧了，有一家企

第七章 精准思维：为什么要抠字眼？

业就在那天上午按照老办法申报了土地增值税清算，按老办法能退回700多万元，但按新办法得补缴100多万元。这下子，企业和税务机关就吵起来了。企业觉得它是上午申报的，应该按老办法来；税务机关却认为新办法从发布当天就开始执行。

这时候，我们就可以把法律原则搬出来。根据"法律不溯及既往"的原则，法律上的"之日"通常是指"次日"而不是"当日"。这个原则是法治的基石，意思是法律不能管它生效前的事。《立法法》和《税收规范性文件制定管理办法》都规定，法律和税务规范性文件不得溯及既往。《民法典》也规定，计算时间的时候，开始的当天不算在内。

所以，企业那天上午的申报，应该还是按照老办法来，因为新办法对企业当天上午的行为没有约束力。这样一来，法律原则不仅帮我们解决了争议，还确保了法律的公平和正义。

3. 根据上下条文理解法律

法律规定就像是电影剧本，每个字每句话都有它的角色特点和意义，但它不是单独存在的，得放在整个剧情里去理解。所以，我们不能光看字面意思，就那样死板地、直接地应用法律条文。得运用系统思维，把法律条文放在整个法律体系这个大背景下去解读，还得结合它周围的环境和背景故事，这样才能真正抓住立法的初衷和深层含义，避免误会或者曲解，确保我们能用对法律。

比如说，有个关于税收的规定，说的是在办理房产过户的时候，如果申报的价格低于评估价且又没有合理的解释，那就得按评估价来算税。有这么个情况，一家国有公司通过产权交易所卖了一处房产，另一家国有企业按底价买下了。办过户的时候，因为申报的价格低于系统里的评估价，两家公司就税怎么算吵了起来。税务局觉得应该按评估价来核定税价，企业却

— 237 —

认为交易价格是公开市场竞价形成的,应该按这个价格来缴税。

这时候,就得回到法律条文的前后文去理解。其实,价格偏低只是个触发条件,不是直接就按评估价来算。得先看看价格偏低有没有合理的原因。如果有,那就按申报的价格来征税;如果没有,那才按核定的价格来征税。至于什么才算"合理原因",现在还没具体的规定,这就需要税务人员根据法治原则、职业操守、社会常识和逻辑思维,依法自由裁量了。

四、精准判断:精准判断案件事实和法律性质

案件事实的准确认定

法官们要面对两大挑战:一个是事实认定,另一个是法律适用。相比起来,搞清楚事实真相往往更让法官头疼。毕竟,案件里的"事实"不会自己跳出来,得靠法官根据证据,像侦探一样推理出来。

长期以来,大家都很关注证据这回事,证据的"三性"(真实性、合法性、关联性)大家都知道。同时,大家也盯着最后要证明的"事实",证明标准、证明责任,这些都是研究来研究去的话题。但说到怎么从证据一步步推导出事实,这个中间的过程,讨论的人就不多了。

"努力让人民群众在每一个司法案件中感受到公平正义",要求法官在运用证据断案时,要符合大家的常识、常理和常情。在判案的时候,法官不仅要依法,还得顺应天理、国法和人情。办案得符合大家的基本是非观、价值观和善恶观。我们把社会主义核心价值观和全社会的基本共识,当作理解法律的基石和灵魂,这也是衡量裁判是否合理的重要尺子。

第七章 精准思维：为什么要抠字眼？

办案的时候，司法机关追求的是法律效果、政治效果和社会效果的统一。司法机关既要严格遵守法律，也要在法律范围内实现政策目标。在裁判时，法官不仅要考虑法律规定，还得融入中国的传统文化、社会主流价值观和公众的普遍认知。特别是那些界限模糊的案件，法官要站在公众的角度考虑，把法、理、情都综合考虑进去，避免裁判引起公众的质疑。

法官要根据案件中的所有证据，全面、准确地查明案件事实，包括案件的起因、构成要件和具体情节等。对于那些因邻里纠纷、家庭矛盾、经济纠纷等引发的案件，法官要特别关注案发的背景和原因，以及当事人之间的关系。如果前因事实不清楚，那法官就要通过补充调查来尽可能地搞清楚。

【案例分析】方某某不服某县公安局行政处罚行政复议案

来源：微信公众号"陇南司法"2024年6月17日

【案件基本情况】

2023年6月21日13时许，某县公安局在某镇进行疑似种植毒品原植物靶点确认时，发现在申请人居住的院内北侧花园中生长有毒品原植物罂粟9株，花园旁边一个塑料花盆中1株，以及院中已经被铲除的毒品原植物罂粟2株。后某县公安局进一步查证，第三人秦某于2022年3月份将该院落出租给方某某居住，此后该院落一直由方某某居住、看管。某县公安局认定方某某在秦某家院子租住期间，在明知院内长有毒品原植物罂粟的情况下，在成熟前未自行铲除，且通过拔杂草等进行养护。遂认定方某某的行为构成非法种植毒品原植物，依据《治安管理处罚法》第71条第1款第1项之规定，对方某某作出行政拘留3日的处罚。方某某不服该行政处罚，向某县人民政府申请行政复议。

【案件办理情况】

本案争议的焦点是被申请人提供的在案证据能否证明申请人非法种植毒品原植物。

《治安管理处罚法》第 71 条规定如下："有下列行为之一的，处十日以上十五日以下拘留，可以并处三千元以下罚款；情节较轻的，处五日以下拘留或者五百元以下罚款：（一）非法种植罂粟不满五百株或者其他少量毒品原植物的……"根据中国人民公安大学出版社出版的《治安管理处罚法释义与实务指南（2014 年版）》对第 71 条的释义，关于"非法种植"的"种植"，是指播种、育苗、移栽、插苗、施肥、灌溉等养护管理等行为。

申请人在被申请人调查过程中称对毒品原植物罂粟不认识，并否认其在第三人家院内非法种植毒品原植物的违法行为，同时辩称该罂粟应该是第三人家院子中原有的罂粟种子散落后自然生长出来的，并且在行政复议期间提出了新的证人方某（申请人租房前的租客）。随后行政复议机关便对证人方某进行询问以及调取方某提供的图片证据，进一步查明第三人院子前一个租户方某在租住时，在拍摄第三人盆景时，就曾发现花园中种植有与毒品原植物罂粟相似度极高的植物。但第三人在自述中否认在该院中原先就有毒品原植物罂粟生长。因此，该院子中被申请人查获的毒品原植物罂粟是否申请人非法种植，申请人是否明知是毒品原植物罂粟仍进行养护的事实存疑。同时，被申请人认定的事实是申请人 2023 年年初在院内种植香菜等蔬菜，并对该蔬菜中长有的 12 株毒品原植物罂粟进行养护，而申请人在笔录中称是其妻子成某 3 月份把其承租的小院小花园整理后种了香菜、韭菜等蔬菜后出门务工。但被申请人未对申请人妻子成某进行询问，因此小花园中的蔬菜到底是谁种植、谁

第七章 精准思维：为什么要抠字眼？

养护管理的事实不清。

综上，行政复议机关认为被申请人在认定申请人构成非法种植毒品原植物的违法事实过程中，没有穷尽一切调查手段，排除合理怀疑，导致认定申请人构成违法的主要事实不清且证实该违法事实的证据不足。行政复议机关决定撤销被申请人作出的对申请人行政拘留3日的行政处罚决定并责令被申请人在法定期限内重新作出处理决定。

【案件评析】

在行政复议中，审查被申请人提供的证据，应根据被申请行政行为的性质，采用不同的证明标准，如对行政裁决适用优势证明标准，对一般行政罚款采取清楚而有说服力的证明标准。但限制人身自由的行政处罚，性质非常严重，是对相对人人身权的重大影响，因此对其应当适用排除合理怀疑的严格证明标准，做到案件事实清楚，证据确实、充分。同时本案反映出，公安机关个别办案民警证据意识不强，对证据确实充分、排除合理怀疑的证明标准理解不够，疏于对证据的审查；虽然收集了相关证据，但不注重审查所收集证据是否形成完整的证据链，不注重排除证据之间、证据与全案事实之间的矛盾，导致案件事实不清、证据不足，所作处罚依法不能成立。因此，行政复议机关要进一步强化行政复议倒逼依法行政的监督作用，通过约谈、通报批评、决定抄告以及行政复议意见书等方式，监督行政机关整改执法问题，提升执法水平，从而发挥好行政复议监督依法行政的作用，确保行政复议的制度刚性。

法律行为的准确定性

法律事实是指能够被有效证据证明的案件事实，而认定法律事实绕不开法律关系性质的确定。现在的法律行为越来越复杂，法律关系的性质也越来越难认定。在实际操作中，总有一些法律关系像是在玩捉迷藏，藏得很深，但它们又对当事人实实在在有影响。

所以，当表面的法律关系和那些藏起来的法律关系同时存在时，我们就得像侦探一样，通过证据的力度和实际操作的情况来分析、梳理，如此才能确定法律关系的性质。这就像是在解开一个谜团，得仔细分析，才能找到真相。

法律行为的定性，说白了，就是给法律行为贴上正确的标签，这样才能使法律规则运用得当。这个过程就像是在解谜，要先弄清楚当事人的真实意图，然后根据这个意图确定法律行为的种类。

根据《民法典》的规定，解释意思表示的时候，要看有没有相对人。不过，不管有没有相对人，解释的时候都要用上"经验/规范"这套双重标准。说白了，就是当事人的真实意图比他们说的话更重要。

解释的时候，法官们不光要看当事人说了什么，还要考虑交易习惯、双方的利益状况，以及他们想要达到的经济目标这些外在因素。这些因素虽然不能直接决定意思表示的内容，但能帮忙理解当事人的意图。

不过，解释的时候也不能太放飞自我，忽略当事人明明白白的话。在判断一个法律行为是"名为……实为……"的时候，要看这个标签贴得对不对，还要考虑这个行为是不是有其他法律行为的特征。

有时候，法律会特别说明怎么解释，这时候就得按照法律的规定来。通常情况下，我们应该尊重当事人的自由，不过也不能让他们为了规避法律而胡来。

总的来说，法律行为的定性不是简单的名义和实质二分法，

第七章 精准思维：为什么要抠字眼？

而是要考虑名义、内容和当事人目的这三个层面。大多数时候，名义不重要，内容才是关键，当事人的目的只是个参考。但在特殊情况下，目的也可能成为决定性因素。

在处理那些故意搞复杂的法律行为时，不能只是根据表面现象来定性，而是要深入挖掘其背后的真实意图。比如，遇到虚假的法律行为，就要先判断表面行为是不是假的，然后再单独看隐藏行为的效力，不能简单地说"名为……实为……"就完事了。因为这两种行为的法律性质根本不是一回事。

【案例分析】"包赚不赔"？法院：名为入股 实为借贷

来源：微信公众号"山东高法"2024年6月25日

"亲戚、朋友当老板、开公司啦！正好我手头有闲钱，存到银行利息太低，不如听从他的劝告，签个'入股合同'，把钱放到他那里，每年都能吃分红。"

如意算盘打得虽好，但当公司经营出现困难，老板无红可分、无钱可还时，入股人的钱还能要回来吗？

2016年5月，原告王某与被告某公司签署《入股协议》，协议约定：由原告王某向被告某公司一次性提供50 000元资金作为入股资金用于被告公司经营，每年以12%的利率、6000元的收益从被告处取得分红，分红自2017年始连续5年，且与被告盈利与否无关，最后一期分红同时返还入股本金50 000元。

2016年7月，原告王某依约向被告某公司指定账户内转款50 000元，被告某公司亦向原告王某出具入股凭证，将原告王某及案涉款项作为"股东""入股资金"进行记载。协议履行过程中，原告王某依约从被告某公司处取得"分红"24 000元，剩余"分红"及入股本金至今未予归还。为此原告起诉至法院要求被告返还50 000元本金及剩余分红。

案涉协议虽约定案涉 50 000 元资金作为原告入股资金，但从协议约定的内容看，其并不具有共同经营、共享收益、共担风险的投资合作特征，而是约定原告出资后，享有固定收益，且与被告实际经营状况无关，并且原告王某并不实际行使股东权利、承担股东义务，亦不参与经营活动，可见协议具有的是借款特征，原、被告之间的法律关系实质为民间借贷关系，入股凭证应作为书面借据对案涉借款事宜进行记载。

上述约定均合法有效，并不存在违反法律强制性规定或其他导致约定无效或效力瑕疵的情形，双方均应严格遵守，且借款期限应自原告王某实际提供借款之日（2016 年 7 月）起。现案涉借款期限已届至，被告某公司未依约偿还借款、支付利息，已构成违约，应依法承担违约责任，故原告王某诉请被告某公司继续偿还借款本金 50 000 元，有事实及法律依据，法院依法予以支持。关于原告王某诉请之借款利息，法院认为，当事人之间就借款利息存有明确约定，即年利率 12%，该约定并未超出法律规定之民间借贷利率保护上限，合法有效，法院依法予以认定。

法院判决，被告某公司偿还原告借款本金 50 000 元及未付利息。

在现今的民商事活动中，往往存在各种类型的披着"投资"外衣的借贷行为，而借贷与投资在法律上属于两种性质完全不同的款项，它们有着完全不同的法律特征和法律后果。

区分投资与借贷，应当把握以下几点：第一，投资者是否参与经营管理；第二，双方是否约定投资者享有固定收益或回报，但不承担经营风险；第三，双方是否履行法定出资程序并进行工商登记等。当事人在签署合同时，务必要探究双方的真实交易目的，基于真实的意思表示签署协议，以便更加便易地维护个人权益。

五、精准裁量：在司法自由裁量权的范围内达致相对精准的结论

自由裁量权

在这个日新月异的时代，社会就像一个越来越复杂的拼图，法律作为维持秩序的守护者，有时候也会感到力不从心。于是，法官的自由裁量权就成了应对这个挑战的利器。那么，这个自由裁量权到底是什么呢？简单来说，就是法官在审理案件时，根据事实和法律，用自己的判断来作出最合适的裁决。

自由裁量权是法官在审判过程中的特权，离开了法庭，这个权力就无从谈起。

法官在法律规定的范围内，根据自己的法律理念和意志来行使自由裁量权。这个权力可不是随意行使，只有在法律没有明确规定或者只给出原则性规定时才能用。法官的意志要和国家法律意志保持一致，不能被其他个人意志所左右。

法官的自由裁量权就像是在法律和事实之间搭建的一座桥梁，让司法更加灵活，更能适应社会的变化。

社会关系就像一张错综复杂的网，而法律就像是一个大框框，尽量去覆盖这些关系。法律是给大多数人制定的行为准则，它不可能面面俱到，为每一个具体的人量身定制规则。就算立法者再怎么聪明，也不可能把社会的每一个小细节都考虑进去，制定出完美的法律。毕竟，历史上还没有出现过能适应一切情况的完美法律。

法律和不断变化的社会之间，就像是一场永无止境的追逐

赛。法律是法官办案的指南针,它既要跟上时代的步伐,还要保持一定的稳定性。如果法律今天立明天改,那谁还会把它当回事呢?它的指引作用也就不复存在了。

法律总是慢半拍,因为它是对过去社会现象的总结。从它诞生那一刻起,就已经有点儿跟不上它要服务的社会了。社会不断发展,新的法律关系就像春天的野草,不会因为没有法律规定就不出现。所以,法律总是显得有些滞后。

立法者为了让法律不那么落伍,会制定一些有前瞻性的规则,但生活总是比法律更丰富多彩,更变化多端。法律的脚步永远追不上生活的速度。这种差距,只能通过不断制定和修改法律来缩小。

法律和现实之间,总有点儿不对付。绝对的适应是不可能的,但相对的适应是我们努力的方向。要让法律处理具体案件时更贴合社会生活的需要,就得靠法官在审判时正确运用自由裁量权。这样,才能让死板的法律活起来,让裁判更有个案针对性。在法律不太明确的时候,法官就得用自由裁量权来把模糊的规定解释清楚,把争议的解决理由说个明白,这样才能更好地实现社会的公平正义。

审判的确定性就像是要画一幅精准的画像,但法官就像是个画家,他们得根据证据来重现案件场景,而不是亲眼所见。这就好比画家要根据描述来作画,难免会有偏差。法官靠证据来推断案件事实,但证据就像是不完整的拼图,总有些缝隙和不确定性。

这就导致了社会事实和法律事实之间的差距。为此法官得像侦探一样,分析证据和事实,区分表象和本质。这个过程,就是法官的认证过程。在现代的证据法则里,法官用的是自由心证的方法,这就相当于法官在认证事实时,有一定的自由裁

第七章　精准思维：为什么要抠字眼？

量权。

简单来说，当社会事实不那么清晰的时候，自由心证就是让法官运用他们的社会经验，尽可能地让法律事实贴近社会事实。自由心证就像是法官在证据法领域里的画笔，法官要用它来尽可能地还原案件的真实面貌。

【案例分析】彩礼返还金额的酌情认定

来源：微信公众号"吉林省高级人民法院"2024年5月28日

栾某与郑某经人介绍相识后，栾某给付郑某16万元彩礼，双方登记结婚，未生育子女。由于婚前缺乏了解，婚后未建立起真正的夫妻感情，二人因生活琐事经常发生口角。结婚不满一年，栾某自觉身心疲惫、夫妻感情破裂，诉至法院要求离婚，郑某返还彩礼10万元。

法院受理该案后，办案法官了解到双方经人介绍确定恋爱关系到登记结婚不满半年，婚后同居生活不满一年且未生育子女，给付彩礼数额较大。双方均同意解除婚姻关系，唯一的争议点是彩礼范围及返还数额。法院多次组织双方调解，释法说理，对争议财产逐一明确是否属于彩礼，并依照《最高人民法院关于审理涉彩礼纠纷案件适用法律若干问题的规定》第3条、第5条的规定，结合双方婚后共同生活时间、孕育情况、彩礼实际花销及给付方家庭经济情况等因素综合分析评判，最终促成双方签订调解协议：双方离婚，郑某返还栾某彩礼5万元。郑某当即履行返还义务。

人民法院准确适用并深入解读《最高人民法院关于审理涉彩礼纠纷案件适用法律若干问题的规定》，促成婚前给付大额彩礼、婚后共同生活时间较短且未生育子女的当事人，达成返还少量彩礼的调解协议并即时履行，较好地平衡了双方当事人的利益，于无形中化解了"执行案件"。人民法院依法贯彻"诉前调解+执行"一步到位的办案理念，取得了良好的法律效果和社会效果。

附：《最高人民法院关于审理涉彩礼纠纷案件适用法律若干问题的规定》

第5条　双方已办理结婚登记且共同生活，离婚时一方请求返还按照习俗给付的彩礼的，人民法院一般不予支持。但是，如果共同生活时间较短且彩礼数额过高的，人民法院可以根据彩礼实际使用及嫁妆情况，综合考虑彩礼数额、共同生活及孕育情况、双方过错等事实，结合当地习俗，确定是否返还以及返还的具体比例。

人民法院认定彩礼数额是否过高，应当综合考虑彩礼给付方所在地居民人均可支配收入、给付方家庭经济情况以及当地习俗等因素。

"同案同判"是限制自由裁量权的方式

自由裁量权，就像一把双刃剑，用得好可以披荆斩棘，用不好就可能伤到自己。我们必须承认，它虽然有好处，但风险也不小。

首先，自由裁量权的滥用可能会导致一些法官随意作决定，这样下去，法律就变成了个人的意志，而不再是公正的体现。这种专断的权力，一旦失控，就可能变成专横，不仅可能破坏法律的民主根基，还可能威胁社会的正义、自由和平等等基本价值。

其次，法官也是人，每个人都有自己的观点和情绪。如果自由裁量权太宽泛，那么法律的执行就可能取决于法官的逻辑思维、法律理解、情绪状态，甚至是和当事人的关系。这样一

第七章 精准思维：为什么要抠字眼？

来，公民的命运就像是在法庭上玩轮盘赌，充满了不确定性，这也让人对法官的公正性产生怀疑。

最后，自由裁量权的滥用还可能成为腐败的温床。一些执法人员可能利用这个权力进行权钱交易，让法律成为摆设。这样的行为，不仅削弱了法律的权威，也让法律的效力大打折扣。

所以，法官的自由裁量权得有个度。在现代司法中，没有绝对的自由裁量权，因为那可能导致绝对的腐败和不公。法官的自由裁量权应该是有限度的，更多的是在填补法律漏洞和明确法律规定时的补充。如果不对法官的自由裁量权加以限制，那可能会导致权力滥用，司法公正也就无从谈起了。

同案同判，这个原则听起来有点高大上，但其实它的出现就是为了限制法官的自由裁量权，让司法更加公正。司法就像是个大棋盘，法官要根据法律这个棋谱来下棋。但有时候，棋谱上没写清楚怎么走，这时候法官就得自己判断。但是，如果每个法官对同一棋局都有自己的下法，那这棋还怎么玩呢？所以，就有了同案同判这个原则。

同案同判的核心思想就是"同样的情况，同样的处理"。这样做有几个好处：

第一，形式正义：就像我们平时说的"一视同仁"，同案同判就是对平等原则的尊重。如果同样的案件，今天这样判，明天那样判，那法律还有什么公信力？

第二，裁判一致性：法官的判决得有连贯性，不能前后矛盾。如果前面的案子是这样判的，那么后面的类似案子也应该判得差不多。

第三，限制了法官的自由裁量权：有了同案同判的要求，法官就不能随意发挥，得按照前面的判例来。这样，法律的执行就更统一，更公平。

当然，有人可能会说，每个案子都有它的特殊性，完全的同案同判是不是太死板了？确实，这就需要法官在尊重前例的同时，也要考虑案件的具体情况。但总体来说，同案同判是一个很好的原则，它让法律更加稳定，让人们对司法更有信心。

六、精准思维给大学生的启发和教育

精准思维是一种追求精确、严谨、科学的思维方式，它对大学生具有重要的启发和教育意义。

精准思维鼓励大学生严谨治学。精准思维鼓励大学生在学习和研究中追求精确性，不满足于模糊的概念和大概的判断，而是追求事实和数据的准确性。精准思维可以培养大学生在学术研究中严谨细致的态度，大学生对待每一个论点、每一个数据都要求真求实。

精准思维强调以问题为中心，要求大学生在遇到问题时精准定位问题核心，避免表面化处理。精准思维教育大学生在面对问题时，要学会抽丝剥茧，找到问题的根源，从而制定有效的解决方案。

精准思维强调证据的重要性，要求大学生在表达观点或作出判断时，应当基于充分的证据。精准思维培养大学生尊重事实、重视证据的思维方式，提高其批判性思维能力。

精准思维要求大学生在处理问题时注重细节，因为细节往往决定成败。精准思维教育大学生在学习和工作中要注意细节，做到精益求精。

精准思维并不是墨守成规，而是在严谨的基础上鼓励创新。精准思维鼓励大学生在掌握扎实基础知识的同时，敢于创新，勇于探索。

精准思维对大学生的启发和教育,在于培养他们成为具有严谨科学态度、逻辑思维能力、创新意识和高度责任感的高素质人才。这种思维方式是大学生适应未来社会发展和实现个人成长的重要素质。

第八章

底线思维：为什么要守底线？

一、法律是社会行为的底线

社会行为的底线，为法律所不容，为大家所不容

法律，就像是我们社会的一座坚固堡垒，它守护着秩序与公正的边疆。它是我们共同的底线，是公平正义的基石，也是我们权利的守护神。

法律指引我们的行为，并设定了清晰的界限。它告诉我们，哪些路可以走，哪些红线绝不能踩。在法律的庇护下，我们明白了自己的行为边界，也清楚了违法的代价。法律带给我们安全感，让我们能够自由地生活、工作、交流。

法律的意义，不止于惩罚，更在于预防和教育。它的存在，让我们认识到违法的成本，起到了警示作用。它鼓励我们自觉守法，培养良好的道德和行为习惯。通过法律的教育，我们能变得更文明、守法。

【案例分析】"王某驾车逆行辱骂殴打他人"案件解读

来源：微信公众号"青岛公安"2024年9月3日

案情及处理结果：2024年8月28日13时许，王某（女，

第八章 底线思维：为什么要守底线？

38岁，崂山区人）驾车行至崂山区青山村观景台附近时逆向行驶，因对向正常行驶的林某某（男，26岁，崂山区人）未对其让行，王某下车对林某某进行辱骂、殴打。公安机关接报后迅速开展工作，将王某查获。经调查，王某的行为违反《治安管理处罚法》第42条、第43条的规定，公安机关遂依法对王某并处行政拘留10日，罚款1000元。

以下为中国政法大学教授陈碧的解读：

第一，受害人受的是轻微伤，如果是轻伤就可能涉及刑事入罪，对王某要以故意伤害罪来论处，而因为是轻微伤，自然就适用《治安管理处罚法》。

有些网友询问说在《刑法》里面还有一个罪名叫寻衅滋事，虽然受害人受的是轻微伤，但是加害者扰乱了社会秩序同样涉嫌犯罪，本案为什么没有依据《刑法》追究王某的行为？这就要谈一下寻衅滋事罪的构成要件了，该罪最重要的构成要件就是无事生非，即完全没有理由地挑衅生事，同时行为人的目的就是扰乱社会秩序，所以未来大家要判断一个行为是不是寻衅滋事，主要要看这两个构成要件。寻衅滋事罪和故意伤害罪的最大区别就是它们侵犯的法益是不同的，如果你要说是故意伤害，侵犯的就是受害者的人身权，但是若说是寻衅滋事，侵犯的则是社会秩序，所以二者的客体是不同的。

再谈第三个也是网友很关心的问题，如果以后再碰上这样打人的情况，我们是不是只能够被打受辱，这就涉及正当防卫的问题。在电影《第二十条》里面，我们可以领会到一个思想，那就是法不能向不法低头。《治安管理处罚法》最近要迎来一次大修，在修订后的《治安管理处罚法》中，正当防卫的思想也会写入其中，这样未来我们的警察在处理治安案件的时候，也能更好把握这一原则，让法不至于向不法低头。

几个你可能不知道的法律底线

每当谈起犯罪，我们脑子里浮现出的总是狰狞的面庞、严密的设计。然而日常生活中，因为法律意识淡薄而不小心触犯法律的人不在少数。违法犯罪这件事离我们究竟有多近？日常生活中有哪些情形可能一不小心就构成违法犯罪？

1. 网上发表不当言论

网络不是法外之地，别因为一时的口嗨，就在网上胡乱造谣生事，或者恶意辱骂、恐吓他人，更不要去侮辱警察、先烈、领导人等。这些行为不仅扰乱社会秩序，还会带来严重危害，一旦触法，法律的惩罚可是不会手软的。来看看网络造谣的几种常见操作：编造故事，发泄对政府、社会、单位的不满；不分真假，盲目跟风评论转发；故意造谣中伤，毁人名誉；利用剪辑、拼接手段，扭曲事实，恶意炒作吸睛；冒用公文样式，假装权威，吸引眼球。

法律法规也明确规定了这些行为的后果。《治安管理处罚法》规定，散布谣言、谎报险情等，轻则罚款，重则拘留。《刑法》规定，公然侮辱或诽谤他人，情节严重者，可能会坐牢。相关司法解释规定，网络辱骂、恐吓他人，破坏社会秩序，或者编造散布虚假信息，造成严重混乱的，都会被追究刑事责任。

所以，上网冲浪也要遵守规则，别让一时的冲动变成永远的遗憾。

2. 出租买卖"两卡"

"两卡"犯罪，听起来像是电影里的高科技犯罪，其实就是指那些非法买卖、出租手机卡和银行卡的行为。自2020年10月"断卡"行动开始，这类犯罪案件的数量就像坐了火箭一样飙升，现在已经是刑事案件中起诉人数第三多的犯罪了。2022年

第八章 底线思维：为什么要守底线？

上半年，就有6.4万人因为涉嫌帮助信息网络犯罪活动罪被起诉，其中不乏大量学生。

这里要特别提醒大家，帮助信息网络犯罪活动罪是2015年《刑法修正案（九）》新增的罪名，简单来说，就是如果你知道别人在用网络干坏事，你还给他提供技术支持，比如互联网接入、服务器托管、网络存储之类的，或者帮他做广告、处理支付，那你可能就摊上事儿了。

常见的涉嫌帮助信息网络犯罪活动罪的违法行为包括：买卖、出租信用卡、银行账户、支付账户等，包括那些有支付功能的互联网账号密码、网络支付接口、网上银行证书；买卖、出租别人的手机卡、流量卡、物联网卡。

法律可不是吃素的，《刑法》规定了帮助信息网络犯罪活动罪："明知他人利用信息网络实施犯罪，为其犯罪提供互联网接入、服务器托管、网络存储、通讯传输等技术支持，或者提供广告推广、支付结算等帮助，情节严重的，处三年以下有期徒刑或者拘役，并处或者单处罚金。"《反电信网络诈骗法》规定，不管是单位还是个人，都不能买卖、出租、出借电话卡、物联网卡、电信线路等，更不能冒用他人身份或者虚构代理关系开立这些卡、账户、账号。如果违反了上述规定，不仅会被没收违法所得，还可能面临高额罚款，严重的话，还要被拘留。

所以，大家上网的时候，可长点心吧，别为了点小利，成了网络犯罪的帮凶。

3. 网上买卖违禁品

郑某加入了一个枪弹爱好者的QQ群，按照群里的"教程"在网上淘了射钉枪、钢管、钢珠等零件，自己动手组装了一把枪。结果一鉴定，这把自制枪支的枪口比动能达到了33.22焦耳/平方厘米，被认定是真枪。后来，警察依法把他的这把枪和

大学生法律基础与思维运用

制造工具都收走了。郑某也因为这件事，被判了3年有期徒刑，但法官给了他一个缓刑4年的机会。

法律规定禁止买卖那些危险的违禁品，因为这些东西一旦落到不法分子手里，就可能变成犯罪的工具，危害社会安全和大家的生命财产安全。所以，大家得增强法律意识，别去买、别去藏那些不该有的东西。这里给大家提个醒，有两种常见的违禁品要小心：

第一，危险品。比如，买卖仿真枪、道具枪，或者能发射的塑料模型枪；网上直接买卖枪支弹药；网购枪支、弓弩零件自己组装，都被《枪支管理法》和《刑法》规定为违法行为，严重的话还要坐牢。

第二，毒品。从第一代的海洛因、鸦片，到第二代的大麻、冰毒，再到第三代的合成大麻素类、卡西酮类，还有那些是有成瘾性的笑气、紫水，都是毒品。《刑法》明确规定，非法持有或者买卖毒品，不管多少，都是要追究刑事责任的。

所以，大家要清醒点，千万碰这些违法的东西。

4. 网络博彩

薛某在手机上用某个软件赌球，还帮刘某、李某、阎某几个朋友下注，总赌资达到2万多元。后这三位朋友因为赌博被行政拘留了10天，还罚了500块钱。薛某就更严重了，他不仅自己赌，还给别人提供赌的条件，所以被合并处罚，行政拘留20天，外加1500元的罚款。

这里得给大家提个醒：买彩票得去国家规定的正规地方，网上那些卖彩票的都是非法的。别信那些赌博平台的什么中奖承诺，也别往里面充钱，不然你不仅可能会损失钱财，还可能摊上法律责任。

《治安管理处罚法》和《刑法》都明确规定，不管是提供

第八章　底线思维：为什么要守底线？

赌博条件还是参与赌博，都是要受到法律制裁的，严重的话还得坐牢。所以，大家还是老老实实，别去碰这些不该碰的东西。

5. 与醉酒异性发生关系

小轩和小丽，两个年轻人在一次聚会上相遇。聚会中，小丽喝得太多，已经醉到不省人事。小轩出于关心，决定送她回家。但没想到，在路上，小轩却起了坏心，带着小丽去了宾馆，并和她发生了关系。事后，小丽选择了报警，小轩因此被公安机关以涉嫌强奸罪立案侦查。

这里要提醒大家，和女性交往一定要有分寸，尊重对方的意愿。如果对方不愿意，你还强行发生关系，那就可能触犯强奸罪。哪怕你没用暴力或者胁迫，但对方如果是因为喝醉了无法反抗，也算强奸罪里的"其他手段"。根据《刑法》，这样的行为是会被判刑的，严重的话，可能还要坐好几年牢。如果是和未满 14 周岁的女孩发生关系，那更是会被从重处罚。所以，大家一定要自律，别做出让自己后悔终身的事。

每个人都应对法律存有敬畏之心，不逾越法律的红线。一旦触碰红线，面临的一定是法律的严惩，危害后果可能会伴随你的一生。凡事三思而行，方能享受可贵的自由。

二、对自己的行为负责，并承担相应的后果

法律规范的是行为，而不是你的想法

有一位律师分享了这样一个案例：一位嫌疑人被指控盗窃。律师见到嫌疑人后，凭借自己的经验，认为嫌疑人看起来并不像是习惯性的犯罪分子。嫌疑人有自己的公司，却因为涉嫌盗

窃被警方拘留。这是怎么回事呢？

原来，三个月前，他来济南出差，偶遇两位老乡，一番畅谈后，受邀一同游览。在两个小区，老乡让他望风，事后给了他3000元。没几天，他就被抓了。

在看守所里，他对公安机关和检察机关的办案方式表示愤怒，认为自己是无辜的。他甚至说他自学了法律，坚称自己没有犯罪意图，如果知道老乡去偷东西，绝不会帮忙望风。他觉得自己没有盗窃的故意，所以不构成犯罪。但法律不仅仅是看你的意图，还要看你的行为。

如果有人拿着枪闯进国家领导人的会议室，即使他说自己是来打鸟的，也会被拘留。这说明，法律规范的是行为，而不是你的想法。在本案中，作为一个成年人，他应该意识到老乡的行为可能不正常，即使他真的不知道具体情况。

很多人为了利益或者某种目的行事，却不想承担后果。但法律是公正的，不会让任何人因为不当行为而获利。回到本案，如果嫌疑人不能改变观念，坚持自己无罪，可能会导致更严重的后果。

对于普通民众，不懂法没关系，只要懂道理就行。如果你觉得某个行为不合理，那就不要做。除非你懂法，知道如何规避风险。法律既保护你，也规范你的行为。

为什么要对醉酒后的行为承担法律责任？

"我发誓，我真的没打算这么做，就是那天喝多了，一时没控制住自己……"

说实话，这样的台词，警察的耳朵都要听出茧来了。翻开那些年的案卷，因"酒"引发的犯罪故事，简直不要太多。

小A，酒壮怂人胆，偷了面包车里的包，结果当晚就被

第八章 底线思维：为什么要守底线？

抓了。

老R，酒后心情不好，把啤酒瓶当飞镖，结果伤了路人，还被报警。

C姐，等代驾的时候，挪个车都能剐蹭，最后也是找警察来帮忙收场。

翻翻新闻，酒后故意伤人、闹事、实施不雅行为、危害公共安全的事，简直层出不穷。这些嫌疑人们，被抓后总是异口同声："我那是喝多了。"好像"喝醉了""断片了"就能成为逃避责任的万能钥匙。但现实是，每个人的酒量不同，有的人千杯不醉，有的人一杯就倒，醉酒的程度不好衡量，酒后的自控力也没法统一标准。如果醉酒能免责，那不就有人故意喝醉然后去实施犯罪了吗？

酒精会降低人的理智判断能力和自我控制能力，可能导致人在不清醒的状态下做出违法犯罪的行为，如斗殴、性侵、盗窃、交通肇事等。但是，个人选择饮酒是自愿行为，因此应对饮酒后可能产生的后果负责。成年人应该能够预见到饮酒可能导致判断力下降、行为控制能力减弱等后果。

醉酒后的行为可能会扰乱社会秩序，威胁他人的人身和财产安全。为了维护社会的和谐与安全，需要对醉酒后的不当行为进行法律制裁。

通过对醉酒后的行为设定法律责任，可以起到预防和减少因醉酒引发的犯罪行为的作用，促使人们自觉控制饮酒量，避免因醉酒导致的违法行为。

法律责任是对行为人的行为进行评价和规制的手段。即使在醉酒状态下，行为人仍然要对其行为承担法律责任，这体现了法律的责任原则。醉酒后的行为可能给他人造成伤害，法律要求醉酒者承担责任，是为了保护受害者的合法权益，确保受害者可以得到赔偿和救济。

【法治知识】醉酒后的行为，需要负哪些法律责任？

来源：微信公众号"深圳市人民检察院"2023年11月23日

1. 酒后犯法是否应负刑事责任？

《刑法》第18条第4款明确规定："醉酒的人犯罪，应当负刑事责任。"即具备相应刑事责任的人，对自己的行为应有充分的辨认能力和控制能力，对醉酒行为后果也应有充分的预见性，因此，应当对自己的酒后犯罪行为负刑事责任。

2. 醉酒人员存在从轻或减轻处罚情节吗？

根据《刑法》的规定，存在从轻或减轻处罚情节的几类人群有：未成年人、已满75周岁的老年人、聋哑人、盲人、精神病人。

特别注意：以上规定，不包含醉酒人员。

3. 酒后行为还要承担哪些责任？

《民法典》第1190条第2款规定："完全民事行为能力人因醉酒、滥用麻醉药品或者精神药品对自己的行为暂时没有意识或者失去控制造成他人损害的，应当承担侵权责任。"

大学生网贷违约后"失联"成"老赖"

有些大学生会因为一些短期的资金需求，比如购买手机、电脑、服装等享乐型、超前型消费，而选择校园贷。校园贷广告，声称无抵押、低利息、手续简单等，而在借款过程中却隐藏着诸多"套路"。校园贷现已被国家有关部门叫停，但是其引发的后续纠纷仍存在影响。

第八章　底线思维：为什么要守底线？

【案例分析】大学生网贷成被告

来源：微信公众号"中国普法"2018年10月24日

学生小天在某网贷平台借贷4000元，并签署了一份协议。还款计划显示，小天每月应还251元左右，其中本金166元左右，服务费（包括利息）85元左右，通篇借款协议看下来，只有一个借款金额和借款期限，没有看到对利息和服务费的比例有明确约定。格式合同中借款责任问题也没有通过加黑加粗的方式提示学生予以明确。

看似每月还款压力不大，但24期下来，如果按期还款，小天总共需还6000多元，年利率在25%左右，而其计算利息的方式，即使已还了23期，仍以4000元作为本金。一旦还款发生逾期，要按没有还款的部分每天支付3%的违约金，远远高于国家规定。

法官提醒：如今，各种名目的网络贷依然存在。即使确实有资金需求，也要先评估自己的还款能力，借款时要谨慎小心，充分了解国家关于利率的规定，这样在与出借方协商时才更有底气。而作为大学生，不能碍于情面以自己的名义帮同学借款，须知作为成年人，自己合法签订的合同是具有法律效力的，一旦无法依约履行，自己便要承担违约责任。

2018年3月至7月，广州市天河区人民法院共受理高校学生贷款案件708件。令人担忧的是，大部分学生目前仍处于"失联"状态，一旦法院缺席判决后仍无法执行，这些学生会被纳入征信系统，在社会上将寸步难行。

明明是高校学生，为什么会"失联"？天河区人民法院调解速裁中心张瑞平通过对样本进行分析后发现，涉及这些案子的学生基本是大三、大四的学生，很多学生借款时还在校，发生纠纷时，已经毕业了，法院没办法联系到借款人。

据统计，这708件案件中，关于原告提供的联系方式，80%的借款人的手机号码为过期或空号，剩余20%的电话号码也普遍存在关机、不接听等现象。目前，成功送达的案件仅为10%。一些学生单纯地以为网络贷不违法，可以不用还。

在校学生要有诚信意识，一旦发生纠纷，积极应诉，也可寻求家里帮助，不要逃避。否则如果法院缺席判决，将来无法执行，其很可能被列入征信系统，将面临信用惩戒（贷款受阻）、限制高消费（如出行不能乘坐高铁、飞机等）等诸多惩戒措施，可谓寸步难行。

三、风险意识与风险防范

什么是法律风险？

在我们的日常生活中，风险就像是一位不请自来的隐形客人。就像开车的小伙伴们都知道，买保险就像是穿上了一件隐形护身符，能够以防万一。有人可能会觉得，每年花几千块买保险，如果啥事都没发生，这钱不就白花了？但一旦不幸撞车，那几万块的修理费会让你瞬间觉得，保险真是太给力了！风险这东西，平时你可能感觉不到，但它一旦现身，那就是实实在在的。

至于那些凭空想象的风险，那就完全是另一回事了。这就好比有个小故事，讲的是一个人穿着防护服，在街上挥舞大棒，大喊："走开！走开！"引来警察的注意。警察问他干嘛呢，他说在赶老虎。警察一脸懵："我在这里这么多年，也没见过老虎啊。"那人却得意洋洋："看，这就是我预防措施的效果！"但街

第八章 底线思维：为什么要守底线？

上真的会有老虎吗？这概率大概和外星人逛街差不多吧。这个故事告诉我们，真正的风险不是你想出来的，它是真实存在的。

比如说，交通事故的风险是可以预测的，这种风险是实打实的，所以我们研究如何预防交通事故才有意义。同样，法律风险也是客观存在的，它不是你臆想出来的。法律风险，简单来说，就是你的一个闪念或一个疏忽，可能就触犯了法律。特别是，我们的思维习惯往往会导致行为上的失误，这就是法律风险的一个重要来源。

英国前首相撒切尔夫人有句名言："注意你的思想，因为它会变成言辞；注意你的言辞，因为它会变成行动；注意你的行动，因为它会变成习惯；注意你的习惯，因为它会变成性格；注意你的性格，因为它会决定你的命运。"这句话完美地诠释了思想如何影响行为。所以，从法律思维的角度来预防法律风险，就是抓住了风险的根源。让我们一起养成好的思维习惯，让法律风险远离我们的生活。

识别法律风险

风险就像是隐形的障碍，就像开车时，我们心里想着目的地，眼睛盯着路况，还得留意周围的车辆、行人和红绿灯。稍不留神，就可能出事或者违规。

在生活中，无论是谈生意签合同、找工作、合伙创业、招聘员工、处理婚姻继承问题，还是和邻里相处，我们怎么才能像开车一样避免法律风险，不撞上"法律的红灯"呢？

来，教你一个简单的方法，只要一分钟就能掌握，这就是"三要素法则"：

首先是"主体"，也就是你自己。可能是单枪匹马的个体，也可能是几个人的团队，还可能是家庭、公司、非营利组织，甚至是政府部门。

其次是"行为",包括你做了什么和没做什么。做了的,比如开车、签合同、工作、发言;没做的,比如没看好孩子、没管好宠物、没履行职责。

最后是"环境",就是你所处的法律环境。这包括政策、规范文件等,这些都是客观存在的,不会因为你的意愿而改变。

越了解这三个要素,我们对法律风险的识别能力就越强。就像开车前得考理论,比赛前得懂规则,我们对这三个要素了解得越多,就越能达成自己的目标,避免违法违规带来的损失。如果别人违规造成损失,我们也能更清楚地知道怎么用法律手段维权。

当然,有些领域的法律风险识别比较复杂,需要系统分析评估,这个时候你可能需要聘请专业的法律人士帮忙。

风险有时候就像是海上的冰山,有些浮出水面,让我们一眼就能看到,而有些则悄悄隐藏在水下,不露痕迹。在法律这个大舞台上,说到防范法律风险,有一个特别有名的比喻,叫"冰山模型"。

这个"冰山模型"说的是什么呢?就像是你在海上看到的冰山,你只能看到它露出水面的那一小部分,但其实,真正的冰山远远比你看到的要庞大得多,大部分都隐藏在水面之下。法律风险也是这样,我们能看到的只是冰山一角,更多的、更严重的风险其实潜藏在水面之下,不容易被发现。

专业的法律人士不仅要能识别那些显而易见的风险,更要有洞察力,去发现那些隐藏在深处、不易察觉的法律风险,这样才能真正做到防患于未然。

以底线思维看待法律风险

面对法律风险,我们要有底线思维,坚守法律的红线,同

第八章　底线思维：为什么要守底线？

时用博弈思维去正视这些风险。做好最坏的打算，但朝着最好的结果努力，根据形势的变化灵活调整策略，争取利益的同时控制风险。这才是应对法律风险的正确姿势。

心理学中有个有趣的"破窗效应"，说的是如果一扇窗户被打破了，没人去修理，那么其他的窗户也可能跟着遭殃。这个效应告诉我们，不良现象如果不及时处理，就会像病毒一样扩散。在预防法律风险上，这也是个重要的提醒。无论是普通人还是管理者，面对风险行为都不能坐视不理，要坚决维护规则，及时补上漏洞。一旦发现风险的苗头，就得迅速采取措施，防止风险扩散。

至于如何预防法律风险，寻求专业法律人士的建议是个不错的选择。如果风险太大，感觉难以承受，适时放弃也是明智之举。但不管怎样，对风险保持清醒的认识和敬畏之心是至关重要的。

从不确定性到确定性，这是预防风险的永恒追求。我们都希望掌控风险，而学会底线思维和博弈思维，关注那些看似概率小但影响大的事件，从大局出发，可以帮助我们更有效地评估风险，作出最合理、最稳妥的决策。

【案例分析】"AI 文生图"著作权案

来源：微信公众号"北京互联网法院"2024 年 6 月 3 日

原告李某某认为被告刘某某在百家号上发布的文章中使用了其通过人工智能大模型生成的涉案图片，侵害了原告李某某享有的署名权及信息网络传播权，要求被告刘某某公开赔礼道歉、赔偿经济损失等。

北京互联网法院经审理认为，从涉案图片本身来看，其体现出了与在先作品存在可以识别的差异性；从涉案图片生成过

— 265 —

程来看，其体现出了原告的独创性智力投入，故涉案图片符合作品的定义。该图片是以线条、色彩构成的有审美意义的平面造型艺术作品，属于美术作品，受到著作权法的保护。就涉案作品的权利归属而言，《著作权法》规定，作者限于自然人、法人或非法人组织，因此人工智能模型本身无法成为我国《著作权法》规定的作者。

原告为根据需要对涉案人工智能模型进行相关设置，并最终选定涉案图片的人，涉案图片是基于原告的智力投入直接产生，而且体现原告的个性化表达，因此原告是涉案图片的作者，享有涉案图片的著作权。

被告未经许可，将涉案图片去除署名水印后作为配图并发布在自己的账号中，使公众可以在其选定的时间和地点获得涉案图片，侵害了原告就涉案图片享有的署名权和信息网络传播权，应当承担侵权责任。

因此，北京互联网法院一审判决被告赔礼道歉并赔偿原告500元。后双方均未提起上诉，一审判决现已生效。该案入选2023年度AIPPI中国分会版权十大热点案件、中国十大传媒法事例，被写入北京市高级人民法院工作报告。

让预防风险成为一种习惯

我们来聊聊如何让预防风险变成生活的一部分。有人问我，怎样才能做到最有效的预防呢？我通常会这么说：当你把预防风险变成一种下意识的行为，就像呼吸一样自然，那就成功了。习惯这东西，一旦养成，就很难改变，而一个好习惯，能让你受益终身。

系统预防，就是让大家养成预防风险的习惯。当预防变成你的日常，成为你的本能反应，它就慢慢变成了你的习惯。记住,习惯是日积月累的结果,不是一蹴而就的。

比如说,制度预防,得不断设计和完善预防措施;监督执行,得持续保持监督力度;思想教育,得反复学习、教育,直到风险预防的观念深植于心。老话说得好,习惯成自然。防范风险,也能变成我们的好习惯。

这就好比下车前你会习惯性地停一下,看看后面有没有人,然后再推门下车。这个小习惯,就能帮你避开风险。从系统思维的角度来看,你会发现,风险其实不会亏待老实人,跟随大流也是一种智慧。

那我们就做个老实人吧,融入预防风险的大家庭,遵守制度,主动学习,自觉接受监督。让预防风险,真正成为我们生活的一部分。

四、事前预防胜于事后处理

预防法律风险,抵制各种诱惑

在这个五彩斑斓的社会里,我们总会遇到各种各样的诱惑。有的诱惑穿着"机会"的外衣,大声叫嚣"错过这村儿没这店",诱导你走向风险的边缘;有的诱惑则是挂着各种招牌,像是在说"跟我走,赚快钱",让你在幻想中迷失,一不小心就掉进了陷阱;还有些诱惑,它们利用最纯粹的情感,扰乱你的心智,让你在不清醒中跳入深渊。

面对这些诱惑,我们得学会分辨:这到底是机会还是风险?是给你指了一条明路,还是引你走向歧途?是真心实意,还是别有用心?我们需要做的,就是在诱惑面前保持清醒,用法律思维来预防可能出现的法律风险。

看看那些大城市夜晚的霓虹灯，它们闪烁着诱人的光芒。在 KTV、桑拿、夜总会这些地方，无数的年轻人在追逐他们的梦想。他们有的在陪酒、陪唱，有的在做服务工作，还有的在管理运营。但大家都知道，如果抵制不了诱惑，就可能触及法律的底线。比如说，那些从事陪酒、陪唱的，如果没能守住底线，就可能滑向更深的泥潭；做保安的，如果为了钱而做出违法的事，就可能被戴上手铐；至于管理者，如果只追求利润，玩火自焚，就可能触及组织卖淫等重罪。

【法治知识】"拒绝高利诱惑 远离非法集资"十大领域非法集资典型案例

来源：微信公众号"临洮检察"2024年8月28日

非法集资犯罪具有涉案金额大、受害人数多、作案周期长等特点，集资群众往往损失惨重。在全社会抵制非法集资的同时，非法集资的手段也在不断地变换花样，相关部门通过对非法集资案件的梳理，整理出了十大领域非法集资典型案例。

1. 民间投融资中介

以投资理财为名义，承诺无风险、高收益，公开向社会发售理财产品吸收公众资金，甚至虚构投资项目或借款人，直接进行集资诈骗。

为资金的供需双方提供居间介绍或担保等服务，利用"多对一"或资金池的模式为涉嫌非法集资的第三方归集资金。实体企业出资设立投融资类机构为自身融资，有的企业甚至自设或通过关联公司开办担保公司，为自身提供担保。

2. 网络借贷

一些网贷平台通过将借款需求设计成理财产品出售给出借人，或者先归集资金、再寻找借款对象等方式，使出借人的资金进入平台的中间账户，形成资金池，涉嫌非法吸收公众存款。

第八章 底线思维：为什么要守底线？

一些网贷平台未尽到身份真实性核查义务，未能及时发现甚至默许借款人在平台上以多个虚假名义发布大量借款信息，向不特定对象募集资金。个别网贷平台编造虚假融资项目或借款标的，采用借新还旧的庞氏骗局模式，为平台母公司或其关联企业进行融资，涉嫌集资诈骗。

3. 虚拟理财

以"互助""慈善""复利"等为噱头，无实体项目支撑，无明确投资标的，靠不断发展新的投资者实现虚高利润。以高收益、低门槛、快回报为诱饵，利诱性极强，如"MMM金融互助社区"宣称月收益30%、年收益23倍的高额收益，投资60元至6万元，满15天即可提现。无实体机构，宣传推广、资金运转等活动完全依托网络进行，主要组织者、网站注册地、服务器所在地、涉案资金等"多头在外"。通过设置"推荐奖""管理奖"等奖金制度，鼓励投资人发展他人加入，形成上下线层级关系，具有非法集资、传销相互交织的特征。

4. 房地产行业

房地产企业违法违规将整幢商业、服务业建筑划分为若干个小商铺进行销售，通过承诺售后包租、定期高额返还租金或到一定年限后回购，诱导公众购买。房地产企业在项目未取得商品房预售许可证前，有的甚至是项目还没进行开发建设时，以内部认购、发放VIP卡等形式，变相进行销售融资，有的还存在"一房多卖"。房地产企业打着房地产项目开发等名义，直接或通过中介机构向社会公众集资。

5. 私募基金

公开向社会宣传，以虚假或夸大项目为幌子，以保本、高收益、低门槛为诱饵，向不特定对象募集资金。私募机构涉及业务复杂，同时从事股权投资、P2P网贷、众筹等业务，导致风险在不同业务之间传导。

6. 地方交易场所

大宗商品现货电子交易场所涉嫌非法集资。有的现货电子交易所通过授权服务机构及网络平台将某些业务包装成理财产品向社会公众出售，承诺较高的固定年化收益率。

区域性股权市场挂牌企业和中介机构涉嫌非法集资。个别区域性股权市场的少数挂牌企业（大部分为跨区域挂牌）在有关中介机构的协助下，宣传已经或者即将在区域性股权市场"上市"，向社会公众发售或转让"原始股"，有的还承诺固定收益，其行为涉嫌非法集资；有些在区域性股权市场获得会员资格的中介机构，设立"股权众筹"融资平台，为挂牌企业非法发行股票活动提供服务。

7. 相互保险

有关人员编造虚假相互保险公司筹建项目，通过承诺高额回报方式吸引社会公众出资加盟，严重误导社会公众，涉嫌集资诈骗。一些以"互助""联盟"等为名的非保险机构，基于网络平台推出多种与相互保险形式类似的"互助计划"。这些所谓"互助计划"只是简单收取小额捐助费用，没有经过科学的风险定价和费率厘定，不订立保险合同，不遵守等价有偿原则，不符合保险经营原则，与相互保险存在本质区别。其经营主体也不具备合法的保险经营资质，没有被纳入保险监管范畴。此类"互助计划"业务模式存在不可持续性，相关承诺履行和资金安全难以有效保障，可能诱发诈骗行为，蕴含较大风险。

8. 养老机构

打着提供养老服务的幌子，以收取会员费、"保证金"，并承诺还本付息或给付回报等方式非法吸收公众资金。以投资养老公寓或投资其他相关养老项目为名，承诺给予高额回报或以提供养老服务为诱饵,引诱老年群众"加盟投资"。

打着销售保健、医疗等养老相关产品的幌子,以商品回购、寄存代售、消费返利等方式吸引老年人投入资金。不法分子往往通过举办所谓的养生讲座、免费体检、免费旅游、发放小礼品、亲情关爱方式骗取老年人信任,吸引老年人投资。

9. "消费返利"网站

消费返利网站打出"购物=储蓄"等旗号,宣称"购物"后一段时间内可分批次返还购物款,吸引社会公众投入资金。一些返利网站在提现时设置诸多限制,使参与人不可能将投入的资金全部取出,还有一些返利网站将返利金额与参与人邀请参加的人数挂钩,成为发展下线会员式的类传销平台。此种"消费返利"运作模式下资金运转难以长期维系,一旦资金链断裂,参与人将面临严重损失。

10. 农民合作社

一些地方的农民合作社打着合作金融旗号,突破"社员制""封闭性"原则,超范围对外吸收资金,用于转贷赚取利差或将资金用作其他方面牟利等。有的合作社公开设立银行式的营业网点、大厅或营业柜台,欺骗误导农村群众,非法吸收公众存款。

多用博弈比较,谨慎决定自身行为

在我们的日常生活中,被利益诱惑,最终走上犯罪道路的人并不少见,这实在是让人叹息。其实很多人本性不坏,只是想努力赚钱,改善生活,并没有伤害社会和他人的意图。但因为缺乏对法律风险的认识,一念之差,就断送了自己的大好前程。

从预防法律风险的角度来看,有些人之所以容易被利益迷惑，屡次陷入法律风险，往往是因为他们不擅长用博弈思维来思考问题。在预防法律风险的情况下，运用博弈思维就是基于已知信息，追求利益最大化，同时将法律风险控制在最小范围内，这是一种谨慎决策的思维过程。

面对问题，我们应该运用博弈思维，权衡利弊，见招拆招，而不是急于走捷径，因为那样往往伴随着巨大的法律风险。只有通过正当的途径，比如法律诉讼、行政复议、业务投诉、信访、提请人大监督等，才能有效维权，避免不必要的风险。学会博弈思维，才能在复杂的社会环境中游刃有余，避免掉入法律的陷阱。

【案例分析】直播带货主播"踩坑"

来源：微信公众号"邦仁律师"2022年1月18日

网络直播，这个新兴的娱乐方式，已经悄悄走进了我们的生活。不信你看，无论在大街小巷，还是在家里，无论老人还是小孩，大家都拿着手机，刷着短视频，看着直播，那拿着手机只看文字新闻的日子仿佛已经成了过去式。网络直播给我们带来了更丰富的信息，但因为平台发展太快，监管技术和政策法规还没跟上，所以直播平台运营中藏着不少法律风险。那些直播界的"明星们"，在巨大利益的诱惑下，也可能一脚踩进法律风险的雷区，严重的甚至要承担刑事责任。

这期，我就通过我代理过的一个"娱乐主播"的刑事案件，来跟你们聊聊这些主播可能遇到的刑事法律风险。

案件大概是这样的：A有一大笔不义之财，B看准了某个小众直播平台的监管漏洞，用6折的价格从A那里买来这些钱，然后让A把钱充到B的平台账户里。B又把这些账户里的钱以6.5折的价格卖给平台的黑中介C，C再找来D、E、F这些"娱乐主播"，通过"刷礼物"的方式，以 7 折的价格转手给他们。最后，这些主播再以 7.5 折的价格找平台兑换现金。我代理的是涉案的主播 D，现在检察机关已经以掩饰、隐瞒犯罪所得罪将她起诉到法院。

在回答 D 是否犯罪之前，我先给你们讲讲我见 D 时的情景，你们或许就能找到答案。我问 D 有没有怀疑过这些钱的来路，D 说其实她觉得这些钱有点问题，因为没人会愿意用 70 块钱卖 100 块的东西。她成为"主播"是因为觉得这行既风光又好赚钱。但随着竞争激烈，"大主播"占据了大部分资源，留给"小主播"的空间变得很小。为了快速聚集人气，完成"工会"的任务，还能赚点差价，她就冒险了，虽然她没有参与 A 的其他事情，但还是在利益的驱动下，无意间走向了犯罪。

我想说，虽然"主播"这行门槛低、注册容易、回报率高、发展快，但由于法律规范滞后，行业规范不明确，法律风险其实很大。网络直播营销作为一种新兴商业模式，虽然对就业、内需、经济、脱贫攻坚都有积极作用，但也出现了很多问题，比如主播言行失范、利用未成年人牟利、平台责任不到位、虚假宣传、数据造假、假冒伪劣商品等。因此，国家监管和平台监管需要更严格，也需要出台相应的制度来规范。

现在，中国广告协会发布了《网络直播营销行为规范》，七部门联合发布的《网络直播营销管理办法（试行）》也已经施行，希望这些规范能让"主播"行业更干净，让网络环境更健康、更安全。

五、对大学生创新创业的合规建议

随着创新创业教育走进大学校园、走近大学生，大学生的创新创业热情愈来愈高涨，付诸实践的案例也越来越多。但与此同时，大学生的创新创业成功率也持续走低。究其原因，除了资金、人脉、管理、经验、技术等方面有待提高，大学生对于法律风险的识别和防范更是一大缺陷，一旦"入坑"，往往损失惨重，甚至直接导致创新创业的彻底失败，加强大学生创新创业法律风险识别与防范教育有其紧迫的必要性，也具有重要的现实意义。

大学生创新创业的法律风险识别

1. 大学生创新创业前期的法律风险识别

"高调"的风险：有些大学生创新创业，踌躇满志，想着一步到位、一步登天，尽显"高调"。在创业方面，有些大学生认为创意设想和策划方案都是自己一个人设计出来的，公司的全部股份应该都是自己一个人的，所以新公司登记为一人公司。所谓"一人公司"，就是股东仅为一个自然人或一个法人的有限责任公司。虽然名义上是有限责任，但一人公司在《公司法》里有专门规定，一人公司的股东如果不能证明公司财产独立于个人财产，就需要对公司债务承担连带责任。而这个证明，是需要"股东来举证"的，实际操作的难度比较大。现实中，债权人可以在起诉一人公司的同时，直接将股东列为共同被告。一人公司的"老板"因"高调"的全部占有所付出的代价有可能相当之高。在创新方面，有些大学生一有一点点创新想法就四处宣扬，唯恐天下不知。在创意并未最终定型、并未受到法律保护的时候，他人就可能将你未成型的创意想法经过增补和完善后，申请为自己的知识产权。"高调"的做法，可能变为"为他人作嫁衣"。

"低调"的风险：在创业方面，出于某些方面的考虑，有些

第八章　底线思维：为什么要守底线？

大学生不愿登记为公司的股东，只做幕后的老板，这就出现了股权代持的现象。出于意思自治的民法原则，股权代持一般并不违法，但对于代持股东和被代持股东都存在较大的风险。单从被代持股东即实际股东的风险来看，就存在着无法提供合法有效的代持依据、显名的实现障碍和额外税收负担、名义股东滥用股东权利、名义股东擅自处分代持股权、因名义股东个人原因导致代持股权被处分等风险。在创新方面，有些大学生没有知识产权保护意识，有了原创的创意后，没有做好知识产权登记和证明等保障措施，可能被他人窃为己有。

"无调"的风险：有些大学生创新创业，连"调"都找不到。在创业方面，有些大学生匆匆上马项目，没有进行市场尽调或只是流于形式，对项目的合法性审查更是没有。这样的创业，存在着较大的法律风险，可能一不小心就落入"非法经营罪"的罪名领域。破财起码人还在，如果万一背负上刑事责任，那以后的人生前途可能就十分坎坷了。在创新方面，有些大学生没有做足前期的调查研究工作，盲目认为自己的创意是独创的、原创的，贸然进行下一步的产品研发和制作等工作，最后可能因创意的产品侵犯在先权利、登记权利等他人合法权利而导致前功尽弃，不仅前期投入无法收回，还需要赔偿侵权的损失，"赔了夫人又折兵"。

【案例分析】3 名大学生创业走上歪路，购买个人信息被刑拘

来源：微信公众号"共青团中央"2019 年 2 月 27 日

2017 年 5 月 13 日，3 名毕业不到 1 年的大学生在创业路上走歪了方向：他们成立了一家金融公司，低价购买公民个人信息，从事推荐股票抽成的"业务"。民警在一次入户调查中发现端倪，直到被刑拘，3 人半年来仅获利 3 万余元，刚够花销。

民警调查发现，3名小伙子杜某、王某、李某是同校同班的大学生，毕业不满1年。23岁的杜某悔恨不已，道出实情。他说，2016年10月份，他们同学3人毕业后成立一家金融公司，做起了一桩"生意"：他们通过网上结识的"上线"购买公民个人信息，便宜的个人信息每条7、8分钱，高端人士的个人信息每条10余元，这些信息包括住址、职业、电话号码等。

他们与另一家金融公司"合作"，推荐客户购买该金融公司指定的若干只股票，每推荐成功一单，他们可提成100元。截至案发，民警从3人处截取公民个人信息10 000余条，其中，手机和电脑里还存放4000余条未来得及使用的公民个人信息。民警介绍，这一金融公司成立半年多来，3人获利并不多，仅3万余元，全部用于基本的吃喝花销。

2. 大学生创新创业过程中的法律风险识别

"代"的风险：大学生创新创业，凭的是自己的实力，千万不要落入被代表、被代替等"代"的风险。创业开公司，公司就必须要有法定代表人。根据法律规定和相关判例显示，法定代表人在公司对外文件上签字，即使未加盖公司公章，除非当事人对此另有约定，否则应认定为有效。如果大学生创业的时候，随随便便选一个人、甚至不是团队成员的人当法定代表人，那辛辛苦苦创业的公司可能分分钟被人卖掉。在创新方面，法律只承认登记在册的知识产权的权利人，不承认未登记在册的人，所以千万不要把登记视为简单流程的事务，而是应谨慎对待。

"带"的风险：大学生创新创业，要找到适宜的导师和伙伴"带好"，千万不要被人"带坏"。创业开公司，必定要和其他公司和个人有一定的业务联系，如果有公司或个人签合同时找创业公司做担保人，建议以委婉的方式加以拒绝。作为担保人，最致命的风险是承担连带担保责任。连带连带,很可能一下子就被带进去。在创新方面,也可能会因为"创新不新"、做自己创新的时候顺带把他人的创新部分加上去,从而导致被告侵权的风险。

"人"的风险:大学生创新创业,都要靠人去实现。人是复杂的,涉及人的风险肯定也是复杂的。创业开公司,除了创业团队成员,可能还需要对外招聘人员,这就产生了劳动法律方面的风险。劳动法律的风险包括但不限于:事实劳动关系、非全日制用工合同、灵活就业、约定试用期、无过失辞退等风险。在创新方面,如果创新团队成员中有消极的、不建设只破坏的人存在,也是一个巨大的风险。

"钱"的风险:大学生创新创业,大都需要钱,很多事情会因为钱的问题而导致风险的发生。创业开公司,处处需要钱,处处需要省钱,有些大学生却打起了税收的主意。虽然很多政策对大学生创业过程中的税收都给予了优惠减免,但免是一定时期内不用交,减则是有部分的税收要缴交;而且有些税收项目是一定要收取的。在这种情况下,有些大学生还得寸进尺,一毛不拔,企图一分钱税收都不交,导致税收的风险存在。在创新方面,知识产权的登记申请需要钱,知识产权的年检同样需要钱,有些大学生疏于管理,未交年费,导致知识产权的保护机制失效。

【案例分析】大学生创业入歧途,网络非法销售彩票获利30余万

来源:微信公众号"共青团中央"2019年2月27日

2015年9月1日,靖江市一男子报警称,其在网上被人以帮助购买彩票的形式诈骗了10 000元。一起寻常的网络诈骗案,却无意间牵出一起网上非法销售彩票的大案,涉案人员达18

人，销售额超百万元，非法获利30余万元。靖江市人民检察院对黄某等8人涉嫌非法经营罪；周某涉嫌非法经营罪、诈骗罪依法提起公诉。

经过警方进一步侦查，发现该团伙还有个幕后老板黄某，一个在网上非法销售彩票的大案渐渐浮出水面。很快，警方便控制了黄某。此时，黄某大学毕业还不到2年。如何从一名大学生，堕落成为犯罪嫌疑人，黄某向民警讲述了自己的经历。

2014年9月，刚大学毕业的黄某怀揣着创业梦走上社会，但却四处碰壁。偶然的一天，黄某上网时突然接收到一个弹出窗口，称可以快速致富。心怀好奇的黄某点击进入："通过这种方式销售彩票，很快就可以赚很多钱，相信我们……"随着推销人员的诱惑，黄某很快就上了道，并且在推销人员那里学到了"秘诀"。

很快，黄某在河南省郑州市、洛阳市典租民房，购买电脑等设备，并借某商贸公司之名，在网上以招聘红酒、化妆品销售员的名义招募周某等人进行网络销售，聘请王某等人负责安装设备、业务培训及日常事务管理。截至案发，黄某等人通过网络销售彩票的金额逾百万元，非法获利30余万元。

3. 大学生创新创业结束的法律风险识别

"乱吹牛"的风险：在《公司法》推行全面认缴制的时期，意味着可以实际不用花一分钱就能先把公司注册下来。部分不了解经营风险的大学生认为既然不用实缴，那把公司的注册资金提高，可以让公司看起来显得更有经济实力。认为在工商机关登记的企业出资额只是一个数字、并无实际意义的理解是非常错误的。正确的理解应该是股东对于认缴的金额是确认的，只是按公司章程可以不用立即出资，是附期限的缴纳。股东需要按约定按期、足额履行自己的出资承诺。如出现认缴违约的

第八章 底线思维：为什么要守底线？

情形，法律会强制违约股东履约，甚至加速其注册资金缴纳的到期时间。尤其在公司清算阶段，所有的股东都应将未出资部分出资到位，之前吹的"牛"都要兑现，这导致创新创业结束后会带来巨大"创伤"的风险后果。在创新方面，有些大学生眼高手低，坚信自己的创意价值巨大，忽视市场供应和需求情况，最后落得遗憾收场的局面。2024年7月开始施行的《公司法》要求实行"五年认缴制"，更进一步加大了"乱吹牛"的风险。

"不作为"的风险：如果创业失败，创业的公司需要注销，才是一个完整的结束。但有些大学生法律意识不强，在创业失败后未做收尾工作即离开，导致创业的公司被吊销。吊销之后，创业公司登记的股东和高管会被登记进"黑名单"，如果下次还要创业开公司，其就会面临无法登记为股东和高管的风险。在创新方面，有些创意很好，但是在现阶段可能还无法实现量产或大规模普及，这个时候如果匆匆放弃，比如所登记的知识产权未交年费即失效，那等到时机成熟时，创意的知识产权早已变为公共资源，无法成为创新大学生的个人财富。

大学生创新创业的法律风险防范建议

1. 借助专业的法治力量

法律是一项十分专业的事务，法律风险的防范最好由专业的法律服务机构和人员操作。虽然大学生创新创业时很难按正常的市场价格负担起法律服务的费用，但还是可以通过其他方式取得支持。大学生在创新创业过程中，可以通过学校、政府、创投机构等各个渠道挖掘社会各方面的资源和途径，从而实现与各方面的专业机构有效对接，充分共享其有效资源特别是法治资源，通过项目讨论、项目共建等方式征询专业的法律意见。

对于一些前景良好、发展迅速的创新创业项目，应该预留一部分资金用于法律服务支出，也可以通过与法律服务机构和人员达成长期合作的方式取得其前期优惠价格甚至免费的法律服务，借助专业的法治力量，将法律风险防范到位。

2. 增强自身的法治意识

正如习近平总书记在党的群众路线教育实践活动工作会议上所说，"打铁还需自身硬"。大学生在创新创业过程中，要树立社会主义核心价值观，增强自身的法治意识。大学生可以通过以下两个方面增强自身的法治意识：一是注重日常法律知识的学习与积累，特别是最新的法律规定，比如2021年1月1日开始正式实施的《民法典》。通过法律知识的积累，可以在潜意识下有效提升法律风险意识。在创新创业过程中需要作出重大决策时，回顾所学知识，重点突出对法律风险的考量。二是提高自身在法律风险防范中的应对技能，能够从容应对、有效化解创新创业过程中的法律风险事件，以保证创新创业的成果安全。

3. 输出生动的法治案例

大学生创新创业，需要接受法治教育，需要大量的法治教育资源支撑。传统的法治教育过于系统化和专业化，相对比较枯燥，达不到有效教育的目的。学校应该安排一些生动活泼的教育教学方式，比如到校外的司法机构进行观摩学习，收集一些和大学生创新创业紧密相关的现实案例进行问题式讨论，让大学生充分感受真实的法治教育熏陶，感受真实的法治力量冲击，这样对于大学生在以后的创新创业过程中才能起到有效的警醒和防范作用。

4. 提供坚固的法治保障

学校是学生安全的港湾，各高校都会提供创新创业的指导和教育，并成立专门的指导中心。在政府层面，政府相关部门也会成立专门指导大学生创新创业的机构或基地，不仅提供创新创业的指导，还提供创新创业的政策、资金和人员等扶持。在经济发达的地区，还有专业投资公司成立专门面对大学生创新创业的天使投资机构，以市场的经济行为提供相关资源的支持。这些组织机构，都是大学生创新创业的保障力量，可以为大学生创新创业提供坚固的法治保障。当然，现阶段的作用还不大明显，有些地方还落实不大到位，特别是学校和政府，更应该从法治保障这方面狠抓落实，从而切实提高大学生创新创业法律风险防范的广度、深度和强度。

六、底线思维给大学生的启发和教育

底线思维是一种思考方式，它强调在面对不确定性和潜在风险时，首先要确保最基本的目标和利益不受损害。底线思维对大学生的启发和教育在于培养一种谨慎、负责任和前瞻性的思考模式，这对于他们未来的学习和生活都是宝贵的。

树立风险意识。底线思维教会大学生识别和评估潜在的风险，不论是学术上的、职业规划上的还是个人生活中的。这种意识可以帮助他们在作出决策时更加谨慎。

做到预防为主。底线思维鼓励大学生采取预防措施，避免可能的问题和风险。在学习和生活中，这意味着大学生要做好规划，预见可能的困难，并提前作好准备。

做好目标管理。通过设定最低可接受的目标（底线），大学生可以更好地管理自己的期望和目标，确保即使在不利情况下也能有所收获。

提高决策智慧。底线思维帮助大学生在决策时考虑最坏的情况，从而作出更加周全和合理的决策，避免盲目乐观带来的风险。

增强逆境应对能力。面对挑战和逆境时，底线思维能够帮助大学生保持冷静，集中精力保护最重要的利益，而不是被情绪所左右。

培养责任感。底线思维强调对结果负责，这有助于培养大学生的责任感和使命感，让他们明白自己的行为和决策可能带来的后果。

提高道德修养。底线思维还涉及道德底线，启发大学生在追求个人目标的同时，不忘坚守道德原则和社会责任感。